心雅　元子●著

聪明的家长Hold住

——家庭教育心理应用手册

华东师范大学出版社

图书在版编目(CIP)数据

聪明的家长 Hold 住:家庭教育心理应用手册/心雅,元子著.
—上海:华东师范大学出版社,2019
("聪明的孩子与家长"教育心理系列丛书)
ISBN 978-7-5675-9412-8

Ⅰ.①聪… Ⅱ.①心… ②元… Ⅲ.①家庭教育-教育心理学-手册 Ⅳ.①G780-62

中国版本图书馆 CIP 数据核字(2019)第 138585 号

聪明的家长 Hold 住:家庭教育心理应用手册

著　　者　心　雅　元　子
责任编辑　乔　健
责任校对　黄　燕
策　　划　上海贝叶图书有限公司
装帧设计　滕海蓉

出版发行　华东师范大学出版社
社　　址　上海市中山北路 3663 号　邮编　200062
网　　址　www.ecnupress.com.cn
电　　话　021-60821666　行政传真　021-62572105
客服电话　021-62865537
门市(邮购)电话　021-62869887
地　　址　上海市中山北路 3663 号华东师范大学校内先锋路口
网　　店　http://hdsdcbs.tmall.com

印 刷 者　上海贝叶图书有限公司
开　　本　710×1010　1/16
印　　张　16.25
字　　数　246 千字
插　　页　10
版　　次　2019 年 10 月第 1 版
印　　次　2020 年 11 月第 2 次
书　　号　ISBN 978-7-5675-9412-8
定　　价　48.00 元

出 版 人　王　焰

(如发现本版图书有印订质量问题,请寄回本社客服中心调换或电话 021-62865537 联系)
版权所有　不得翻印

心理学博士、贺岭峰教授

为《聪明的家长Hold住》写序并作主题演讲

Hold住关系

Hold住情绪

Hold住分数

……

"聪明的家长 Hold 住"
在孩子眼中、心中(一)

向日葵　　　　　　　　　　　作者：王双忆 女 15岁

爸爸妈妈如果彼此相爱又淡定，
就可以养出如太阳花一样的孩子。

"聪明的家长 Hold 住"
在孩子眼中、心中(二)

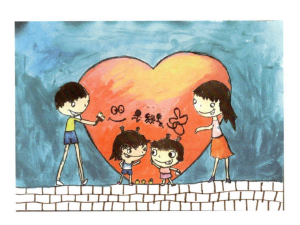

墙画　　　　　　作者:马翊翎　女　9岁

熊孩子把一面墙壁弄脏了，聪明的妈妈与孩子一起把它变成一面美丽的画墙！

快乐家庭　　　　作者:徐子熙　男　7岁

快乐的爸爸妈妈，快乐的孩子。

大脑智慧　　　　作者:翟源哲　男　9岁

大脑充满智慧之光。

"聪明的家长 Hold 住"
在孩子眼中、心中（三）

快乐风筝

作者：莫邱语涵 女 9岁

荡秋千

作者：郭豫立 女 9岁

欣赏孩子

作者：吕秉霖（念念） 女 8岁

我和妈妈

作者：蒋诗琪 女 7岁

陪伴孩子

作者：吕昀霖（安安） 女 6岁

"聪明的家长 Hold 住"
在大人眼中、心中

心雅说：简心简静　　　作者：采蓝

风雨　　　作者：郑二小姐

爱与祝福　　　作者：林奉（林德）

亲爱的孩子，感恩有你！

心雅家亲子照

爱与感恩，温暖而深情。
亲爱的孩子，感恩有你，
带给我所有的体验和珍贵。
你是我们的孩子，更是你自己。
无论什么时候，无论在哪里，
我和你爸爸、你所有的亲人都深深地
爱你、祝福你！

你若安好,便是晴天!

元子家亲子照

某天,天气晴好,碧空如洗。
"儿子,妈妈爱你!"
"我不听话你也爱我吗?"
"嗯,我可能会很生气,但依然爱你!"
"好吧。"
"儿子,对你来说什么最重要啊?"
"你和爸爸呀!"
……

童言稚语在风中跳跃。岁月静好,莫过如此!我心所系,唯你长安!

巧做优点瓶与缺点瓶

序

　　这是一个变化巨大的时代。阿尔法狗、量子通讯等科技创新颠覆了我们对世界的基本期待,重写了世界构想;移动支付、交友软件和时速4000公里高铁的出现,改变了世界时空;在这个唯一不变的就是变化的时代面前,家长们变得更加不淡定了。

　　要赢在终点还是要赢在起跑线?圈养好还是放养好?做"虎妈"还是做"猫爸"?补文化课还是补特长课?是本土读书还是去海外求学?给孩子买房子还是供高学位?选择好职业还是自主创业?关键不在于如何回答这样的问题,而是在于这些问题背后隐藏着怎样的纠结与焦虑。

　　面对这些问题的不同理解和不同的解答方式,不同层次的家长把不同层次的能量传递给自己的孩子。

　　最低层次的家长传递给孩子的是怨力。这是一种负能量,是受害者意识,是各种怨念的集合体。把自己的不成功、不快乐推给他人、推给社会,甚至推给自己的孩子,觉得是不争气的孩子拖累了自己。这样的父母只能不断拉低自己的孩子,他们传给孩子的力是负向的。

　　第二层次的家长传递给孩子的是愿力。这种力量的方向是正能量,是指向未来的,是自己未实现的各种理想愿景的结合。但这种愿力是双刃剑,既可能遵循心理期待效应,作为家族使命,成为激发孩子成长的动力源;也可能与孩子的天性特质相悖,南辕北辙,成为压垮孩子的压力源。

　　第三层次的家长传递给孩子的是物力。辛辛苦苦一辈子,积累了很多财富,也积累了很多经验。他们希望把家产和事业传递给自己的孩子,荣耀世袭,成功永续。希望用自己的努力,提升孩子的起飞平台,为孩子创造更多的发展空间。这种力量在概率上是成功的,反映在个体身上则参差不一。有时太强的亲代财富也伴随着太强的亲代意志,同时造就着懦弱者和反叛者,导致子代顺者不强,强者不顺。

第四层次的家长传递给孩子的是人力。这样的家长认为,强大的人脉资源比具体的物质财富对子代有更强大的支撑作用。所以他们会像"孟母三迁"一般精心地为孩子进行人脉布局。出生在哪里?谁来帮助抚养?儿时的玩伴是谁?出入的场合是哪里?择校不是图名声而是择同学,有意识地送孩子去吃苦而不是去享受,帮孩子创造机会找到人生导师、终生挚友、亲密伙伴、忘年好友、平台关系。不只是传递自己的社会关系给孩子,更重要的是支持和帮助孩子构建他自己的人脉关系。

第五层次的家长传递给孩子的是心力。他们并不知道孩子将来将面对怎样的世界,也无法保证孩子永远活得成功快乐,他们知道自己的局限,构建不了能留给孩子的永续理想王国。但是他们知道,越是变化剧烈的时代越应该守住一些不变的东西,以不变应万变。他们深知,孩子应对物境、人境、我境的心智能力才是问题的核心。所以,他们希望自己的孩子有在不断变化的物质环境中生存下来的能力,有处理复杂人际关系和情感纠葛的态度和技巧,有面对自己成功失败得意失意的淡定从容和悠然自在。

那么,那些在第五层次的聪明的家长们会怎么做呢?

首先,聪明的家长会 Hold 住关系。

这世界上最靠谱的关系就是亲子关系,一切涉及感情的关系都是从此衍生出去的。所以,与父亲关系不好的儿子,将来在团队里面也更容易成为一个反抗权威者,常常跟自己的上司或重要客户处理不好关系;与母亲关系不好的女儿,将来几乎和所有的女性都很难建立较亲近的关系,尤其是比自己年龄长的女性,保持远距离关系还好,一旦走近,势必引发出很多怨念;与父亲关系不好的女儿,更容易较早地表现出性别魅力,更容易陷入早恋和不良少年团伙中,也更容易爱上比自己年龄大的人,父亲的缺位,需要其他男人来填补才有安全感;与母亲关系不好的儿子,跟其他女性相处也会缺少安全感,对女性存有很深的偏见,而且可能存在隐形的攻击性。聪明的家长知道,保持和孩子正常可靠的亲子关系才是最重要的。只要关系在,对孩子的影响力就在;关系不在了,再美好的期待也无法对孩子产生影响了。所以,他们不会为孩子的某次作业完成得快慢、考试成绩的高低、社会表现的优拙、符合自己期待的多寡来破坏亲子关系。他们不会因为老师、同学、邻居告状就不分青红皂白地打骂自己的孩子,也不会因为孩子的某次失误就怀疑孩子的未来,更不会去破坏孩子

的师生关系、同学关系、朋友关系,不给孩子留面子。他们是孩子最可以信赖的好朋友,替孩子保守秘密,尊重孩子的意见和想法,孩子遇到问题会主动向自己的父母倾诉,一起分析解决,他们是一体的。

其次,聪明的家长会 Hold 住情绪。

家庭是心灵的港湾,意味着这里是安全的,是可以躲避风浪的。所以,聪明的家长会有意识地控制在家的情绪,不把自己在工作、交往、社会成就方面的压力和情绪带回家,更不会肆意地发泄在家人和孩子身上。他们是调控自己情绪的楷模,并把这样的态度和能力传递给自己的孩子。父母是孩子身教的老师。父母做好自己就是对孩子最好的教育。你孝敬自己的父母,孩子就学会了如何去在乎和感恩你;你每天在家里看半个小时的书,孩子就会认为读书是一种自然而然的生活方式;你遇到事情不抱怨,孩子就学会了如何为自己的生活去担起责任;你不在家里说别人的坏话,孩子就知道如何友善地去对待这个世界。孩子在成长的过程中,要向家长学习的东西有很多,最终学到的东西更多。而这些学习的积极的效果,更多的是发生在安全和谐的情绪状态下。当然,不良的情绪也是可以学习和传递的。坏情绪教出坏小孩。聪明的家长深深地知道,一定要做一名情绪状态好的家长。

第三,聪明的家长会 Hold 住分数。

在这个从幼儿园、小学、初中、高中,再到补习班都死磕分数的时代,想保持淡定真心不易。在基础教育阶段,分数是硬道理,一切都拿分数说话,想扛住,很难。但是,我们都知道,一旦大学毕业走进社会,所有的分数都统统失效。如何对待分数,真的很纠结。分数,确实是衡量孩子成长状态的一个指标。一是跟别人比,看看自己处在什么水平上;二是跟自己比,看看自己进步的幅度有多大,差距在哪里? 所以,分数有两个用处,一是在中考、高考中比别人强,PK 掉竞争者。二是在平时考试中检测自己近一段学习知识的掌握程度怎么样。在中高考时,成绩越高越好,好分数能去好学校。而在平时考试中,分数高低并没有任何实际的意义,只要能够检测出问题的考试都是成功的。理论上说,分数太高反而检测不出问题来,对孩子学习是不利的。聪明的家长能够把这两种分数区分开,知道什么样的分数是有意义的,什么样的分数是没有意义的。能够看到分数背后的实际价值,并能够充分理解和使用分数的检测意义的家长才是真正聪明的家长。况且,从孩子一生的发展而言,分数所能展现出来的只是冰山一角。自己的孩子,自己更知道孩子的潜力和未来的方向。只通过分数来了解孩子的家长,得是对自己的孩子多么地不了解啊!所以,在分数面前,聪明的家长是 Hold 住的,因为他们看到了分数背后真正的价值和意义。

心雅和元子十几年来一直在帮助家长看到自己的孩子,帮助孩子看到自己,最重要的是,帮助父母和孩子一起成长。她们知道,很多学习成绩问题的背后都是心理问题。要么是孩子的心理问题,要么是家长的心理问题,要么是家长和孩子之间的问题。为此,她们在帮助了成千上万个孩子和他们的家长后,把她们的经验和技巧总结出来,出了三本书,分别是《聪明的孩子坐得住》、《聪明的孩子记得住》和《聪明的家长 Hold 住》,把她们的所做所思分享给大家,真是功德无量的事。从她们参加上海市第一批心理咨询师培训开始,我就一直看着她们学习实践、看着她们帮孩子成长自己也成长、看着她们带团体、看着她们出书,感动于她们的执着,也感动于她们的收获。

是为序。

贺岭峰

2017 年秋日于上海五角场

作者的话

在咨询内外、写作内外,我不止一次地思考、探寻:

Hold住的家长,是怎样的家长呢?

Hold住的家长,既有不同的特质、层次、气场与方法,也会呈现相通相似的智慧:比如重视学习与成长,包括自身的、孩子的、家庭共同的。

看世间万事万物,都能感受成长的状态:种子的发芽、花儿从含苞到绽放、小树渐渐长成大树、生命从孕育到一天天长大、心智灵性由稚嫩到成熟、由狭隘到开阔、由简单到丰美。当内外条件都具备了,饱满了,成长就是必然的,水到渠成的,是渐入佳境的。成长,意味着心智不断地发展、成熟与完善,力量和能量不断地更新、提升与丰盈。成长,也意味着动态的过程,有起伏、有选择、有得失的交替、有优化与补偿,更有喜忧参半的体验、感悟和反思。

要给孩子一杯水,你得拥有一池清泉!成长型的家长,才有力量和智慧开悟孩子,以自身的新意和创意,引领孩子健康快乐地成长。

我相信,若不辜负岁月,不断成长,曾经持久付出的,岁月会以你意想不到的惊喜方式回赠予你。渐入佳境,是量变到质变的过程。那么,认定方向,不急,不慌,浅笑前行,本身就是美丽的抵达。深切的祝福与共勉。

——心雅

朋友聚会,儿子糖果突然站起来一字一句地宣布:"这是我的妈妈!"语气中浓浓的骄傲、喜爱、信任和依赖竟羞红了我的脸!"原来我在孩子心中是这样的啊!"

我渴望能成为这样一位母亲:孩子乖巧时,能享受他带来的贴心;调皮时,能体谅他跳脱的天性;不驯时,能迎接他带来的挑战;哭泣时,能给予他安慰和平静的力量……愿能不忘初心,始终用赤子般的心去注视他、欣赏他、发掘他!一如孩子对我!愿能拥有一个最宽广、淡定、包容的胸怀去面对孩子成长过程中必经的风风雨雨、磕磕绊绊!

无条件地去爱孩子,有方法、有原则地去教育孩子!在这种环境中长大的孩子将会成长成怎样一副模样?真的很令人期待!其实,善用智慧去养育孩子,成就的不单是孩子,更是家长自己。家长在养育孩子的过程中,所付出的、思考的、改变的、习得的、收获的,何尝不是孩子赠与父母的一份人生感悟?

——元子

目　录

序言/1

作者的话/5

成长，是渐入佳境的过程/3

懂得孩子，才能好到心里去/13

亲爱的孩子，感恩有你！/30

你若安好，便是晴天/39

等待，一种花开的智慧/42

降低焦虑，让心沉静而从容/47

恒心和耐心，您修炼好了吗？/51

让爱在沟通的道路上畅行/57

倾听，与心对话的开始/61

共情，有效沟通的翅膀/69

与孩子成功对话的秘密/75

表扬，是"捧杀"还是"教育绝招"？/83

有效批评，孩子成长的"加速器"/91

这样定规矩，孩子抵触少/101

巧立亲子约定/109

别怕对孩子说"不"/114

故事，孩子梦的天堂/117

家校沟通,不怕,不怕/123

如何培养孩子的积极思维和情绪?/131

为情绪安装一个暂停键/134

掌控焦虑,让情绪自由呼吸/141

化解愤怒,放弃对孩子的"吼叫"/150

开启孩子乐学的心门/161

优化习惯益终身/166

盘点时间银行:时间去哪儿了?/173

在家庭舞台上,家长要扮演好多种角色/181

巧做优点瓶与缺点瓶/187

中国式家长如何走出困境?/189

父亲陪伴孩子的N种方式/194

妈妈,请和孩子一起微笑/208

关于"让孩子做主"的你问我答/215

孩子注意力不集中怎么办?/222

与孩子一起勤记忆巧记忆/225

如果名校落空,怎么办?/229

性别教育,揭开神秘的面纱/235

漫长暑假里,您用什么妙招让孩子眼睛发亮?/242

聪明家长的"情绪食品"/246

参考文献/249

后记/251

成长,是渐入佳境的过程

成长,多么美好的变化发展状态!世间万事万物都有一个成长、变化发展的过程:种子的发芽、花儿从含苞到绽放、小树渐渐长成大树、生命从孕育到一天天长大,心智灵性由稚嫩到成熟、由狭隘到开阔、由简单到丰美……当内外条件都具备了,饱满了,成长就是必然的、水到渠成的,是渐入佳境。成长,意味着心智不断地发展、成熟与完善,力量和能量不断地更新、提升与丰盈。成长,也意味着动态的过程,有起伏、有选择、有得失的交替、有优化与补偿,更有喜忧参半的体验、感悟和反思……

为人父母,一项持久而富有挑战性的事业!要给孩子一杯水,你得拥有一池清泉!成长型的家长,才有力量和智慧开悟孩子,以自身的新意和创意,引领孩子健康快乐地成长。

成长型家长,一般具有以下特点:

善于学习,以开放的心灵和视野乐于接受新观念新方法;乐于不断提升,丰盈正能量,以积极的心态应对当下的困难、挫折甚至困境;善于优化自我人格与行为;勇于、善于反思,不断超越自我的旧框架旧束缚、塑造新我;在大多数情况下,能够 hold 住:内心淡定、从容,情绪稳定,善于思考,理性和情感和谐统一,兼顾无为与有为,重视教育策略和智慧,对孩子对自己有信心、有耐心、有恒心、有慧心,给孩子机会也给自己机会。

我们鼓励孩子的父母把成长当作良好的觉察、习惯和行动,把健康、聪明地成长看作一个有得有失的变化过程,不断进行自我探索和成长总结:

我的成长目标有哪些?我认真做了选择了吗?它们适合我吗?

为了达成这些目标,我优化自己的心智模式、行为方式了吗?

为了达成这些目标,我自觉吸取营养、补充能量了吗?

我的成长点体现在哪里?我的成长优势是什么?

我保持我的优势了吗?我遗失了哪些优势?

我在成长中遇到的瓶颈有哪些?成长的障碍来自哪些因素?

今天我成长了吗?这个星期我成长了吗?这一年我成长了吗?

我以自己的成长带动、促进孩子的成长了吗?

我如何巩固这些成长的收获、减少成长的损失?

我为我与孩子的一起成长与收获感到喜悦吗?我与孩子分享了这份喜悦了吗?

成长,是渐入佳境的过程。真的相信,也请相信,若不辜负岁月,曾经持久付出的,岁月会以你意想不到的惊喜方式回赠予你。水到渠成,渐入佳境,是量变到质变的过程。那么,认定方向,不急不慌,浅笑前行,本身就是美丽的抵达。在成长之路上,为自己送上一份深深的感谢和祝福!

家长成长自我评定问卷

您孩子的年龄＿＿＿＿＿＿您是孩子的＿＿＿＿＿＿

答题要求,在下面每个问题中,请选择您认为最符合或最接近您实际情况的选项,把对应序号填入括号里:

1. 要改变孩子,先从改变大人开始;要改变结果,先从改变方法开始。
（　　）

A. 我总是要求孩子改变,自己却很难改变已有的习惯;

B. 当我发现自己的教育方法没有效果时,会主动去寻找新的方法;

C. 为了孩子的成长和进步,我总是先于孩子改变自己;

D. 其他

2. 评价孩子时,我的习惯做法是:
（　　）

A. 先肯定孩子的优点和进步,然后指出孩子的不足和缺点;

B. 习惯了只是指出孩子的缺点和不足;

C. 心情好时主要看孩子的优点和进步,心情不好时则相反;

D. 其他

3. 情商(EQ)是很重要的因素,在家庭教育中,我对孩子的情绪:
（　　）

A. 很重视,也善于调节孩子的情绪;

B. 有时候重视,但是孩子的情绪主要由孩子自我调节;

C. 我以往疏忽了这个问题;

D. 其他

4. 耐心聆听是亲子沟通中的重要环节,请给自己耐心聆听评分:

(   )

A. 1分; B. 2分; C. 3分; D. 4分; E. 5分

5. 家长啰唆是让孩子烦躁的常见因素之一,对照自己的实际情况:

(   )

A. 我经常这样,同样的事情总是不停地重复多次;

B. 我有时候比较唠叨;

C. 很少唠叨;

D. 其他

6. 在教育理念、教育方法上,夫妻双方是否一致?   (   )

A. 不一致,我们经常发生矛盾、冲突;

B. 大多数时候我们基本一致;

C. 有时候一致,有时候矛盾;

D. 其他

7. 当夫妻发生矛盾、冲突的时候: (   )

A. 经常当着孩子的面相互指责、否定对方甚至争吵;

B. 避开孩子,并冷静地处理矛盾、冲突;

C. 为了孩子,我一味地忍让、沉默;

D. 其他

8. 当家长遇到不顺、不愉快的事情时: (   )

A. 我忍不住向孩子宣泄;

B. 找合适的机会把心中的感觉告诉孩子;

C. 总是一个人压抑在自己的心底;

D. 其他

9. 对照实际情况,给自己的以下心理品质分别评分(1—5分):

静心;专心;信心;耐心;细心;尽心;恒心;开心;慧心

获得1分的是(   )   获得2分的是(   )

获得3分的是(   )   获得4分的是(   )

获得5分的是(   )

10. 答应过孩子的事情,是否兑现?   (   )

A. 基本上都能够兑现,如遇特殊情况会向孩子说明不能兑现的情由;

B. 家长高兴时就兑现,不高兴时就不兑现;

C. 经常随意改变主意或不兑现；

D. 其他

11. 坚持阅读是学习型家长的重要体现： （　　）

A. 每天坚持阅读15分钟以上；

B. 每天坚持阅读30分钟以上；

C. 有时候阅读；

D. 几乎没有时间阅读；

E. 其他

12. 孩子在写作业或看书时： （　　）

A. 我总是陪在旁边,并不停地指出孩子作业中的问题；

B. 我在安静地看书或在做自己的事情,孩子做完作业后适当检查一下；

C. 我在看电视或玩电脑游戏；

D. 其他

13. 当接到老师的告状时： （　　）

A. 不问情由先把孩子狠狠批评、指责一番；

B. 对告状的事情进行冷静分析,并及时和孩子沟通,了解真相；

C. 无所谓,反正习以为常了；

D. 其他

14. 你是否给孩子报读各种课余学习班？ （　　）

A. 没有； B. 报了1门； C. 报了2门； D. 报了3门； E. 报了3门以上

15. 健康体质是学习精力充沛的前提之一。在这方面你主要采取哪些措施？ （　　）

A. 确保孩子每天有15分钟时间锻炼身体；

B. 确保孩子每天有30分钟时间锻炼身体；

C. 孩子除了在学校体育课锻炼外,平时几乎没有时间锻炼；

D. 其他

16. 对于孩子的考试成绩： （　　）

A. 我非常看重孩子的成绩,习惯用成绩来衡量孩子是否优秀和听话。

B. 我看重孩子的成绩,成绩是我衡量孩子优秀与否的一个重要标准,但不是唯一的。

C. 我不看重孩子的成绩,我在乎的是孩子的学习态度和学习习惯。

D. 其他

17. 在孩子出现问题或不听话时,家长认为自己在情绪控制方面: (　　)

A. 我比较善于控制自己的情绪,通常都是处理好自己的心情后再技巧地处理孩子的问题。

B. 我会努力控制自己的情绪,但只能控制几分钟,大多还是以发火、打骂作为结束。

C. 控制情绪对我来说非常困难。

D. 我从未想过在处理孩子问题时,家长也是需要控制情绪的。

E. 其他

18. 你批评孩子的次数: (　　)

A. 每天都要批评很多次,没有计算过。

B. 平均每天1～2次

C. 平均每周1～2次

D. 其他

19. 你对孩子发火的次数: (　　)

A. 感觉自己每天始终都处于发火状态或想发火的状态,没有计算过次数。

B. 平均每天1～2次　C. 平均每周1～2次　D. 其他

20. 你对孩子的表扬或鼓励: (　　)

A. 很少,实在发现不了孩子有哪些地方值得表扬。而且我认为指出不足比表扬重要。

B. 虽然我找不到孩子值得表扬的地方,但我会尽量去发掘,因为我认为鼓励很重要,只是效果不佳。

C. 我很善于发现孩子身上的优点,并会及时恰当地表达我的赞赏之意。

D. 其他

21. 你认为自己现在的生活状态是: (　　)

A. 我放弃了自己的喜好和生活,将所有的精力放在了孩子身上。

B. 我能在不牺牲自己生活的前提下,比较好地兼顾事业、孩子、配偶,对现状相对满意。

C. 我感觉自己目前处于一片混乱当中,无所适从,想改变却无从着手。

D. 其他

22. 根据你的实际情况,以5分为满分,为下列各项指标打分:

　　A. 亲子关系(　　　)　　B. 夫妻关系(　　　)　　C. 同事关系(　　　)

　　D. 上下级关系(　　　)　E. 与长辈关系(　　　)　F. 朋友关系(　　　)

23. 如果目前你的主要心理状态是不开心或焦虑的,你认为要改变这种状态的第一步或最重要的一点是什么?　　　　　　　　　　(　　　)

　　A. 解决孩子问题,孩子听话了,我就什么问题都没了,就会开心。

　　B. 我认为要增加自己的心理能量,调整自己的心态,改变自己的方法。

　　C. 我急切地希望有人能给我依靠或帮助解决。

　　D. 其他

24. 你和孩子相处时(包括学习时间),最常出现的氛围是:　(　　　)

　　A. 微笑、轻松、和谐

　　B. 喧闹、紧张、强迫

　　C. 严肃、训斥

　　D. 其他

25. 在和孩子沟通时:　　　　　　　　　　　　　　　　(　　　)

　　A. 想到什么讲什么,大多是我在讲孩子听,至于孩子对我的话接收了多少我没想过去验证。

　　B. 我注重沟通的效果,沟通前会先将每次要表达的要点整理通顺,会设想孩子可能会出现的一些反应,然后做一些备案。

　　C. 我很难和孩子沟通,孩子抵触性很强。

　　D. 其他

26. 你目前和孩子沟通的方式:　　　　　　　　　　　(　　　)

　　A. 比较简单、单一。

　　B. 我会尝试用不同的方法来和孩子沟通。

　　C. 我从未思考过这个问题。

　　D. 其他

27. 每次孩子出现问题时,通常你的反应是:　　　　　　(　　　)

　　A. 责备孩子

　　B. 埋怨他人,尤其是配偶

　　C. 反思自己

　　D. 其他

28. 对于学习新的知识和教育理念:　　　　　　　　　(　　　)

A. 我非常乐意接受新的知识和理念,会主动学习,并善于在生活中不断实践改善,将它变成真正对自己有用的东西。

B. 我乐意接受新的知识和理念,也会主动学习,但很难将它运用到实际生活当中。

C. 我不排斥接受新的知识和理念,但很难改变自己固有的习惯和观念。

D. 我很少接触新的知识和教育理念,也没有主动学习的习惯。

E. 其他

 拓展阅读

即使是普通的孩子,只要教育得法,也会成为不平凡的人。　　(爱尔维修)
最重要的教育方法总是鼓励学生去实际行动。　　　　　　　(爱因斯坦)

懂得孩子,才能好到心里去

> 一个人不懂得小孩的心理,小孩的问题,小孩的困难,小孩的愿望,小孩的脾气,如何能教小孩?如何能知道小孩的力量?而让他们发挥小小的创造力?
>
> ——陶行知

懂得,是了解其人、其事,知其心、其意。懂得孩子,才能好到心里去。懂得孩子,需要用心,需要学习、感悟与反思,这也是一个不断修为的过程。

一、懂得孩子,您是否满怀爱悦纳孩子?

悦纳孩子的独特性。从世界看,差异是万事万物存在的基本样态或基本形式。正是差异性带给世界丰富多彩的状态。世界上没有两片完全相同的树叶,每个孩子都是独一无二的生命艺术体。

从我们常用的"闭目撕报纸"游戏体验不同说起:

1. 游戏开始前,准备好若干份报纸,可以事先处理成正方形的,每张大小一样。

2. 参与该游戏的人数:2人以上。如果是一个家庭,一般是爸爸妈妈与孩子;如果是一个比较大的团体,多则数十人至上百人。

3. 游戏的主要程序如下:请参与游戏的成员每人手拿一张报纸,闭上眼睛,按照以下指令进行:把正方形报纸对折——撕去右上角——再对折——再撕去右上角……依次类推,总共对折五次、撕去右上角五次。完成以后,请睁开眼睛,并打开撕过以后剩下的报纸形状,即游戏作品。

4. 请每位参与者仔细观察所有的游戏作品。观察结果,不难发现,每个人撕成的作品,各不相同,相似的也是极少数。

5. 请大家思考一个重要问题:最初报纸的大小、形状一样,大家听到的指

令也一样,结果为什么会如此不同呢?综合参与者的体验以及咨询师的总结归纳,原因如下:

A. 每个人对指令(对折、撕去右上角等)的理解不同。理解不同,行为就有差异。

B. 每人的习惯不同。比如多数人习惯用右手撕,而有的人则习惯用左手撕。

C. 闭着眼睛撕报纸,主要凭感觉。而每个人的感觉因人而异。

D. 每个人的性格不同,对该活动的态度、情绪、心理暗示也存在差异,有的人撕得很认真,有的人不在乎,只当是玩玩而已;有的人性格比较灵活,在对折和撕去右上角过程中往往会变化不同方式,有的人性格比较刻板,始终用单一方式,比如始终顺着一个方向对折;有的人怀着喜悦之心为之,有的人不以为然或勉强为之……

E. 每个人手指灵巧度不同,有的灵巧一些;用的力度不同,有的大,有的小。

F. 年龄的差异可能带来的不同。

G. 性别的差异可能带来的不同。

H. 其他因素的影响,包括做游戏时的环境、意外因素等等。

6.该游戏给我们的最大启示:要悦纳不同。一个简单如"对折——撕去右上角"的指令,结果就如此的千差万别,而我们在日常人际交往中,在亲子沟通互动中,会出现多少大大小小的、简单的、复杂的指令,可以想象会出现多少差异和不同啊!孩子对父母指令、要求、期待、引导做出的反应,总是带着孩子的色彩;而父母对孩子的言行举止、所思所想所盼的解读,也总抹不去成人的色彩。如果我们明白不同是常见的状态,明白造成不同的各种因素,当差异出现甚至截然不同时,心中就会坦然很多,求同存异,以宽容之心去悦纳他人的不同,哪怕看起来是多么不可思议的差异。如此,人际交往、亲子沟通都会从容得多、顺畅得多!

悦纳不同,包括:悦纳孩子的容貌、体态、天赋、能力、性格的差异;悦纳孩子与父母的差异;悦纳孩子与其他孩子的差异;悦纳孩子现在与过去的差异;悦纳孩子现在与未来的差异等等。

悦纳孩子的不完美。此时,又想起绘本作家幾米的作品《我不是完美小孩》,书中主人公的一段话特别发人深省:"郝完美。这个名字是爸妈为我取的。他们说,我小时候,不管正面看背面看,醒着睡着,或笑或哭,我看起来都好完美。可是,随着我慢慢长大,事情就变了……爸妈的要求愈来愈多,学校的要求愈来愈严。我觉得很累,真想大叫:"我不是完美小孩啦!我想知道,世

界上有多少人跟我一样觉得自己不完美。"孩子的内心呼喊,您听到了吗?世间没有十全十美的事,孩子不完美是最自然不过的事情:有的孩子像兔子,反应敏捷、动作迅速,可能也比较心急或粗心;有的孩子像小牛,做事很认真仔细,也可能动作比较慢一些;有的孩子擅长文科,英语口语很棒、语文作文很出彩,可数学是短板;有的孩子从小有主见、善于独立思考,常有创意之举,可有时候听不见他人的合理建议;有的孩子敏感细腻,却也容易多愁善感、自信不足等等。教育要顺势而为,我们可以立足于孩子的实际,充分发挥他们的优势,鼓励孩子在已有基础上成长与进步,而不是一味地苛责孩子,以高标准高要求逼孩子达到大人所谓的完美状态。

悦纳孩子的独特性,不完美,是智慧之举。悦纳孩子的独特性,满怀喜悦地欣赏孩子,在孩子的一言一行、一颦一笑中发现可爱与意趣,坦然接受孩子的淘气与顽皮,坦然面对孩子在成长过程中出现的偏差,不强求孩子做不适合他的事情,不盲目与别人家孩子比较,鼓励孩子扬长避短,发挥自身潜能,做最好的自己。请相信:孩子有自我成长的内在力量。祝福孩子们有勇气、被支持成为最好的自己:

  如果不能成为太阳,就做一颗星星,一颗最闪亮的星星;
  如果不能成为大海,就做一条小溪,一条最清澈的小溪;
  如果不能成为大树,就做一棵小树,一棵最葱绿的小树。

二、懂得孩子,您是否相信孩子的感觉?

微回放:"我真的已经吃饱了!"

中国的家长是最累、最操心的家长,也是最得不到孩子理解的家长。不是好心好意就能带来好效果的。为父母者,常常出于对孩子的爱和过度的关心,而做了不少其实适得其反的事情。可又有多少大人能够意识到自己在教育方面的问题呢?所以,当我和这个女孩对话以后,就有一种写的冲动,说的冲动。

在给女孩馨馨做注意力训练前,我首先仔细看了她这一星期的家庭表扬单。在表扬单上,她的爸爸妈妈以生动具体的语言,及时地表扬了孩子在这个星期里注意力等方面点点滴滴的进步以及父母由衷的喜悦。最后一句是这样写的:"爸爸妈妈希望你对爷爷奶奶的态度更好一些、更尊重他们的意见一些。"

凭着一种敏感和咨询探索的需要,我在充分肯定女孩进步的基础上,关切地问馨馨:"爸爸妈妈为什么让你对爷爷奶奶的态度更好一些、更尊重他们意见一些呢?你和爷爷奶奶之间发生了什么?"

"因为我觉得爷爷奶奶很烦,所以就对他们说了一句:'你们烦死了!'"

"爷爷奶奶听了你这句话,有什么反应呢?"

"他们默不作声地走开了,到他们房间去了。"

"你觉得爷爷奶奶是什么样的心情呢?"

"他们对我很好,可我对他们大声吼,他们会很伤心。"

"是的。"

"你为什么会说他们烦死了呢?"

"我都已经吃饱了,可是他们还是要我再多吃一些。每次都是这样。"

"今天早餐,你都吃了些什么呢?"

"三明治、牛奶。可是爷爷奶奶还一定要我吃鸡蛋。我真的吃饱了,他们又不知道。我和他们说,我吃不下了,他们就是不肯,所以,我忍不住冲他们发火。"

……

随着对话的深入,我已经明白问题所在了。童言无忌,纯真的话语中却也包含了至理,比如女孩那句"我真的吃饱了,他们又不知道",给我不小的心灵震撼。姑且先不去说,遇到类似情况时,女孩该如何去表达自己的真实感受和想法,如何更好地与长辈进行有效的沟通,我只是想对大人说——俗话说,鱼在水中,冷暖自知。孩子的饥饱,孩子自己最有发言权。而我们的大人,出于爱的关切与呵护,总是担心孩子没有吃饱,总希望孩子再多吃一点,再多吃一点,即使真的已经吃饱了,也还是劝你再多吃一点,结果往往是好心没有办好事情,落得彼此不开心。

"我真的已经吃饱了!"请相信孩子,多体察孩子的感觉吧!

如何才能更好地体察孩子的感觉呢?

A. 自觉地观察孩子的表情、言语、情绪、行为表现,及时捕捉细微变化。

B. 对孩子的话要给予足够的尊重和信任感,并在此基础上及时调整大人的要求。

C. 懂得一些孩子的心理特点,才能走进孩子的心灵世界。

D. 换位思考,把自己放在孩子的位置上去感觉去思考,会有不同的感觉。

成功的沟通是双向沟通,注重互动。切忌自说自话,不顾他人的感受和反馈。

三、懂得孩子,您是否关注孩子的期待?

微回放:"爸爸妈妈,您能不能……"

小皓,男孩,小学五年级学生。来咨询训练时,老师、家长的介绍和评价:

爱好美术,曾经获得全国一等奖。成绩不错,有一点调皮。整体成绩好,但容易出现不稳定现象。学员很乖巧,非常喜欢美术,目前在学习奥数,做题目的时候容易粗心。学员整体成绩还是很好的,基础也很不错,能够自觉学习,独立性很好,需注重注意力方面的训练。母亲对孩子的介绍:孩子好动,注意力不集中。IQ高,学习自觉性差,成绩起伏很大。不虚心,对反面意见听不进,而且脸上都表露出来,不会控制情绪,容易和别人发生冲突。看自己喜欢的书,能够坐很久。写作业时小动作多,每次大考不错,平时成绩忽上忽下。

在10次(每次60分钟)心理咨询课程中,小皓与咨询师建立了信任、真诚的关系,谦虚而有涵养,综合表现非常棒:每一次咨询辅导,无论老师讲述哪一方面的内容,他都专心聆听,积极互动;每一份心理作业,都怀着浓厚的兴趣来完成,比如《送自己一棵心之树》《时间饼图》及《时间银行》《挑战极限》《五年后的我》……

在一次亲子关系的专题辅导中,我安排了一个微型采访:

请你代表同龄人对父母们说六句你最想说的话。

小皓如此说:

1. 同样的话或要求能不能只说一遍?
2. 能不能做到每次自己说的话都能兑现?
3. 我自己的房间能不能让我自己来整理?
4. 我自己的课外作业能不能让我自己来布置?
5. 能不能不要总是拿我和别的同学比较?
6. 我的休息时间能不能由我自己来安排?

父母是孩子成长的引导者、呵护者,为了孩子,父母付出了很多,也忽略了很多,包括孩子的心理期待。给孩子一些独立的时间和空间吧,如同放飞孩子飞翔的翅膀。有所不为才有所为。聪明的家长,您是怎么做的呢?

四、懂得孩子,您是否谨慎使用批评的武器?

批评与表扬孩子,都是一门教育艺术。批评孩子,要注意什么?曾经向家长朋友们推荐过古人的"七不责",古人的教育智慧值得我们体会与借鉴。

古人对孩子"七不责"包括:

对众不责。大庭广众之下,不要责备孩子,要给孩子尊严和尊重。

愧悔不责。孩子已经为自己的过失感到惭愧后悔了,就不要再责备孩子了。

暮夜不责。晚上睡觉前不要责备孩子。此时责备他，孩子带着沮丧失落的情绪上床，要么夜不成寐，要么噩梦连连。

饮食不责。正吃饭的时候不要责备孩子。否则，很容易导致孩子脾胃虚弱。

欢庆不责。孩子特别高兴的时候不要责备他。人高兴时，经脉处于畅通的状态，如果孩子忽然被责备，经脉就会立马憋住，对孩子的身体伤害很大。

悲忧不责。孩子哭的时候不要责备他。

疾病不责。孩子生病的时候不要责备他。生病是人体最脆弱的时候，孩子更需要父母的关爱和温暖。

古人对孩子的"七不责"，不是溺爱孩子，而是一种教育的智慧。也提醒我们：责备孩子也要注意时间、地点与场合，更要考虑到孩子的实际情况和心境。爱孩子、懂孩子、理解孩子、体贴孩子，也是父母和大人们需要好好学习的功课。我们在教育心理咨询过程中，始终提醒家长们：在对孩子的教育中，应以鼓励为主，慎重使用责备、训斥，更不要把责备、训斥当成随心所欲发作的坏习惯；以建设性批评代替破坏性批评；在评价孩子时，坚持两个原则：先肯定再指出不足；每次指出不足不要超过两点。并在此基础上，请家长为孩子认真写好表扬单/进步卡，巧做优点瓶与缺点瓶。

小贴士：在教育孩子时，建设性批评与破坏性批评的比较

建设性批评	破坏性批评
在批评中仍以鼓励为主，不挫败信心。	以否定、指责、埋怨为主，挫败信心。
心态积极，理性、情绪稳定、态度诚恳、善意。	心态消极，冲动、情绪愤激、激荡、冲击强烈。
不轻易使用伤害孩子自尊、情感、心灵的言语。	常用责骂、讽刺、挖苦、威胁、侮辱等恶性言语伤害到孩子稚嫩的心灵。
行为平和，在合情理范围内。	行为过激甚至失控，不顾后果。
只针对具体的事，就事论事，不全盘否定，不把矛盾扩大化。	由此及彼式的扩大化，全盘否定，也导致矛盾的激化。
建议与引导，具体、积极、正向，让孩子看到自己的闪光点、潜力和努力的方向。	批评宽泛、笼统，孩子除了生气、难过，也很茫然，不知道该怎么做更好。
克制自己，懂得孩子的心理，照顾到孩子的情绪。	只顾自己宣泄，毫无顾忌孩子的心理、情绪。
批评方式多样化，灵巧而有效。	批评方式单一、刻板、粗暴，常常无效甚至负效。
方式恰当，批评的结果是良性的，让孩子认识到自己的错误，也保持了信心，不断进步。	因批评方式不当，对孩子的身心造成伤害甚至留下长久的阴影，造成恶性循环。

五、懂得孩子，您是否提高有效沟通的技巧？

善于沟通，是教育的润滑剂。我们每天都离不开沟通。沟通是人与人或人与群体之间信息、思想与感情的传递和反馈的过程，以求思想达成一致和感情的通畅。沟通包括三大特点：具有一定的目标；沟通信息、思想、情感；达成共识或共同的协议。沟通是情绪的转移，是信息的传递，是感觉的互动。有效沟通，也是解决问题的关键环节之一。沟通中的行为主要包括：说的行为，听的行为，问的行为。沟通，就发生在我们日常生活的点点滴滴中。亲子沟通，是教育中的重要环节，也是亲情融洽的润滑剂。

"唉，现在的孩子我是越来越不知道他想什么了，很难和他沟通。我们要么一说就吵，要么终日无话可说或者不想和他说。真不知道该怎么做。"父母如此说。

"唉，为什么在外面与别人沟通都不难，可在家与父母沟通这么难呢？我们要么一说就吵，要么终日无话可说或者不想和他们说……"孩子如此说。

70％的孩子认为父母不理解自己！而不少家长和孩子都为彼此无法很好地沟通而发生矛盾，闹得彼此不开心。问题出在什么地方呢？

（一）从微型问卷开始，做一次沉静的反思吧。

请仔细阅读以下问题，选择最吻合你实际的选项（单选或多选皆可）：

1. 你经常主动与孩子沟通吗？　　　　　　　　　　　　（　　　）

　A. 经常　　B. 有时候　　C. 偶尔　　D. 从来不

2. 你善于与孩子沟通吗？　　　　　　　　　　　　　　（　　　）

　A. 很善于　　B. 比较善于　　C. 一点都不

3. 在沟通中你注意技巧吗？　　　　　　　　　　　　　（　　　）

　A. 很注意　　B. 有时注意　　C. 不注意　　D. 根据不同的场合而定

4. 你主要从哪里获得人际沟通的基本知识？　　　　　　（　　　）

　A. 在家里　　B. 在学校　　C. 阅读书籍　　D. 观看影视　　E. 通过网络

5. 你与孩子沟通信息的常用方式有哪些？　　　　　　　（　　　）

　A. 面对面交流　　B. 打电话　　C. 发送手机短信　　D. 网络方式如电子邮件、QQ、微信、博客、微博等　　E. 其他方式，比如：_____

6. 亲子沟通时遇到的最困惑的问题是什么？　　　　　　（　　　）

　A. 心情紧张　　B. 不知道该说什么　　C. 当孩子的想法与我不同时很难沟通　　D. 心里的真实想法无法很好地表达　　E. 遇到情绪激动时很难

控制　　F. 其他问题,比如:＿＿＿＿＿＿

7. 在以下沟通行为中,你在哪方面表现最明显?　　　　（　　）

A. 自己说得多　　B. 自己聆听得多　　C. 自己问得多　　D. 说、听、问都差不多　　E. 其他情况

(二)听懂孩子,需要耐心。

多年前我读过一个故事,并留下很深的印象:

有一个小女孩每天都走路到学校去上学。一天早上天气不太好,云层渐渐变厚,到了下午时风吹得更急,不久开始有闪电、打雷,接着下起了倾盆大雨。

妈妈在家里很担心,她担心小女孩会被雷声吓到,甚至被雷击到。雨下得愈来愈大,闪电像一把锐利的剑刺破天空,小女孩的妈妈赶紧开着她的车,沿着上学的路线去找小女孩。

她看到自己的小女儿一个人走在街上,而且每次有闪电时,她都停下脚步,抬头往上看,并露出微笑。看了许久,妈妈终于忍不住叫住她的孩子,问她说:"你在做什么啊?"

她说:"上帝刚才帮我照相,所以我要笑啊!"

听了女孩的话,妈妈也欣慰地笑了。透过迷蒙的雨雾和孩子的笑脸,她感受到了宝贝那颗玲珑美好的心灵。她情不自禁地紧紧地拥抱自己的女孩……

第一次读这个故事,我就被深深地吸引,不止一次地分享、回味它带来的美好:童年的天空可以如此的美丽、纯净,小女孩的心灵可以如此的奇趣,大雨倾盆中把闪电打雷当作上帝在拍照。纯真的心,丰富的想象力,充满童趣的对话,堪称沟通的经典。这位妈妈深藏爱心的情怀,善解人意的宽容,淡定耐心的聆听,没有惊扰小女孩抬头望天的微笑,丝毫没有责怪的味道,同样让我们感动。这是多么生动的母女对话!这是多么美妙的母子沟通的范儿!

宽容和理解,耐心聆听,是有效沟通的重要技巧。沟通中,生动形象的文字,可使沟通情境变得富有意趣、轻松愉悦。

耐心聆听需要注意些什么呢?

A. 在聆听时,要听全、听清、听懂;要专心、耐心、细心。这样,获得的信

息才是完整的,才能知道孩子的所思、所想、所爱、所愿。

B. 在聆听时,切忌随意而盲目地打断对方话语,更不应自以为是地妄加评论。

C. 在聆听时,要善于聆听孩子独特的心声,听懂他们表达内心和世界的方式。因为孩子的世界和大人常常不同。

D. 当遇到蹊跷事情时,不应粗暴指责、怪罪孩子。应设法了解事情的缘由,以免造成不必要的心灵、情感伤害。

(三)美好生动,多点趣味。

以下这则故事《什么都不会结束》是《读者》杂志 2013 年第 19 期的卷首语(原刊于《讽刺与幽默》2013 年 5 月 3 日,洪敏编译)。这是一个微故事,也像一部微电影,时时呈现在我的眼前:

金黄色的大太阳已经照了一整天,现在一天就要结束了。

小男孩看到白天结束非常伤心。

现在,他的妈妈来向他道晚安。

"为什么白天必须要结束呢?"他问妈妈。

"这样,夜晚才能开始啊。"

"可是,白天结束时,太阳到哪里去了呢?"

"白天没有结束,它会到别处开始。太阳将会在那里发光,这时夜晚会在这里开始。什么都不会结束。"

"真的什么都不会结束?"

"什么都不会,它会在另一个地方以另一种方式开始。"

小男孩躺在被窝里,妈妈坐在他身边。

"风停之后,风到哪里去了呢?"他继续问。

"它吹到别的地方,让那里的树跳舞去了。"

"暴风雨过后,雨到哪里去了呢?"

"进入云彩,形成新的暴风雨。"

"那森林里的树叶变色掉落后呢?"

"落入泥土,变成新树新叶的一部分。"

"可是,当树叶落下时,那就是什么东西结束了!"小男孩说,"是秋天结束了?"

"是的,"妈妈说,"秋天结束,冬天开始。"

"那冬天结束后呢?"小男孩问。

"冬天结束,积雪融化,小鸟飞回,春天开始。"妈妈说。

小男孩露出了微笑。

"真的什么都不会结束啊。"

"今天就到这里吧,该睡觉了,明天早上你醒来时,月亮会到很远的地方开始新的夜晚,太阳会到这里开始新的一天。"

"什么都不会结束"。在这段对话中,心存美好的妈妈,深深地懂得孩子,以慧心,以诗意般的话语,带给儿子美好的信心和发自心底的微笑,孩子于是安心入睡,我相信他的梦也是微笑的。我也相信,这位男孩是幸运的,他有一位如此懂得爱、懂得智慧、懂得美好、懂得表达的妈妈。在这段母子对话中,我们也领略了一种高质量沟通的境界。新颖、美好、生动,能够激发孩子想象力的语言,最符合孩子身心发展特点,最能够引起孩子的注意力和兴趣,也最能达到沟通的预期效果。

孩子的心中、眼中,充满着对世界的好奇,对问题的探索,也不乏内心的不安和疑虑。面对这些好奇、探索、不安和疑虑,也给沟通中的大人带来极大的挑战。如何应对这种挑战?以下几点供大家参考:

A. 以同样的兴趣和孩子一起探索,最大限度地满足孩子的求知欲和好奇心,让孩子感到自己提出的问题是备受重视的,不必担心被责骂被粗鲁打断,从而大胆地、轻松地继续发问。

B. 以开放的心灵和视野,带着思考去呼应孩子的挑战,并在已有知识库中提取出那些最能够回应孩子的提问的知识亮点,与孩子的问题形成新的对接,并有所延伸、拓展。

C. 心存美好,以美好的情怀去点燃孩子心中的明灯,让孩子的心中也充满美好的期待。这是沟通中的情感要素,如春风化雨,润物细无声。

D. 尽可能用孩子喜闻乐见的文字方式来表达,比如使用比喻、拟人、联想、故事方式,尽可能新颖、简洁、生动、有趣。

而要做到这些,平时的学习、积累、思考和当下的有创意的灵巧运用,都缺一不可。这同样也是挑战!

(四)懂得孩子,绕开忌语。

微回放:"你怎么又考这么差!你怎么这么笨!"

童童的爸爸在单位受到了领导的批评,怀着郁闷的心情回到了家里。童童刚刚考完了期中考试,各门功课虽然都是 70 多分,但相比以前不及格已经有了很大的进步,童童满脸欣喜地跑到爸爸跟前,期待爸爸能夸他几句,并实现他的诺言。爸爸之前答应童童,期中考试只要有进步就会给童童买喜爱的变形金刚。

可是爸爸看过童童的试卷,非但没说一句夸奖的话,反而大声训斥道:"你怎么又考这么差!你怎么这么笨!"

童童被爸爸吓到了,哭着说道:"爸爸说话不算话!你之前说的,我只要进步,你就给我买变形金刚的。"

爸爸听到孩子顶嘴,火气就更大了,一怒之下接着就动手打了童童,童童哭得更厉害了。童童妈妈见状,一边安慰童童,一边忍不住数落起童童的爸爸,童童的爸爸也知道自己做得不对,不该用这种方式和孩子说话,更不该动手打孩子。

童童爸爸错在哪里呢?让我们分析分析吧!第一,他只看到孩子的不足,却没有肯定孩子已经取得的进步;第二,他说话不算数,答应过童童只要有进步就奖励变形金刚的,可出尔反尔,给孩子造成说话不算数的印象,以后很难让孩子相信他;第三,他因自己在单位受领导批评而把气宣泄到孩子身上,还动手打孩子;第四,他对孩子说的:"你怎么又考这么差!你怎么这么笨!"会对孩子造成无形的心灵伤害,是教育之大忌,也是沟通中的忌讳。

每个孩子都如同一朵娇嫩的单纯的小花朵,最不应受到伤害又最容易被伤害。弱小而又敏感的他们对大人的评价已经可以形成一种心理反应。你的评价肯定会让他/她心花怒放,你的一句无心的责备,也会在他/她幼小的心里形成难以磨灭的阴影。那么,孩子最害怕听到哪些话语呢?

1."真笨、傻瓜、没用的东西。"

2."你简直是个废物。"

3."你可真行,竟能做出这种事情。"

4."住嘴!你怎么就是不听话呢?"

5."我说不行就是不行!"

6."我再也不管你了,随你的便好了。"

7."求求你别再这样做好吗?"

8."你若考了一百分,我就给你买……"

9."你做这种事,真让我伤心透了。"

10."你又做了错事,简直是坏透了。"

孩子的心灵是脆弱的,他们希望得到支持和理解,每一句鼓励的话语,都会使孩子信心百倍,但是一句粗暴的呵斥,足以使他们的尊严受到极大的伤害。轻易地否定自己的孩子,对他们的能力表示怀疑,是非常可怕的。"傻、呆、笨、坏",在孩子的心中是最严厉的判决,无情地将他们变成了一个家庭或学校的"另类",在与周围环境格格不入的同时,他们的心灵世界也会变得一片灰暗。

爱迪生小时候被老师列入"笨孩子"之列,但他母亲一直在鼓励他,说他会成功。终于,爱迪生成了一位伟大的发明家。其实,每一个孩子都是天才,只是我们许多家长缺少发现,缺少培养的方法,而使"天才"与自己的孩子擦肩而过。

为此,我们可以设想,童童爸爸不妨换一种方式和姿态与孩子沟通:

童童的爸爸在单位受到了领导的批评,怀着郁闷的心情回到了家里。

童童刚刚考完了期中考试,各门功课虽然都是70多分,但相比以前不及格已经有了很大的进步,童童满脸欣喜地跑到爸爸跟前,希望爸爸能够实现他的诺言。爸爸之前答应童童,期中考试只要有进步就会给童童买喜爱的变形金刚。

爸爸看到童童的试卷后,看到孩子每门功课都是70多分,眉头皱了起来,刚想发火,不过心里又一想,孩子之前考试每门功课都不及格,这次虽然考得不高,但每门功课都及格了,而且考了70多分,已经进步不少了,于是微笑着摸摸童童的头说道:"嗨,儿子,爸爸也觉得你这次考试考得不错嘛,都是70多分,爸爸记得说过只要你能进步,爸爸就给你买你喜欢的变形金刚。爸爸说话算话,咱们周末就和妈妈一起给你买去!"

童童听了开心地对爸爸说:"谢谢老爸!童童会更加努力,要继续进步!"

沟通中,涉及到对孩子的评价时应注意什么呢?

A. 任何时候都把孩子看作是独一无二的,用欣赏的眼光、真诚的态度、愉悦的心态去发现和肯定孩子的优点。

B. 懂孩子,以鼓励为主,尽量绕开"傻、呆、笨、坏"之类的忌语,呵护孩子的自尊。

C. 先肯定再指出孩子的不足,并满怀爱心帮助和引领孩子进步。

D. 学会克制情绪,减少冲突。冲动是魔鬼,稳定积极的情绪,有利于沟通的推进。

E. 沟通的元素中,文字内容占7％,声音、语调占38％,肢体语言占55％。要善于发挥这些因素的综合作用。

(五)沟通方式,灵巧多样。

巧用小纸条。有一位母亲,她有一个很可爱的儿子。当儿子有了一些阅读能力之后,这位母亲便开始尝试着给他写一些不同内容的小纸条,哪怕只是三言两语。她把这些小纸条有时放在孩子的铅笔盒里,有时又悄悄放在孩子的玩具箱里,甚至冰箱门上、镜子上、枕头上,只要是孩子能看到、能找到的地方都曾经是她的目标。小纸条虽小,却常常起到意想不到的沟通效果。这位母亲的做法,灵巧而独特,取得了不凡的效果。

图画是记忆的眼睛,也是沟通的艺术化方式。有一位父亲,无论工作多忙,无论在家中还是出差在外,每天坚持为自己的宝贝女儿画一幅可爱的画作,绘画题材都是女儿的一个个成长片段或生活细节。画作栩栩如生,充满童趣,深受女儿的喜爱,也令无数读者感动。

沟通的方式是多种多样的,最常见的是面谈、聊天、讨论、电话、留言、书信,而随着时代的变迁、科技的进步,其他沟通方式也越来越进入我们的日常生活且普及开来,比如短信、亲子博客、微博、微信等等,可以跨越空间的限制而变得更自在更轻松。

在选择沟通方式时,应注意哪些方面呢?

A. 从孩子和大人的实际出发,要有针对性、可行性与实效性。合适的才是最好的。

B. 选择沟通的最佳时机:时间、地点、情绪。在轻松幽静的环境中,沟通会更顺利。

C. 如果可能,可以同时灵活使用多种沟通方式,增强沟通效果。对孩子而言,比如言语、肢体语言、电话、小纸条、小活动、小礼物、小卡片、讲故事、绘画、角色扮演、快乐成长记录、家庭辩论赛等等,都是不错的方式。

D. 在选择沟通方式时,还应充分考虑到孩子、大人的性格特点、兴趣爱好,做到扬长避短,使沟通变得更顺畅更愉悦。

沟通是一个不断探索、不断发现、不断融合的过程,在探索中,沟通的方式也将不断创新和完善。为了孩子的成长,请用心对待每一个美好的沟通机会和沟通方式吧!

六、懂得孩子,您是否及时觉察孩子的委屈?

微回放:男孩哭得很伤心……

一个小学三年级的男孩子,在爸爸生日的那天,用自己的零花钱买了咖啡和酒,准备作为礼物送给爸爸一份惊喜。他提着买好的礼品,兴冲冲地走在回家的路上,可不小心把咖啡和酒都掉到了地上,酒瓶碎了,酒洒了一地……回到家里,他如实地把事情经过和爸爸妈妈说了,结果被急性子的爸爸劈头盖脸狠狠批评了一顿,"毛手毛脚的你,怎么这么不小心!""事先也不知道和我商量,你这小子还真会浪费钱!"男孩很伤心,哭着跑进自己的房间,任谁叫也不理睬。后来爸爸也觉得自己做得不好,就和儿子说,你不要难过了之类的话。孩子对爸爸说:"你别这样说,怎么说我都伤心。"如果遇到这种情形,该怎么和孩子沟通呢?

处在小学阶段的孩子,尤其是低龄孩子,情感是敏感的也是比较脆弱的。在这件事情中,父母首先要肯定孩子懂事,会用爸爸生日的机会表示自己的祝贺与感恩;当礼品弄到地上打碎了,孩子已经很难过,因为这也打碎了他精心准备的那份惊喜。如果家长不但没有说安慰的话,还严厉地批评,孩子会觉得非常委屈。如果在肯定的基础上再告诉孩子"不要为被打翻的牛奶哭泣",但是以后要小心一些,东西要拿稳拿好,也是一种好习惯和本领。这样孩子不仅受到肯定和鼓励,也增长了经验。这又何乐不为呢?

如果你一不小心做了和这位爸爸一样的沟通,不问三七二十一狠狠责怪儿子一通,那么应该再找一个机会,和孩子重新好好沟通,放低姿态,换个角度和表达方式,可以这样对儿子说:"首先是爸爸让你感到委屈了,是爸爸不对,真对不起!请儿子原谅我好吗?爸爸也不是十全十美的,也会犯错,儿子应该帮助爸爸改正错误。你能够为爸爸送生日礼物,爸爸心里其实很感动,因为爸爸心太急了,就变成责怪你了,不过爸爸真的是想让你以后小心一些。也希望你能够理解爸爸。好吗?"

在沟通过程中出现了错怪、误解、误会,孩子明显感觉到委屈时,再次沟通时应该注意什么?

A. 进一步了解缘由,及时向孩子说道歉,真诚请求孩子的原谅。

B. 放低姿势,以平等和气的口吻,以诚恳的态度表明自己的真实想法。

C. 重新肯定孩子在此件事情中值得赞赏和令人感动的地方,让孩子从挫败感中走出来。

D. 可以结合一些肢体语言,比如拥抱孩子,摸摸孩子的头等,让孩子感觉到大人的爱。

总之,勇于道歉,有错即改。这是沟通中的消毒剂,即使有误解也能够烟消云散。

七、懂得孩子,您是否感受到孩子的累与烦躁?

写到这里,我的眼前情不自禁地浮现出咨询中的若干画面:

其一:一位小学一年级的男孩,曾经对我说:"心雅老师,我都累得快瘫掉了。"说完,闭着眼睛把脑袋耷拉下来,呈现极度疲倦的样子。我让男孩稍作休息后,耐心倾听他的诉说。仔细了解以后知道,孩子除了学校的功课,父母还为他在外面报了书法、围棋、数学、英语等六门各种学科及兴趣班,小小年纪,原本天真活泼的小男孩,每天、每周要应付繁多的学习内容,怎能不累"瘫"?我从家长那里也证实了的确有这么多学习内容,家长还埋怨孩子注意力不集中。那一刻,我只感觉很心疼孩子……

其二:一位就读于某重点中学的女孩,刚来咨询时,我让她说说自己的开心事与不开心事。说到不开心处时,她先是声音哽咽,紧接着泪流满面。我递上纸巾:"这里是安全的。你让自己先缓缓,等感觉好点了,再慢慢说。我陪着你。"几分钟以后,女孩情绪渐渐恢复稳定,继续和我说心里话:"心雅老师,说真的,我真心觉得我妈妈不需要给我额外报那么多的课,尤其是外语课,我自由支配的时间、空间一点都没有了。我和妈妈说,我英语一直都挺好也挺稳定的,不需要补这么多。这既让我疲于奔命,又浪费钱……可妈妈说这都是为了我好,好上加好。我宁愿不要这种折腾不堪的好。老师,请您和我妈妈好好说说。"后来,我让女孩罗列一份一周的课业学习清单。清单显示,一周的时间表中,周一至周五放学后每天都有妈妈要求的课外补课,时间1~2个小时不等;周六、周日,就更不用说了,女孩的时间被补课挤压得更厉害了。那一刻,我在心底深深地叹息:望女成凤而盲目的妈妈啊,女儿的泪水,您是否读懂了呢?

其三:在咨询中,我请孩子们用比喻的方式,表达自己每天面对校内外繁重的课业任务时,疲惫和累的状态、身体和心理的感觉。且听听孩子们怎么说:

像沿着那高耸而漫长的石级不断地往上爬;像不停飞翔在空中的小鸟;像在跑道上一圈又一圈地跑啊跑啊;像陀螺不停地飞转;还像司机在马路上不停地开车、开车;像吃草,特别苦;像一台作业的机器,不停地运转运转……此时的感觉又是如何呢?孩子们说:很烦躁,很想发火;很想把作业本、卷子撕了;生气时猛敲桌子;头疼,每天都有黑眼圈,很想趴下,就想能够多睡觉、多玩一会;我每天都被作业绑架了,活动锻炼的时间也少得可怜,也容易生病;作业为什么这么多?很想让作业顿时在眼前消失,可又不得不完成,怕爸爸妈妈生气;唉!每天作业这么多,放学到家后直到睡觉前,时间都花在作业上了,根本没有时间复习,更不用说预习和看我喜欢的课外书了,在课堂上没有听懂的内容,也没有办法去补救了……

其实孩子们一点都不夸张,我让孩子与家长把每天都要做的作业,包括各科练习册、练习卷子摆在一起,同时统计、拍照。那种触动可谓是不小的震撼,在震撼中又倍感心疼:心疼孩子们每天背负着如此多而沉重的作业,心疼孩子知道无奈,可还是尽力去完成而不让家长生气,心疼孩子们的睡眠时间不足,娱乐游戏时间、锻炼身体时间、做自己喜欢事情的时间更是少之又少……

为了让家长们深入觉察和体会孩子的累与烦躁、无奈的疲惫,在咨询过程中,我常用以下几种方法:

1. 结合时间管理专题,家长与孩子一起画"时间饼图",这种方法形象直观,简洁易懂且印象深刻(详见本书《盘点时间银行:时间去哪儿了?》一文)。

2. 让家长把孩子日常林林总总的作业集中在一起:统计数据(比如每天的作业科目与所需时间、每周的作业量与所需时间);把小山般的练习册、卷子拍成照片,凝视这些作业,体会自己的感觉。

3. 把孩子对累与烦躁的描述、感觉,反馈给家长。

4. 闭上眼睛,在放松后通过意象方法,去看看那个疲惫不堪的孩子。

5. 让家长结合自己的觉察与体验,以"懂得孩子的累与烦躁"为题,写出自己的感受。这里摘录部分与大家分享:

懂得孩子的累与烦躁,才能更好地理解、体谅孩子的情绪和行为,相信他的行为是情绪的外化表现,我愿意接纳这些情绪的表达和释放;

懂得孩子的累与烦躁,我自己的心态会更平静,我愿平静地陪伴孩子,在他需要帮助的时候帮助他;

懂得孩子的累与烦躁,会缩小与孩子的心理距离,让我与孩子之间的沟通更顺畅;

懂得孩子的累与烦躁,我会理解孩子承受了我们小时候从未遇到过的信息量与压力,我更愿接受他在压力下表现出来的各种行为;

懂得孩子的累与烦躁,会让家长在与老师沟通时更能从孩子的角度去寻找更好的解决方法;

懂得孩子的累与烦躁,我能更加相信孩子的力量,相信他能够处理好自己碰到的困难,并给予坚定的支持。

懂得孩子的累与烦躁,我会主动提醒孩子要注意休息和放松,不再给他加大压力了。

……

当看到、感觉到家长已觉察到孩子的累和烦躁时,我的心也释怀了很多,同时也把这段话(在咨询中不止一次地对家长们说过的一段话)分享给大家:"我心疼孩子的累与无奈,也理解家长的初衷与无奈,可我还想说:孩子的学校作业已经很多了,就不要再额外给孩子增加大量的课外负担吧!好好呵护孩子学习的胃吧,撑坏了就难以修复了。在关注学习、作业的数量的同时更应重视质量。没有什么比孩子的身心健康与良性成长更重要,不要以牺牲孩子身心健康作为发展的沉重代价——剪断了孩子的翅膀,却怪孩子不会飞翔!"

亲爱的孩子,感恩有你!

感恩,自然所赋予的阳光、风雨、星辰。
感恩,世间各种美好的温暖、温润与力量。
感恩,来自所有亲人、友人给予的关爱与支持。
感恩,孩子带给我所有的体验与珍贵。
感恩,我之所有与未有。

——感恩题记

在长期的教育心理咨询工作中,常有家长让我多分享一些当妈妈的切身体会和经验,尤其是在儿子成长过程中印象很深的故事。有家长问我:"心雅老师,如果要对自己的孩子表达爱和感恩,你特别想说什么呢?"

在众多的互动交流中,这是一个很美好很暖心的主题,我的感触很多也很深。我想说:学习爱与被爱是人生最重要的修为,爱孩子是父母一生的功课,爱的表达也融入在亲子关系的点点滴滴中。也许,在不同时期不同情境中,表达会有所不同,而爱与感恩将是共同的主题。而此时,我特别想对孩子说:亲爱的孩子,妈妈深深地爱你,更深深地感恩你!

也借此机会,结合孩子成长过程中的点点滴滴,分享我的感怀与感悟。

亲爱的孩子,感恩有你,让我有机会深切体验当妈妈的自豪与幸福。与孩子特别有缘分吧,我从小就非常喜欢孩子,喜欢和孩子在一起:自己家的、亲友家的、陌生人家的。而我从小学到大学的几个梦想中,其中之一就是将来自己也成为一位妈妈,有一个聪明可爱的孩子。当你(我亲爱的儿子)真正来到我身边(1991年怀上你,1992年9月你出生),我是多么的激动、欣喜与幸福!从此之后,我有了对妈妈角色的充分体验和实践,在点点滴滴、大大小小的事

情中感受当妈妈的滋味。

我至今还清楚地记得,几经周折后我被医院确诊真的怀孕了,兴奋之情难以言表。从怀孕三四个月开始,我的妊娠反应很大,一闻到油味就想吐,以至于在比较长的一段时间里,我只能吃一些没有一点油水的菜肴,虽然反应难受,可心里依然幸福感满满的。

我还清楚地记得,还处在胎儿期的你在妈妈腹中渐渐长大,让我的身体也被生命的柔软与细腻慢慢地滋养着、丰润着,我时不时地想象着你的样子,你的眼睛、你的鼻子、你的嘴巴、你的小手小脚以及我能够想象的一切。在胎动特别活跃的那段妊娠期,我更分明地感受到你的"可爱运动":时而小手在快乐地伸展,时而小脚在调皮地踢来踢去,时而全身在游泳且变换着姿势。当我用手去触摸时,你欢快而敏捷地做出呼应,这正是母子之间爱的呼应与连接。

我还清楚地记得,你降生那天我们在医院的情景,从妈妈阵痛开始到你的第一声啼哭;从出生后你熟睡的样子到你第一次对着我浅浅的微笑,我最近距离地感受到了生命的神奇,这是身为人母得到的最珍贵的生命礼物。

你出生后我们在医院住了不到一个星期就回家啦!出院回家时正是晚上,不经意间我抬头一看,秋夜的天空中一轮月亮高高地挂着,迷人而柔和的月光也落在我们身上。再看着身边的你,我在心里笑了,眼里也涌出朦胧而幸福的泪花。原本就喜欢月亮的我,感觉月亮是如此的美好与圆满。多年后我和你说起这个情景,感觉依然美好如初。当一位好友说"心雅就是孩子们的月亮妈妈"时,我又想起那晚皎洁而明媚的圆月,喜悦之情油然而起。

爱是心甘情愿,爱是自然然、尽心尽力的点滴行动。为了给你起一个好听又有美好寓意的名字,我可以翻遍一本字典,先把特别喜欢的若干个字挑出来,然后与你爸爸一起给这些字进行不同的组合,再结合一些特别的纪念、读音等等,再挑出特别满意的。在你大一些的时候,我把你名字"意书"的寓意告诉了你,也相信你懂得爸妈在你名字中融入的爱、美好与期待,也相信你一定明白:爸爸妈妈希望你也从小爱读书,一生爱读书。而读书人贵在静心与专心,无论在学习或做事时,静心与一心一意都是多么的重要!

亲爱的孩子,感恩有你,带给我许许多多童言无忌的珍贵。在你小的时候,因为我和你爸爸上班总是早出晚归,陪伴你的时间也有限。有一次,你对我说:"我要是孙悟空就好了,就可以再变出一个妈妈。这样我就有两个妈妈了,一个妈妈上班,一个妈妈多陪陪我玩。"我忍不住笑了,也就在那个时候开始,你的童言无忌,让我知道了,孩子小的时候,是那么希望妈妈多陪伴自己!

你的趣言趣语,让我仿佛也变成了一个孩子,我对孩子的世界越来越有兴趣,也始终保持着好奇,这让我在十几年的教育心理咨询工作中,非常受益:懂得孩子的世界里充满着无穷而奇妙的想象力;懂得如何尽可能多地去倾听、觉察、探索孩子的所思所想、所喜所忧、期待与困惑;懂得孩子的语言与秘密;懂得与孩子一起去体验去创造;懂得在孩子与家长之间架起心灵的桥梁,而不是仅仅从家长们的角度去思考问题和解决问题。

亲爱的孩子,感恩有你,让我有机会看见、听见你的成长,并与你一起成长。在这个过程中,让我更深切地体会到:每个孩子都有自己独一无二的价值与珍贵之处。你的欢笑或哭泣、你的可爱或调皮、你感兴趣的或不感兴趣的、你说出来的或藏心底的小秘密,都在传递着你在一天天长大的信息,也丰富着妈妈在育儿方面的经验和记忆。不是吗?你第一次蹒跚学步,你第一次叫爸爸、妈妈时的稚嫩声音,你第一次上幼儿园、要进校门时紧紧拽住妈妈的衣服不放的模样,你第一次搭的积木,你的第一幅绘画作品,你第一次送给爸爸妈妈的礼物等等,还有很多的第一次,都深深地印在我的记忆宝库里,随时想起或说起,都会历历在目,非常清晰。

一天天长大的你,带给我的惊喜也越来越多,同时让我体会到一个孩子的成长,也是多么的不容易!我更真切地意识到:没有什么比身心健康更重要!小时候的你,体质比较弱,每次生病或住院,都是妈妈特别揪心的时刻,还记得陪你住院时,妈妈的泪水无声滴落的情景。后来我不止一次开玩笑说:儿子小时候我们家基本上每个月要为医院做一次奉献,呵呵。还记得为了让你增强体质,我特别地鼓励和督促你:多运动多活动,上学以后无论学习有多忙,都要挤出时间锻炼身体。每次看你与同学一起去打球,去锻炼,我比谁都开心! 因为我坚信:会学习、会玩乐、会健康、会成长、会合作的孩子将来才更有出息、更幸福!

亲爱的孩子,感恩有你。有完美主义性格特质的妈妈,最早从你那里学到并明白了一个道理:其实,不必时时、事事追求完美,放下完美,恰恰是实现完美的必经之路,也让心灵更自由、更自在。此时,又情不自禁地想到你的书桌,以及我们的对话。曾经,我和你爸爸更习惯于也更希望你的书桌保持简洁整齐,也和你说其中的理由,可你时不时把简洁整齐的状态打破了:满桌都是书、本子和各种东西,摆放也杂乱无章,即使帮你整理好,也保持不了多久。有一次,你对我说:"妈妈,你们觉得桌上摆放东西整齐方便找东西,可我觉得我这样摆放更好找。再说了,有艺术特质的人,书桌就是会乱一点的。"听你这么说,我也忍不住笑了:"好吧,谁让咱们家儿子有艺术特质呢,呵呵!"后来我也释怀了:有些小缺点的孩子,更真实也更可爱呢。在你成长过程中、在教育中,妈妈也有某些欠缺与不足,比如:你小时候没有带你一起多出去旅游,没有和你多讲一些故事;你上小学后,就忽视了与你一起多拍一些亲子合影;也会因为心里一急或生气曾经说过一些让你很伤心的气话,做过一些让你很伤心的事。幸运的是,当我把原由说出来后,你能够理解、谅解妈妈。不苛求孩子完美,也不苛求家长完美,我们都做到了,也真正释怀了。

亲爱的孩子,感恩有你。是你让妈妈一次次地感受到,相信孩子,本身就会带来美妙的力量,这种相信,深深植根在我的心里,不仅体现在与你的相处中,还充分融入到我所致力的咨询工作与相关写作中。

相信孩子世界的纯真、美好与乐趣。一个挂在眼前的彩色气球,可以让你快乐地笑;一本简单的故事书,可以让你展开奇思妙想的翅膀;而各具特色的玩具,更让你眼睛发亮,乐趣无限。我在《孩子的快乐时光》小文中也表达了这份喜悦。有人说,少年时期该是边走边笑的季节。孩子的快乐时光里,有缤纷的花朵,有美丽的童谣,有可爱的发呆……也有,我们深深的喜爱和回忆。

相信孩子是独一无二的生命艺术体,那么满怀喜悦地欣赏吧!大人的世界很小,孩子的世界很大。拥有一个孩子,世界会变大;喜欢儿童朋友,也会拥有昔日的纯真。那么,请大人们找机会轻轻地说一句:"孩子,我爱你,无论你是乖巧还是调皮!"

相信孩子可以做最好的自己,把自己最好的水平发挥出来。关键是善于发现孩子的优势与潜力,善于激发孩子的兴趣与内在的动力。而当孩子也觉察到、发现了自己的优势与潜力后,学习、做事的兴趣也会越来越浓,信心也更足了。

相信每个孩子都有自己的思考与特质,你也不例外,在保持独特性的同时,也能够谦虚听取他人的意见,你有主见而不固执,这一点,妈妈也感到特别欣慰。

相信孩子的学习自觉性是可以培养起来的。在你上小学时,我就对你说:"爸爸妈妈工作很忙,你要自觉学习,妈妈相信你能行,因为妈妈小时候学习很自觉哦。"

相信孩子的性格和情绪都是可以优化的。小时候你的性格比较急,生气时会更急躁,甚至给我怒发冲冠的感觉。通过鼓励和递减行为训练方法,逐渐优化情绪。"生气不超过半分钟"也因此成为我们的良好家规之一,并在此基础上总结出我们最常用的积极心理暗示之一:"先处理好心情,再处理好学习事情。"

相信孩子的自主独立性、动手能力都是可以培养的,关键是要给孩子创设各种锻炼的机会。在你三四岁时,我们就让你做力所能及的家务事,当然是一些符合你年龄特点的轻巧而又安全的事儿,比如叠衣服、擦桌子;当你再大些读中学时,妈妈一旦碰到电脑、手机问题或故障,总是先请你帮忙解决,解决不了再请其他专业人士。

相信孩子的虚心好学与乐于助人会让孩子受益终身。每次在你升入新学校时,我都说这句话:在新环境新班级中,你要多向那些在某方面比你优秀的同学学习,多帮助那些在某些方面可能不如你的同学。

除了以上方面,还相信孩子拥有坚持力、意志力与抗挫力等等。

亲爱的孩子,感恩有你,带给我许多的快乐与美好回忆。我曾以《我可以拥有多少快乐》为题,分享过我的快乐清单,其中也分享了儿子成长带给我的快乐:

看着儿子一天天成长,做母亲的幸福、微笑的涟漪时时荡漾在心里。

喜欢翻看《母子对话录》,里面记载着他小时候一个个有趣的片段。童言无忌,也串成了快乐的音符。

喜欢听见儿子放学回家进门的第一句话:"妈妈,我回来了。"

更喜欢母子之间的交流,或共鸣,或碰撞;或有声,或静默。亲情之爱,在自自然然中汩汩流淌。

长大的儿子已有自己的梦想,体质更健,积极乐观,飞翔的翅膀也日渐丰满。

2011年夏季,当儿子的复旦大学录取通知书抵达家中时,我们心中充满喜悦。

亲爱的孩子,感恩有你。在学习、成长的路上,你没有辜负自己的理想和师长们的教育培养。在你的学业生涯中,几次关键的转折点,都以优异的成绩实现自己的理想心愿:复兴初中毕业升复兴高中、复兴高中升复旦大学本科、复旦本科毕业升复旦研究生,三次都是直升也就是免笔试、直接进入面试并顺利通过。可你没有忘乎所以,依然低调而努力。感恩你有自己的目标且脚踏实地地努力。和你爸爸参加了复旦大学本科毕业典礼后,我写了一段感怀文字(2015年7月3日):

复旦毕业季·感动与祝福

7月3日上午,与先生一起,参加了儿子意书复旦大学本科毕业典礼。看着学子们那洋溢在脸上的青春笑容,真心为他们高兴为他们自豪!"博学而笃志,切问而近思""瞬间的复旦,永恒的学府",真心感动于这座高等学府给孩子带来的成长与影响,真心欣慰于孩子没有辜负师长的期待,以勤勉与努力,获得上海市高等院校优秀毕业生的殊荣,直升研究生继续深造、同时担任下一届本科生的辅导员。深深地祝福孩子,在未来的学习生涯与工作中,一如既往地有担当、有坚持、有创造!

也是在这个典礼上,在观看毕业专题片时,当全体毕业生面向家长鞠躬致谢时,我真的泪水盈眶,百感交集:想起平时的点点滴滴,平时,你除了读书,还爱运动、画画,大学时代还恋上摄影、吉他。你对复旦大学情有独钟,那里氛围挺适合你。本科毕业后,能够继续读研并参与学院部分工作,也是你理想的延伸。

时间飞快,到2019年7月,你也即将从复旦大学研究生毕业,经过实习后正式走上工作岗位,迎接新的挑战与成长。呈现在你面前的世界更辽阔,责任更重大,生活更精彩。来自我的关注、信任与祝福,也依然伴随着你。

纪伯伦说过,孩子是生命对于自身渴望而诞生的。我深深认同。每当想到这份最珍贵的生命礼物,我都倍感幸福。

爱与感恩,温暖而深情。亲爱的孩子,感恩有你。你是我们的孩子,更是你自己。无论什么时候,无论在哪里,我和你所有的亲人都深深地爱你、祝福你!

也深深祝愿:所有的爸爸妈妈,满怀深情地爱孩子,满怀感恩之心!

——心雅

 拓展阅读

人是一个初生的孩子,他的力量就是生长的力量。

——泰戈尔(印度诗人、文学家、哲学家)

当一个人以孩子气般单纯而无所希求的目光去观看,这世界如此美好:夜空的月轮和星辰很美,小溪、海滩、森林和岩石,山羊和金龟子,花儿与蝴蝶都很美。当一个人能够如此单纯,如此觉醒,如此专注于当下,毫无疑虑地走过这个世界,生命真是一件赏心乐事。

——赫尔曼·黑塞(德国文学家)

我看见世间的大人都为生活的琐事所迷着,都忘记了人生的根本,只有孩子们保住天真,独具慧眼,其言行多足供我欣赏者。八指头陀诗云:"吾爱童子身,莲花不染尘。骂之唯解笑,打亦不生嗔。对境心常定,逢人语自新。可慨年既长,物欲蔽天真。"我当时曾把这首诗用小刀刻在香烟嘴的边上。

——丰子恺(我国现代画家、散文家、美术教育家、音乐教育家和翻译家,是一位在多方面都卓有成就的文艺大师。)

你若安好，便是晴天

2014年2月，我怀孕了！梦寐以求的幸福降临在身上，我甚至因为这份幸运而惶恐！从此思维就像脱了缰的野马，多了无数的畅想。"我能为你做些什么呢，我的孩子？我该怎么做才能让你幸福？"战战兢兢躺在床上保胎的日子里我在想；恶心难受全身酸痛的日子里我在想；沐浴在初春暖煦阳光下，昏昏欲睡时我在想；每个因为大腹便便而难以入睡的深夜里我仍在想！想了很多，仿佛怎么想都想不够，想不周全。"哇，哇，哇！"耳畔突然响起的一声啼哭清空了我的思维，泪水不受控制地从眼角滑落……这一刻，我感受到了血脉的感动和生命的喜悦！

孩子的出生翻开了我们这个小家庭的育儿第一篇。为了给孩子一个更好的成长环境，我和老公决定亲自抚育孩子。度过了兵荒马乱的最初，一切开始步入正轨。时间在喂奶、换尿布、哭闹、安抚、陪伴中滑过。第三个半月，睡觉不用抱哄了；第六个月十六天，自己翻身了；第八个月，能匍匐前进了；第九个月十三天，自己扶着栏杆站起来了；第十个月，听见叫"妈妈"了；第十一个半月，可以自己走路了……在这个过程中，我体会了母亲无悔地付出和成长的神奇！

因为职业的关系，我坚信"妈妈的稳定情绪对孩子的健康成长意义非凡"。所以我要求自己在面对孩子时必须情绪积极，态度良好，面带微笑。是的，在这里我使用了"必须"这个词语。就像天下的父母总想把最好的东西送给孩子一样，我近乎苛刻地要求着自己，漠视了自己的内心。这一刻，我明白了为人父母的良苦用心！

然而事与愿违，在孩子周岁之后，我发现自己陷入了产后抑郁的泥沼。疲惫、失眠、焦虑、烦躁、自厌、无力，编织成一张密不透风的网桎梏了我的身心。每天光是控制自己犹如置身悬崖边的情绪就耗尽了我的心力。世界在我眼前蒙上了厚厚的一层雾霾！"这样的我带给孩子的将是什么呢？"仿佛是对我疑惑的回答，这一阶段宝宝哭闹、耍性子、生病的频率明显提高。就此沉沦还是奋起改变？听着耳边孩子绵长的呼吸，我握紧了拳头。这一刻，我明白了什么叫为母则强！

对镜描红为自己添一分色彩，对老公说："原谅我总是迁怒你，来一场久违的约会吧!"怎能忘记当初的约定,要好好经营夫妻的感情,亲子关系不能凌驾于夫妻关系之上。唯有这样,婚姻才能幸福,孩子才会有个真正幸福快乐的家!

穿上跑鞋,摆动双臂跑起来! 在孩子长大,在我老去的未来里,努力拥有一个健康的体魄是我能为他做得最好的一件事!

正视自己,其实正用着"自以为是"的狂妄态度犯着一个个"过犹不及"的错,累人累己。

感谢我的良师益友们,谢谢你们静静地聆听与陪伴!

永远不要停下学习、阅读的脚步! 一本好书,一句良言,犹如清泉与梵音,帮助迷途的心重归清明……

孩子,妈妈爱你! 因为爱你,我无比清晰地认识到自己的世界不能只有你! 活出自我,才是我能送给你的最好的爱! 我期待着在未来的某一天,你能对我说:"妈妈,你是我的骄傲,我的榜样!"

转眼又是一年! 曾经跟跟跄跄的小身影如今已经能撒开腿就跑;咿咿呀呀的单音节变成了让大人哭笑不得的童言稚语;会生气地摔东西,任性地大叫"不要、不行";也会主动把积木放进玩具箱后自豪地说:"自己整理玩具";什么都想自己做主,转眼却又趴在我的腿上撒娇:"妈妈抱"……

日子过得像打仗,除了吃喝拉撒,孩子的教育始终是我心上时时绷紧的弦。都说"父母是孩子最好的老师",其实孩子也是家长的老师——家长最严厉的老师。他们会用各种方式(哭、闹、耍赖、撒娇等)试探家长的底线,以此来考验家长的心性是否坚定;会随时随地出各种状况、各种难题,以此来考验家长的应变能力、耐心和智慧;他们是最敬业的模仿者,一不小心,家长会发现自己的言行毫无版权地被孩子盗版了;他们是家长最清晰的一面镜子,在孩子清澈的眼底映着家长最真实的自己;他们是家长学习、进步的最大动力,督促家长不断自省自查,改掉原有陋习,努力做个更好的自己……夜深人静之时,每每细思这些,我就会心惊于父母身上担负的重任! 任重而道远,唯有父母对孩子无私的爱才能支撑着他们一步步艰难地摸索着前行!

朋友常说:"你对孩子真是太尽心,太耐心了! 这样会不会很累?"躯体上的疲惫是不可避免的。坏情绪虽然还会跳出来彰显它的存在,但内心更多的却是平静和安心! 我很少去想"要把孩子培养成怎样的人或孩子将来会怎样"。但却牢记台湾作家龙应台说的,父母也是有"有效期"的,不该偷懒那10年。在孩子最依赖父母的10年里,用心地去陪伴他,影响他,教育他。在我的心里有个倒计时的钟,每过一天,我的"有效期"就减少一天,离孩子"离巢"的日子就近一天。所以即便是最枯燥的换尿布也不会让我心烦,因为每一天对

我来说都是值得珍惜的。我愿意陪他蹲在路边发呆捡石头；愿意耐心地去分辨他含糊不清的每个字的含义；愿意在他每次洗澡的时候和他开心地玩下雨游戏、浇花游戏；愿意抱着他给他念各种故事；愿意在他犯错的时候，挑战自己的本性，狠下心，坚定地惩罚他……

心里有时也会迷茫，自己现在做的事、走的路是正确的吗？有没有当局者迷？有没有灯下黑？有没有过犹不及？不过正因为这种顾虑，让我更加地谨慎，乐于去请教，乐于去学习，乐于去改变。做这些，不单是为了孩子，更是为了自己。为了在"有效期"失效的未来里，自己不用悲叹，不用后悔，不用遗憾。所以，我时刻提醒着自己：活在当下，珍惜当下！

我喜欢龙应台的作品。她的文字总能触摸到我的灵魂，引起我的共鸣。龙应台在《目送》中感叹："我慢慢地、慢慢地了解到，所谓父女母子一场，只不过意味着，你和他的缘分就是今生今世不断地在目送他的背影渐行渐远。你站立在小路的这一端，看着他逐渐消失在小路转弯的地方。而且，他用背影默默告诉你：不必追。"品味着这一段，我清楚地看清了自己的内心——我希望在需要我放手，不必追的时刻来临时，我能无悔地对自己说："作为妈妈，你尽力了！"能放心、洒脱地对孩子说："儿子，走吧，好好享受你的人生！"至始至终，从你降临的第一天起，我的心中唯有一种念想：你若安好，便是晴天！

——元子

后记：谨将这段真实的心理历程分享给看到此书的家长，尤其是妈妈们。都说人生是场入世修行，养育孩子又何尝不是？当美好的愿望与现状发生冲突，当世事不尽人意，当我们困坐围城，找不到出路时，信念、坚持、方法就是救助自己的最好力量。我无数次地庆幸自己从事的这份事业。以前它帮助了许多无助的家庭。今天，它救助了自己。曾经和家长分享的一个个观念和实践方法，化为绳索，牵引着我前行。也让我更清晰地认识到：在我们成为"家长"之前，我们首先是个"人"。是人就有七情六欲，就有弱点，就有惰性，就会脆弱，就会犯错。所以，家长不要苛责自己，不要埋怨自己，不要亏待自己。在爱孩子之前，请先爱自己，请务必将自己的"心"安置好！因为这才是所有美好可能性的源头和起点……

等待,一种花开的智慧!

  教育注注要在缓慢的过程中才能沉淀下一些有用的东西。缓慢所以很难立竿见影。

——日本教育学家佐藤学

  老师父分别给本、静、安每人一颗古老的莲花种子。"这是几千年前的莲花种子,非常珍贵,你们去把它种出来吧。"
  拿到种子后……
  "我要第一个种出来!"本想。
  "怎么才能种出来呢?"静想。
  "我有一颗种子了。"安想。
  本跑去寻找锄头。静想要挑出最好的花盆。安把种子装进小布袋里,挂在自己胸前。本把种子埋在雪地里。静去查找种植莲花的书籍。安去集市为寺院买东西。
  等了很久,本的种子也没有发芽。等不到种子发芽的本愤怒地刨开了土地,摔断了锄头,不再干了。
  "雪下大了,我先去把庙门外的雪扫一下吧。"安想。
  "我一定会种出千年莲花的。"静想。
  静将选好的金花盆搬来,放在最温暖的房间里。安接着清扫寺院中的积雪。静用了最名贵的药水和花土,小心地种下了种子。安和以前一样做着斋饭。静的种子发芽了。静把它当成宝贝,用金罩子罩住。清晨,安又早早地去挑水了。
  静的小幼芽因为得不到阳光和氧气,没过几天就枯死了。晚课后,安像往常一样去散步。
  春天来了,在池塘的一角,安种下了种子。不久,种子发芽了。安欣喜地看着眼前的绿叶。盛夏的清晨,在温暖的阳光下,古老的千年莲花轻轻地盛开了。

——《安的种子》

这是我非常喜欢的一则绘本故事。迷茫的时候,困惑的时候,焦躁的时候,不安的时候,细细翻阅这则故事,就会犹如一股清泉流过,一阵梵音响起,时间被放慢,心变得通彻而宁静。这是一个关于"等待"的故事,也是一个蕴含"父母如何养育孩子"的智慧故事。孩子不就是父母捧在手心的那颗"千年莲花种子"吗?

现今社会浮躁而功利,这是这个时代的悲哀。生活在这个时代的人们,身不由己地被推着向前跑,习惯性的焦虑和不安深深困扰着人们,尤其是为人父母者。他们想尽一切办法让孩子进步。请最好的老师,上最好的学校,送孩子上各类补习班。有声无声地催促着孩子"快点、快点、再快点",唯恐落后一步就会被抛弃、被淘汰。

时常会看到或听到这样一些场景:为参加某一知名培训班,家长寒风中彻夜蹲守教学点;家长抢刷知名教育机构 App 报名,成功"秒杀"到名额后才发现自己一身冷汗,手指发抖;家长陪孩子上学,上课笔记竟比孩子还详细;寒冷冬日,孩子蹲在教室外的走廊上吃饭,家长在旁催促"吃快点,要上课了"……家长抹着泪说:"看到孩子每天除了上学,还要奔波在各种补习班之间,时常连口热饭都吃不上,真的很心痛!孩子现在忙的连散步都感觉浪费,真怕孩子累倒下!有时想想这样真的值得吗?"值不值得其实家长心中已经有所定论,那么是什么让他们选择无视内心的真实声音,而选择继续妥协?

台湾作家龙应台在《孩子,你慢慢来》中写道:"我,坐在斜阳浅照的石阶上,望着这个眼睛清亮的小孩专心地做一件事:是的,我愿意等上一辈子的时间,让他从从容容地把这个蝴蝶结扎好,用他五岁的手指。孩子,你慢慢来,慢慢来……长长的路,慢慢地走!"这段充满温情的话语充分展现出龙应台在教育上的淡定及睿智。父母对孩子,因为爱变得更加急不可待,只要对孩子有好处家长就愿倾心付出。问题是:什么才是对孩子有好处、最有用的呢?

培培妈妈是个雷厉风行的女强人,说话快,走路快,脑子转得快。培培和妈妈则完全相反,说话慢,走路慢,反应慢。妈妈受不了培培的慢,总是替她整理书包,替她穿衣服,替她回答老师的问题。好几次看到培培妈妈拖着孩子的手大步跨进咨询室的门,孩子跟在后头直喘气。培培妈妈是个自我要求严格的完美主义者,对女儿也有一套打磨标准。她帮培培报了很多学习班和兴趣班,如英语班、作文班、钢琴班、舞蹈班、小主持人班等。可不管参加什么,培培都不感兴趣,更无法达到妈妈的要求。甚至有老师建议家长带孩子去测一下智力。对于女儿的不受教,培培妈妈很生气、很焦虑。因为在她心底有个挥之不去的阴影。在女儿很小的时候,有次生病,她和丈夫因为工作繁忙没有重视,拖延了治疗时间,导致孩子高烧昏厥。培培妈妈总觉得就是那次高烧影响了女儿的大脑,不然按照他们夫妻俩的智商,孩子绝不可能是现在这种表现。因为这种愧疚和担忧,培培妈妈更加严厉地要求孩子,以至于孩子见了她就像老鼠见了猫。有一天,培培撒谎逃学了。培培妈妈数丈高的怒火却熄灭在女儿歇斯底里的哭声中。她捂着脸想:"一定是哪里出错了,一定不能再这样下去!"两天后,她牵着培培的手出现在咨询室外。

和培培妈妈沟通是件容易却又不容易的事。容易是因为她很聪明,一点就透,知一反三。不容易是因为她很有主见、很固执,认定的事别人轻易无法动摇。一开始,她无法接受要减少孩子课外辅导的建议,坚持自己的教育方针是正确的。正因为不够聪明,所以才要比别人加倍地努力;也不认为自己目前的情绪状态有什么问题,事业上比这严峻的事她都扛过,她相信自己的抗压能力。让培培妈妈改变看法的是下面这份调查问卷。

爸爸妈妈,你了解你的孩子吗?		
序号	题目	选项
1	孩子喜欢笑,每天都很高兴的样子。	是　不是　不了解
2	孩子的目光有神,精神充沛。	是　不是　不了解
3	见到父母,孩子会很高兴,并经常撒娇。	是　不是　不了解
4	喜欢交友,喜欢和朋友玩。	是　不是　不了解
5	独立性强,自己的事情自己做。	是　不是　不了解
6	有自己的主见,家长干涉过多会生气反抗。	是　不是　不了解
7	好奇心强,对很多事情很关心。	是　不是　不了解
8	自信,说话时会看着别人的眼睛。	是　不是　不了解
9	愿意和父母聊学校里发生的事情。	是　不是　不了解
10	会向父母倾诉烦恼,碰到困难也会主动求助。	是　不是　不了解
11	对于父母的意见通常乐意接受。	是　不是　不了解
12	情绪稳定,并且能自己调整情绪。	是　不是　不了解
13	有独立处理事情和解决问题的能力。	是　不是　不了解
14	心理耐受力较好,具有一定抗压性和抗挫性。	是　不是　不了解
15	有不错的专注能力。	是　不是　不了解

简析:
1)回答"是"较多的家长,你目前的教养方式和你的孩子还是比较匹配的。请坚持学习,不断成长。同时关注孩子,根据孩子的实际状态微调你的教育策略。
2)回答"不是"较多的家长,需要认真审视你目前的教养方式,找出需要改变的地方。家长的改变和成长一定会促进孩子的进步和成长。
3)回答"不了解"较多的家长,请先从了解孩子开始,多观察孩子,多给孩子一点耐心和关注。不然一切都无从谈起。

做完这份问卷,培培妈妈沉默了很久。事后说道:"我是一个很好强的人,读书要读到最好,工作要做到最好,嫁人也要嫁得好。这些我都做到了,心里一直很自豪。这个孩子是我最大的败笔,愧疚最多,付出最多,得到的挫败也最多。为了她,我放弃了自己上升的工作,做了以前最瞧不上的家庭主妇。每当夜深人静,想想她的表现,看看现在的自己,就会有一股怨气在我心中徘徊,侵吞我的理智。我不记得她有多久没笑了,总是低着头,做什么事都慢吞吞。我本身是个急性子,一看她这样,我就光火。我希望她能更像我,我总担心她无法在这个社会生存。常想若有天我和她爸不在了,她该怎么办?有时觉得自己真得挺可笑。"培培妈妈闭了闭眼,努力平息自己的情绪。"总想着女孩子多一门才艺也是好的,很少去想她喜不喜欢、愿不愿意。她喜欢什么呢?她的喜欢能帮助她变得优秀吗?她还这么小,知道这个社会竞争多激烈吗?一个小升初就能让家长和孩子争破头!除了学习,我不用她干任何事,希望她把有限的精力全部花在学业上。我的孩子10岁了还是我帮她穿衣服。我不认为我的想法有错,但现实却给了我狠狠一巴掌!"

培培妈妈是个非常坚持、有毅力且认真的人。大约半年的时间里,每次咨询、每堂训练课、所有的学习沙龙都会一次不落地参加,风雨无阻。老师布置的每份心理作业,都会和孩子用心去完成。每天要求自己用新的眼光去观察孩子、接纳孩子,并认真记录下她的每一点细小的改变和进步。在了解到孩子的节奏快慢与他们的气质类型很有关系,是与生俱来的后,除了有意识地引导孩子加强时间管理,与孩子相处时还会刻意放慢自己的节奏,让彼此更合拍。为了减少焦虑,让自己更有耐心、更加心静,还特意去学了茶道和书法……

在一次交谈中,我很真诚地对她说:"你身上有很多别人所没有的优点和成功特质。以前你可能忽视了,其实培培身上有很多你的影子。她做事很坚持,其他孩子都放弃了,只有她还在不断尝试;她很认真,写字速度虽然慢,但每个字都很工整;她对美很有自己的见解,画画色彩搭配独特,并且非常协调。这些都是你带给她的影响。"培培妈妈笑叹:"我也发现了。昨天她蹲在地上摆弄树枝落叶。在以前,我早训她不干正经事了。可是昨天我忍住了,还特地等她弄完。后来发现,她竟用这些摆了一幅画。有房子有树,还抓了一只小蚂蚁呆在那房子里!以前,我怎么就没想到要等等她呢!"

是呀,多等等孩子吧!因为教育是需要等待,需要留白的。教育是一种慢的艺术!拔苗助长,无视孩子成长的内在规律,只会适得其反。台湾著名成功学大师黑幼龙先生提出了"慢养孩子"这个教育观念。他说:"慢养并不是时间上的慢,而是说教育孩子不要太担忧、太着急。不求一时的速度与效率,不以当下的表现评断孩子,尊重每个孩子的差异。慢养,可以让孩子发现最好的自己。"

等待,是教育的一种智慧!唯有静心等待,才能迎来花开的日子!

降低焦虑,让心沉静而从容

静心如月光,如湖水,家长要以坦然的心情,去影响孩子,如果家长心浮气躁,紧张焦虑,孩子又如何能够静心专心呢?

在聚焦

韩女士带孩子第一次来咨询时,满脸写着愁绪和憔悴,在叙述孩子问题时,语气急促像机关枪,伴随着时不时的唉声叹气,明显表现出她的焦虑、不安和烦躁:这孩子真让我的精神快崩溃了!每天看到他动作慢吞吞像蜗牛爬行般我就急得直想跳直想大声吼;每当看到他的作业不是这里错一点就是那里漏一点,我就忍不住火冒三丈,大声训斥他太粗心!每当听见老师的电话,就知道是来告状了,我强装镇定听完数落,一放下电话就很生气,晚上翻来覆去睡不着,心里那个急啊气啊波涛汹涌般把我淹没!我能不急、不气吗?在家什么道理都和他说了,能想到的办法也都想了、用了,可还是老样子!人家的孩子那么争气,我家孩子咋就这么让人烦心揪心堵心呢?孩子他爸爸工作太忙,还经常出差,几乎就顾不上家。为了孩子、老公和家庭,我把一份不错的工作都辞了,想想也真怨啊,我付出了那么多,可离我的初衷越来越远了,又急又焦虑的状态快让我疯掉了!

有话说

韩女士的例子很典型。在多年的咨询工作中,接触了很多孩子和家长,我们发现:这些来自不同行业、有着不同背景、不同学养水平、性格各异的家长们,却有着惊人的相似之处:因孩子这样那样、或轻或重的问题而紧张、焦虑、急于求成、易怒,缺少信心和耐心,伴随着时不时的情绪失控、行为失控,这种

抓狂状态使家庭气场变得僵硬、对立、沉郁,像埋了一颗定时炸弹,总有一触即发之势,孩子呢,也处在惶恐不安之中,缺乏心理安全感,有的逆反抵触,有的自卑退缩,有的厌读厌学,诸多相关因素纠结缠绕在一起,也加剧了各种问题的爆发和升级!如何降低焦虑呢?

1. **了解焦虑源,找出导火线**。焦虑是由紧张、焦急、忧虑、担心和恐惧等感受交织而成的一种复杂的情绪反应。它可以是没有明显诱因情况下发生的情绪紊乱,也可能在遭受挫折、挑战或一些特定的情境下出现。了解了源头、线索,有利于建立预警机制,把好心态第一关。对家长而言,哪些情境最容易引爆紧张、焦虑、急躁心理与情绪呢?我们做了相关的调查,以下情境下为最典型最常见:

当老师告状说孩子在校这样不好那样不好时;

当孩子在学校发生了突如其来的麻烦事件时;

当孩子的作业磨磨蹭蹭、迟迟完成不了时;

当家长过于追求完美或拿自家孩子与他人进行盲目比较时;

当孩子的考试成绩远远落后于班级其他同学时;

当孩子不听家长指令、与家长抵触、冲突时;

当孩子没有达到家长的预期目标和期望时;

当孩子有撒谎行为或习惯时;

当孩子情绪起伏大、动不动就发脾气时;

当家长在工作中、生活中遇到巨大压力、挫折,心情沮丧时;

当夫妻感情出现危机或在教育孩子上出现严重冲突时;

……

2. **转变心态,变消极为积极**。心态影响事态。教育孩子是一门艺术,也是对家长心态的挑战。孩子的成长与进步,首先是家长心态的调整、心灵的成长和自我的超越。在疗程咨询与训练的开始阶段,我们把重点放在家长心态的调节上,目标是:降低焦燥,让心从容!通过学习和训练,渐渐达到宁静的状态,并用自己的宁静影响孩子的安静。

3. **提高个人底蕴**。静水流深,底蕴越深厚心态越从容。学习,实践,提高育儿技巧、水平,此为根本。好好送自己一棵"心之树":爱心、静心、专心、信心、尽心、恒心、开心、慧心。功底厚了,心灵丰盈、强大了,抗挫抗压能力也强

了,焦虑紧张也随之降低了。建议选择2~3本积极心理学、教育方面的书籍,随时翻阅、补充正能量。

4. **对自己说对不起,不苛求完美**。完美主义性格的人更容易焦虑,如果您拥有这样的性格,就要做些调整了;适当放低要求,不必事事苛求完美。

5. **用家长的宁静影响孩子的安静**。

孔子说:"知止而后有定;定而后能静;静而后能安;安而后能虑;虑而后能得。"静心如月光,如湖水,家长要以坦然的心情,去影响孩子,如果家长心浮气躁,紧张焦虑,孩子又如何能够静心专心呢?如果家长很容易发火,则要给自己定一个约束,比如"生气不能超过半分钟"。有时候,家长还要善于使用"波澜不惊,无声胜有声"的技巧,比如一个眼神、一个微笑、一个拥抱,一个夸奖的手势,一份温馨的礼物,也许能收到更好的感染效果呢。

6. **静心宁神进行时**。可以选择以下方式的一种或几种,每天坚持:

每天禅定式静坐2分钟。禅定基本上是不做任何事情的艺术。你可以坐在沙发上,也可以席地盘腿而坐,闭上双眼,什么都不做,坚持2分钟。就当是在家的度假。

对着镜子微笑半分钟,以最坦然的姿容,默默对自己说:此时我是沉静的、安宁的、喜悦的,远离紧张、焦虑的。

静心凝视5分钟,可以对着一些蓝色水晶图片,或其他爽心悦目的图片。

闭上眼睛深呼吸5分钟,想象自己躺在柔软的沙滩上,海风轻拂;

听15分钟优美轻松的音乐,想象心中慢慢盛开朵朵淡雅纯净的莲花。

7. **养成每日一省的好习惯**。焦虑、紧张、急躁心态与情绪让我背上沉重的心理包袱。我还要继续困在沉重的状态里多久呢?我今天的静心宁悦有进步了吗?

 "聪明家长"在行动

1. 画一个焦躁的自己,再画一个宁静的自己。
2. 在本文介绍的静心凝神微观方法中,您尝试过哪几种?您适合哪些方法?
3. 做好焦虑缓解自我监控与调节。

焦虑缓解目标、措施、自评(简表)					
焦虑水平初始状态_____分					
积极应对焦虑,目标清晰、措施可行、自我评估					
	目标(分)	上午	下午	晚上	措施
星期一					
星期二					
星期三					
星期四					
星期五					
星期六					
星期日					
备注	1. 焦虑水平满分为10分。 2. 每星期力求比上一星期降低0.1—0.5分。 3. 给完成得比较好的项目打4颗★或5颗★,其余的留空白。 4. 在达成目标基础上力求保持良好的状态。				

恒心和耐心,您修炼好了吗?

立志用功如种树然,方其根芽,犹未有干;及其有干,尚未有枝;枝而后叶,叶而后花。

——王守仁

在聚焦

王女士带儿子前来咨询,儿子正就读小学二年级,主要问题是没有养成良好的学习习惯。在详细叙述问题后,她很坦诚地说起了自己的不足:我明明知道培养孩子良好的学习习惯需要平时的重视和行为训练,需要持之以恒。而我最欠缺的就是恒心和耐心!她举了例子:我和孩子一起,商定了好习惯计划,计划写得很详细。开始几个星期,我按照计划提醒自己、督促孩子,孩子也比较乖,进步了不少。可这时候我就松懈了,儿子看到我放松了,就钻空子,之前的一些坏习惯又渐渐抬头,作业时一会玩玩笔、一会摸摸鼻子、一会去喝水、一会东看看西瞧瞧……本来30分钟可以完成的作业,磨磨蹭蹭拖到2小时才勉强完成。于是我又开始严格按照训练计划督促他,等情况有了好转,我又习惯性地松懈下来,儿子的表现也随之起伏……就这样,我们母子都在起起落落、反反复复中徘徊。我也知道自己这个坏习惯也直接影响到儿子。可我很难改过来!我该如何修炼自己的恒心和耐心呢?

有话说

在进一步的咨询与沟通中,我们了解到:性情婉约的王女士,聪颖灵巧,悟性极好,有一颗开放的心灵,挺爱学习,读了不少育儿书籍,对孩子的教育也颇有主见。分析问题有条理,做事也干脆利索。她勇于自我反思,了解自己也了解孩子,这是难能可贵的品质。她的瓶颈、弱点和烦恼都在于缺乏恒心和耐心,不管是心理上的、行为上的,还是习惯上的。而这些缺乏的背后,也折射出其内心动力不足、意志力与自控力不强。教育是一个过程,潜移默化的影响也是一个过程,不是立竿见影的,家长最需要有恒久坚持之心和忍耐之心,切忌半途而废。把一件简单的事情坚持做好,就是不简单,坚持才能取得成效。我们在注意力、记忆力训练以及行为习惯优化等咨询实践中,发现一个共同的规律:取得进步比较大的孩子,他们的家长也都很有恒心和耐心。有一位家长,不畏路远,每次都带着孩子很准时或提前从上海市郊赶来,令咨询师非常感动!孩子也从妈妈身上受到很大的感染和激励,训练效果特别的好。在训练的过程中,到了一定的时候,孩子也会出现一些波动或反复,这也是正常的现象,更加需要家长的恒心和耐心。跨越了这个坎,孩子的注意力就会上一个台阶。

1. 足够的爱。爱的力量,最美丽、也最有魔力。当我们心中充满对一个人或一件事的爱,坚持起来就会容易得多、轻松得多!把培养自己的恒心和耐心与对孩子的爱紧密地联系在一起吧,对自己说:"我爱孩子,所以我一定能够坚持!"请相信,这份深深的挚爱就是最仁爱的引领,是把你引向惊喜的奇迹!

2. 坚定心念。古人说,立志不坚,终不济事。恒心和耐心,其核心为坚定的心念。心念越定,动力越强。可以通过自己发誓,发狠誓的方式,加大自我约束力。给自己一份庄重的承诺,并把承诺的要点写出来。

3. 发现兴趣。兴趣既是恒心和耐心的动力,也是润滑剂。一旦你对某种事物产生了浓厚的兴趣,你就会乐此不疲,坚持又有何难呢?那么静心想一想吧:在我所要坚持的事情中,是否可以找到兴趣点,并把兴趣点最大化?兴趣调动起来了,情绪也会好起来!

4. 点滴做起。"日日行,不怕千万里;常常做,不怕千万事",把需要坚持的事情分解,化整为零,坚持的难度也就降低了。

5. 树立偶像。古今中外,在培养恒心和耐心、意志力和自控力方面,有不少感人的故事,可以精选几个作为自己的偶像,时时勉励自己。

A. 知名成功企业家李嘉诚先生坚持做到每天 5:59 起床,然后早锻炼、听新闻、吃早餐,再到公司上班。晚上睡觉前坚持阅读 30 分钟。且多年来从不间断!

B. 浙江一位母亲为了让孩子在学习上有毅力,决定给孩子做个好榜样,她坚持用三年时间绣出了《清明上河图》。最终让儿子心服口服,取得了以身作则的效果。

C. 一位父亲,数年来坚持每年带着女儿到纽约某地合影,以此方式纪念女儿的成长。

6. 母子竞赛。与孩子商量,就恒心和耐心进行母子竞赛,一举两得!

 "聪明家长"在行动

1. 学一学:

常常是最后一把钥匙打开了门。　　　　　　　　——谚　语
耐心是一切聪明才智的基础。　　　　　　　　——柏拉图
要从容地着手去做一件事,但一旦开始,就要坚持到底。　——比阿斯
忍耐和坚持虽是痛苦的事情,但却能渐渐地为你带来好处。——奥维德
锲而不舍,金石可镂。　　　　　　　　　　　——荀　子
立志不坚,终不济事。　　　　　　　　　　　——朱　熹

2. 写一写:

以恒心和耐心为主题,写下您自己的经典之语。

3. 做一做:

从今天开始,选一件美好的事情,并坚持做下去。

让爱在沟通的道路上畅行！

全部教育，或者说千分之九百九十九的教育都归结到榜样上，归结到父母自己生活的端正和完善上。

——托尔斯泰

现在的家长总是很容易就陷入焦虑当中。孩子成绩不好，担心他无法上好学校；孩子调皮好动，发愁他不听话、注意力不集中；孩子胆小，觉得这种性子将来没出息；孩子乖，又担心他吃亏，适应不了社会……在这些层出不穷的焦虑煎熬下，家长不自觉地对孩子的要求越来越多，干涉越来越多，亲子关系也随之紧张起来。每当家长和孩子发生矛盾冲突，耳边总充斥着大量的"你怎么这么不听话？""你太不像话了！"之类的斥责声。而少有家长愿意蹲下身子，注视孩子的眼睛，心平气和地问一句："你愿意和我好好沟通一下吗？"彼此间心的距离就在家长愤怒于孩子的不懂事，孩子委屈于家长的不理解中越拉越远。重建沟通桥梁是弥补这种亲子缺憾的重要途径之一。沟通的重要性相信无需赘述大家都能明白。让很多家长感到困惑的却是"为什么不管我怎么和孩子沟通都没用呢？"

尊重，有效沟通的奠基石

沟通是一门学问，也是一种艺术。但这种艺术需要在一个特定的舞台上才能更好地展现出它的魅力。这个舞台的名字就叫作"尊重"。学会尊重孩子，信任孩子，将他当成一个有独立思考能力的个体进行对话，是建立良好亲子沟通关系的前提条件。

美国著名人本主义心理学家、教育改革家卡尔·罗杰斯在"自我"理论中提出，儿童积极"自我概念"的建立与健康人格的建构，与重要的人（早期主要指父母或代替父母的抚育者）是否给予了其无条件的积极关注、爱和尊重有着重要的关系。什么是无条件的积极关注与尊重呢？无条件地接纳孩子可能存在的混乱、焦虑、恐惧等负面状态；不以成人的价值观和社会标准来评价孩子的行为；不因自己的好恶而挑剔、指责和论断孩子；愿意放下家长的权威，不再处心积虑地去控制孩子；信任孩子的潜能，设身处地为孩子着想；愿意尊重、重视孩子的经验、情感和意见，并鼓励他遇到事情时，依据自己真实的想法作出决定；承认每个孩子都是有价值的，会成为一个愿意承担责任，拥有理想和目标的人。这种无需压抑，无需伪装自己去讨好他人的积极人际关系环境，会让孩子敞开心扉，乐于与家长沟通。而现实更多是怎样的呢？中国家长最常挂在嘴边的几句话就是"小孩能懂什么！""我这是为你好！""我为你付出这么多，你就是这么回报我的？"如果家长的心里已经预设了孩子"什么都不懂"，那么，你和孩子之间的沟通注定走向失败。

也有家长会质疑，难道孩子错了也要尊重他，任由他走歪路吗？有这样一个真实的小故事和大家分享。因为爸爸工作关系，6岁的点点和妈妈开始在德国生活学习。有一天，点点妈妈发现点点用一只纸飞机换回了小朋友的一架遥控小飞机。妈妈非常生气，责骂点点占小朋友便宜。因为纸飞机顶多一毛钱，而遥控小飞机起码要好几百。妈妈拉着哭哭啼啼的点点上门道歉。可是那位德国妈妈的回答让点点妈妈大吃一惊。德国妈妈说："遥控飞机是属于孩子的玩具，该由孩子做主。既然换了，那它就属于点点了。至于我的孩子，等会我会带他去玩具店，让他知道这架飞机究竟值多少钱，可以买多少只纸飞机。这样他下次就不会作出这样的愚蠢决定了。他得学会为自己的行为负责。"在这起事件中，可以看出德国妈妈将尊重孩子选择放在了教育的第一位。第二步才是采取有效措施引导孩子发现自己的错误。所以，尊重孩子绝不是指放纵孩子，什么都按照孩子的要求来。而是只有在尊重的基础上管教约束孩子，才能让孩子更好地在错误与失败当中成熟起来。尊重让孩子自尊、自信、自立。

守信，有效沟通的铺路石

中国有句古话叫"不积跬步，无以至千里"，我觉得这句话同样可用在和孩子良性沟通模式的建立上。和孩子沟通，家长需要"积"什么？积的是家长的信用，家长言语的力量。

"曾子杀彘"是则家喻户晓的故事。讲述的是曾子的夫人要去集市上赶集，儿子哭闹着也要跟去。为了让儿子呆在家里，母亲对他说："你先回家呆着，待会儿我回来杀猪给你吃。"曾子的夫人刚从集市回来，就看见曾子要捉小猪去杀。她赶紧

劝阻说:"我只不过是哄孩子,跟他开个玩笑罢了。"曾子说:"这可不能开玩笑啊!小孩子没有思考能力和判断能力,需要向父母亲学习,听从父母亲给予的正确教导。现在你欺骗他,就是在教孩子骗人呀!母亲欺骗儿子,儿子就不会再相信自己的母亲了,这不是正确教育孩子的方法。"于是曾子把猪杀掉吃了。曾子用自己的实际行动告诉孩子守信是多么重要的一件事!

生活中,时常会听见孩子愤怒又失望地大叫:"你明明答应过我的!"如果家长经常听到孩子类似的抱怨,那么就需要警醒了。这说明你在孩子心目中的信用正在逐渐下降。很多人认为面对面就一个问题进行交谈才是沟通。其实不然。沟通无处不在,无时不在。一句话的应答,一个行动的执行,一个眼神的交流……这些都是沟通。简单点说,沟通其实就两部分:传递的和接受的。如果家长在和孩子的互动过程中,语言传递的信息时常和行动传递的信息不一致,那么这种不一致会导致孩子产生激烈的心理冲突,最终将演变成家庭教育的拦路虎。孩子越大越不愿听家长的话,其实有很大原因来自这里。对孩子许下的承诺不重视不去实现(如和孩子说好去玩却又随意反悔),对制定的规矩无法坚持(如规定孩子每天只能看半小时电视,却因孩子哭闹而轻易妥协),孩子违规时无法坚定地执行处罚(家庭公约成为废纸),为了达到某个目的随意对孩子许诺等等。长久以往,孩子不再信赖家长说的话,也不再害怕家长说的话。这种情况下的任何沟通都是短效无力的!因为家长的威信已经逐渐丧失,语言失去了力量。

而家长言行一致代表着什么?代表家长说什么都是认真的,而且说到做到!这是家长对孩子传递出的最有力的沟通语言!家长在用自己的实际行动告诉孩子:父母是可以信任的,可以被你放心地依赖;语言和行动都是有意义和力量的,言出必行很重要;我爱你,我会认真对待与你相关的任何一件事!在这种家庭氛围中成长的孩子,他会更尊重父母爱父母,并乐于与父母沟通交流。

沟通万能式:有效沟通=有效聆听+有效感受+有效表达

沟通能力是天生的吗?需不需要学习?家长具备较好的沟通能力对孩子意味着什么?父母是孩子的第一位老师,家庭是孩子的第一所学校。在家庭中,孩子需要得到父母的保护、抚养、教导,通过与父母的良好沟通,建立起他对父母、他人乃至这个世界的最初的信任关系。从更深一层讲,良好的亲子沟通不单单是父母和孩子关系处得好不好这么简单。孩子最初的与人沟通的能力就是从家庭当中习得的。这种沟通能力直接影响孩子的交际能力与人际关系。融洽的家庭人际关系对形成孩子的健康人格与健康心理意义非凡。只有拥有良好的亲子关系,父母才能够顺畅地和孩子交流,教育引导孩子,帮助他们建立积极向上的人生观、世界观和价值观。因此,亲子沟通的技巧是一定需要学习的。

就沟通方式来讲,沟通分语言沟通和非语言沟通。面对面谈话、书信交流就属于语言沟通,也是家长和孩子最常用的两种沟通模式。非语言沟通主要指肢体语言的沟通,包括我们的眼神、动作、表情、手势、语音、语调、语速等。语言沟通侧重传达的是信息,肢体语言沟通侧重传达的是情感。两者结合,可以让沟通效果最大化。就效果来讲,沟通则分为有效沟通和无效沟通。有效聆听、有效感受、有效表达是构成有效沟通的三个要素,是家长需要学习训练的三个方面。这三个方面将另起篇幅为大家详细讲解。

最后,我想用这样一句话作为总结——"我们怎么做孩子都看在眼里,我们'自己'胜过千言万语。"孩子就是家长的一面镜子。如果家长觉得孩子难以沟通,让人无从下手,那么我们就回头审视一下自己吧。就如托尔斯泰告诉我们的"全部教育,或者说千分之九百九十九的教育都归结到榜样上,归结到父母自己生活的端正和完善上。"家长,你做好榜样了吗?

"聪明家长"在行动

☆ 测一测,评一评,这些有关尊重的细节你有关注吗?

事件	家长做法(在相对应的答案后面打"√")		
	A	B	C
1. 你正在做事,孩子跑来和你说话	让他走开别打扰自己	有时理他有时不理	放下手头的事认真询问
2. 去餐厅吃饭,孩子想自己点餐	直接拒绝	拒绝,但会和孩子讲道理	允许孩子自己选择
3. 你进孩子的房间会敲门吗?	不会	记得就敲	总会
4. 你会和孩子说"请""谢谢""对不起"吗?	不会	偶尔	总会
5. 孩子做错事时	劈头盖脸训斥孩子	批评,但会尽量控制情绪	了解实情共寻解决办法
6. 在别人面前夸奖自己的孩子	从不	偶尔	经常
7. 孩子的事情,你会	大包大揽	让他做一部分	鼓励他自己的事情自己做
8. 对于答应孩子的事情	常常违约	尽量遵守	一定会做到
9. 你和其他家长约好9点碰头带孩子出去玩	经常迟到	准时到达	总会提前点到达
10. 你和孩子沟通时最常使用的语气	命令式	诱哄讨好式	平等式
11. 你与孩子的亲子关系现状是	紧张	一般	亲密

倾听，与心对话的开始！

倾听，是教育的一种言说，是一种特殊的教育。有时，倾听本身就是处理教育事件的艺术和智慧。

——成尚荣

有这样一个故事。大门上挂着一把结实的大锁，铁杆费了九牛二虎之力，还是无法将它撬开。这时钥匙来了，他瘦小的身子钻进锁孔，轻轻一扭，大锁竟"啪"的一声打开了。铁杆奇怪地问："我个子比你高，力气比你大，为什么我费了那么大劲都打不开，而你却轻而易举地打开了呢？"钥匙说："因为我最了解他的心呀。"家长如何成为孩子心灵的这把钥匙？首先要学会做孩子的听众，鼓励孩子表达自己的想法。也许，在孩子述说的过程中，家长也会有所顿悟。

 在聚焦！

最近两个月，小沈的成绩下滑得很快，从班级的前五名一下子掉到了二十几名。沈妈妈很着急想找出原因。偏偏小沈的嘴巴像上了把锁，一字不吭。最后沈妈妈只能求助于心理老师。咨询室里，小沈妈妈不停地诉说着，而小沈的脸色越来越差。见此情景，心理老师要求妈妈暂且退场。妈妈离开后小沈明显放松很多，也坦率很多。他说："其实也没什么，我就是不想和她说话而已，是她让我闭嘴，我就闭嘴呗。"事情的起因是一次数学考试成绩。数学是小沈的强项，但那次考试小沈刚过及格线。成绩拿回家让家长签名时，妈妈一看成绩就劈头盖脸一顿骂，根本不给小沈解释的机会。"那次考试特别难，班上只有一半同学及格，八十分以上的也就六个人。加上考试那天我肚子疼影响了成绩。可她根本不相信，骂我考不好还撒谎推卸责任。更过分的是她偷偷翻我的东西，硬说我早恋，还让老师注意我和哪个女生亲近。有一次我们吵得特别厉害,她气疯了。虽然我这么说可能会被别人骂,但她歇斯底里朝我吼'闭嘴'时,我真得觉得她面目可狰!好,她不是让我闭嘴吗?那我就闭嘴好了。"老师注意到一个细节,但凡需要称呼"妈妈"的地方,小沈全部用"她"来代替,可见他内心深处对妈妈的反感和抗拒。"嗯,你尝试过和妈妈好好沟通吗?"小沈嘲讽一笑:"我家她说了算,从小就这样。"再次和妈妈交谈时,老师问:"你尝试过和儿子好好沟通吗?"沈妈妈诧异地回答:"我很注重和他沟通呀!常常找他谈话,以前我们沟通没问题,儿子很听话的。现在越大越不听话,简直不可理喻!"

 有话说!

小沈妈妈认为"谈话"就是"沟通"。孩子"听话",就是沟通有效果,孩子"不听话",就是沟通失败。整个咨询过程,小沈妈妈滔滔不绝,别人很难插上话。心理老师给她的第一个建议就是学会倾听。

真正的沟通高手首先是一个热衷于倾听的人。善于倾听是家长对孩子最大的尊重。家长或许都应该问自己一个问题:"我有真正用心地听孩子讲过话吗?有真正理解过孩子的心意吗?"在了解倾听的技巧前,家长不妨判断一下自己平时更倾向于哪种类型的"听"。

类型A	充耳不闻,很少认真听孩子讲话,甚至压根不听孩子讲话,都是自己在讲。
类型B	一心二用,假装自己在听。用"嗯""啊""知道了"敷衍。
类型C	有选择性地听,只听自己想听的。与自己意见不符的自动过滤掉。
类型D	会认真地听,但会在心里对对方的话进行评价或否定,坚持自己的观念和想法。
类型E	同理心倾听,专注的、抱着理解的心态去听,尽量与孩子"共情",不进行任何主观评价。

根据专家研究,沟通仅有7%是经由言语来进行,38%取决于嗓音线索(语调、音量、语气等)。其余55%则得依靠丰富的肢体语言。所以,有效倾听是个主动而非被动的过程。倾听过程中一定要注意"五到":"耳到"(专注去听)、"口到"(给出回应)、"手到"(善用非语言表达方式)、"眼到"(仔细观察对方反应)、"心到"(用心去理解去共情)。这样,倾听就不再是单纯地听,而是心与心地深刻交流。

抱着同理心去倾听是最有效、最能打动人心的沟通方式。什么是同理心呢?同理心即换位思考、共情。能够体会孩子的情绪和想法,理解孩子的立场和感受,站在孩子的角度,设身处地地去思考问题、解决问题。在亲子沟通过

程中，比倾听技巧更加关键的就是家长的态度。只有家长和孩子真正产生共情，孩子才会愿意向家长打开心扉。不然家长的话讲得再有道理，孩子依旧会抗拒。当然，这不是说倾听技巧就不重要。技巧是帮助我们更好沟通的工具和手段。但如果我们被技巧束缚了手脚，或者过度解读通过技巧获得的信息，那么这种倾听也是无效的。不习惯倾听的人，在一开始可能会对技巧过分关注，而往往忽略了我们最该关注的倾听对象，忘记用心去听，这就本末倒置了。

家长在倾听孩子之前，首先要学习"有效的关注"。有效的关注会帮助家长更加专注仔细地去倾听孩子（言语和非言语的），同时也能让孩子感受到"爸爸妈妈始终和我在一起"。

◎面朝孩子（如果孩子感觉压迫感太重，也可以采用斜角的位置），对于年龄较小的孩子我们还可以蹲下身来。

◎和孩子保持良好的目光接触。

◎开放的身体姿势。

◎经常将上身倾向孩子。

◎尽量做到放松和自然。

这类表示投入、接纳、感兴趣的肢体语言可以帮助我们更快更好地进入沟通状态。

倾听时，家长还要仔细观察和解读孩子通过非言语表达传递出的信息。非言语表达包括：

◎躯体行为，如手势、坐姿等。

◎面部表情，如微笑、皱眉、撇嘴等。

◎与嗓音相关的行为，如语气、音量、语速、强调、沉默等。

◎一些能观察到的生理反应，如呼吸急促、脸色变红或变白等。

它可以传递出比言语更多的信息，也比言语更加真实。如孩子语言传递的内容是："我才不怕爸爸打我。"但他说这话时拳头握紧，声音轻且弱，眼睛朝下看，显然是在硬撑，口不对心。

做到有效倾听并不容易。家长更习惯于带着自己的社会经验、情绪体验、偏见、价值判断去和孩子对话。习惯于边听边评判——这是对的那是不对的，这是好的那是坏的。尤其碰到孩子犯错误时，更是忍不住会直接指责、批评或给出忠告。这种倾听多属于无效地倾听，它会将孩子从我们身边推开。因为在孩子被指责、建议的时候，是很难有良好的情绪和积极的态度去想问题的。下面是有效倾听和无效倾听的对比表格，可供家长参考对照。

有效倾听	无效倾听
积极营造安全和谐愉悦的沟通氛围	沟通氛围紧张,双方或一方情绪不稳,态度消极抵抗
心态谦虚、宽容、尊重、信任	评判的、挑剔的、高高在上的
真诚注视对方的眼睛,让孩子感受到家长的重视和诚意	眼神游移,飘忽不定
放下手头其他事,专心致志地听,态度积极	边听边做其他事,一心二用
表情放松或面带和蔼微笑,并根据内容调整面部表情	表情紧绷、严肃或不耐烦、敷衍
身体坐姿略微倾向对方	身体僵直、后仰、双臂胸前交叉、翘腿或抖腿
头自然侧向声音传来的一方	东张西望,态度随意
保持适当的身体距离(0.5米左右)	过近或过远
语气温和坚定,饱含情感,音量适中	语气尖锐或犹豫,声音过轻或过响
边听边仔细观察孩子的肢体语言和情绪表现	忽略了孩子非言语表达传递出的信息
用"嗯"、"是的"、点头等表示理解、鼓励、赞同、赞许	无动于衷,毫无反应或口不对心
有话要讲要在对方讲话停顿的间隙提出	随意插话,粗鲁打断
使用复述语句,重复对方话语里的重要文字	听了后面的,忘了前面的
将对方的话听完、听全	听话听一半或只选自己愿意听的听
将自己对谈话内容的理解谨慎地和对方进行核对	自以为完全了解,急于下判断
恰到好处地提问,偶尔提出一些不同看法或意见	不断陈述自己的观点、经验、想法,抢夺对方的话语权
适当停顿,留出彼此思考的空间	谈话无间歇或急于回答对方的提问
发现错误或与事实不符的,不急于指出,等对方讲完	不断指出对方的错误
多共情,多换位思考,仔细体会孩子此刻的心情	无视孩子的心情,苛刻评价,随意指责
分享真实的自我,告诉孩子父母也有迷茫犯错的时候	为维护家长的威严努力塑造完美形象

想要更好地倾听孩子,家长别忘了在倾听孩子的同时,也要倾听自己。在你无法专心倾听孩子时,你不妨自问,是什么阻碍了我倾听孩子?技巧?情绪?偏见?习惯……这种积极的自我探索,可以更好地帮助解决横亘在家长和孩子之间的问题。

 "聪明家长"在行动

一、回忆你和孩子沟通的场景,你觉得自己是个成功的倾听者吗?如果不是,是什么让你无法专注地去倾听?在倾听过程中,你比较容易出现的无效倾听表现有哪些?

___

___

二、首先让我们以文章开头提到的小沈的事情为例,模仿2段对话。

对话A

孩子(低着头,神情忐忑沮丧):"这次考试我考得不好。"

家长(声音立刻变得严肃):"怎么回事?你考了几分?"

孩子递上试卷,家长看了分数,立刻火冒三丈,开始数落。

家长(手直拍试卷):"你是怎么考的?这种成绩还有脸拿出来?"

孩子(小声辩解):"这次考试很难,很多人都不及格!"

家长(语气嘲讽):"怎么,那我还得表扬你了?"

孩子(继续解释):"我那天拉肚子了,我……"

家长(直接打断,脸色更加难看):"狡辩,我还不了解你?就那么巧就考试的时候拉肚子了?"

孩子(语气带着委屈和愤怒):"不信就算了!"

家长(手指冲着孩子直点):"你这什么态度?我和你爸把你养这么大,给你吃给你穿,供你上学,你就是这么回报我们的?平时就知道玩,能考好才怪……"

孩子(以沉默表示反抗):"……"

问题1:如果你是孩子,你此刻的感受是_____

___

___

问题2:如果你是这位家长,你会如何和孩子对话?

___

___

对话B

孩子(低着头,神情忐忑沮丧):"这次考试我考得不好。"

家长(停下手中的工作,温和地注视孩子):"是吗?你看起来很难过。"

孩子(声音低落,递上试卷):"是的,我刚过及格线。"

家长(花了几分钟仔细看了一遍试卷):"这个分数和你平时相比是相差挺多。"

孩子(提高声音解释):"这次考试很难,很多人都不及格!"

家长(点头):"原来是这样。"

孩子(继续解释):"我那天还拉肚子了。"

家长(注视对方的眼睛,表示歉意):"抱歉,没能及时发现你身体不舒服。"

孩子(神态放松):"其实我应该可以考得更好!"

家长(点头):"我相信你可以考得更好。"

孩子(不好意思):"当然如果做题时我能更小心,可能分数会更高点。"

家长(语气坚定):"是的,粗心是你需要克服的一个难点。另外你将做错的题目重新整理一遍,相信也会对你有帮助。"

孩子(点头赞同):"是的。"

问题1:如果你是孩子,你此刻的感受是 _____

_____

_____

问题2:在这段对话中,你认为这位家长做得比较成功的是哪几个方面?

_____

_____

点评分析:

现在让我们仔细比较一下这2段对话的差异,以及取得的沟通效果。

对话A

孩子(低着头,神情忐忑沮丧):"这次考试我考得不好。"←想引起家长对自己的注意,希望得到谅解。

家长(声音立刻变得严肃):"怎么回事?你考了几分?"←忽视孩子的情绪,追根究底的问话方式,让谈话气氛一下子紧张起来。

孩子递上试卷,家长看了分数,立刻火冒三丈,开始数落。

家长(音量飙高,手直拍试卷):"你是怎么考得?这种成绩还有脸拿出来?"←充满否定、指责的非言语表达。

孩子(小声辩解):"这次考试很难,很多人都不及格!"←家长强硬的态度

让孩子退缩,信任关系无法建立。

家长(语气嘲讽):"怎么,那我还得表扬你了?"←不尊重、不信任、轻慢的态度。

孩子(继续解释):"我那天拉肚子了,我……"←孩子现在的心情很委屈,很伤心。

家长(直接打断,脸色更加难看):"狡辩,我还不了解你?就那么巧就考试的时候拉肚子了?"←随意打断对方的话,并进行主观性评价。

孩子(语气带着委屈和愤怒):"不信就算了!"←开始自暴自弃,反正讲也讲不通。

家长(手指冲着孩子直点):"你这什么态度?我和你爸把你养这么大,给你吃给你穿,供你上学,你就是这么回报我们的?平时就知道玩,能考好才怪……"←家长觉得家长权威受到冒犯,开始将问题扩大化。

孩子(以沉默表示反抗):"……"←孩子心想:"你根本不了解我,不尊重我,我拒绝再和你沟通。"矛盾彻底激化。

对话 B

孩子(低着头,神情忐忑沮丧):"这次考试我考得不好。"←想引起家长对自己的注意,希望得到谅解。

家长(停下手中的工作,温和地注视孩子):"是吗?你看起来很难过。"←积极关注孩子的情绪表现,并说出孩子的感受。

孩子(声音低落,递上试卷):"是的,我刚过及格线。"←家长理解的话语,宽容的态度缓解了孩子紧张、压抑的心情。

家长(花了几分钟仔细看了一遍试卷):"这个分数和你平时相比是相差挺多。"←用行动表示慎重,并就事论事给出客观评价。

孩子(提高声音解释):"这次考试很难,很多人都不及格!"←家长理解的态度让孩子有了倾诉的愿望,希望重新获得家长的认可。

家长(点头):"原来是这样。"←表示理解,接受。

孩子(继续解释):"我那天还拉肚子了。"←信任关系进一步建立。

家长(注视对方的眼睛,表示歉意):"抱歉,没能及时发现你身体不舒服。"←家长态度诚恳,主动自我反省,为自己的失职道歉。

孩子(神态放松):"其实我应该可以考得更好!"←"真开心,我是被信任的!"家长的态度带给孩子自信与满足。

家长(点头):"我相信你可以考得更好。"←表示信任和赞许。

孩子(不好意思)："当然如果做题时我能更小心,可能分数会更高点。"←孩子也开始积极反省,家长树立了好榜样。

家长(语气坚定)："是的,粗心是你需要克服的一个难点。另外你将做错的题目重新整理一遍,相信也会对你有帮助。"←陈述自己的观点,给出合理建议,进行积极引导。

孩子(点头赞同)："是的。"←认可家长的建议,取得共识。

共情,有效沟通的翅膀!

有效感受是有效沟通的第二个重要因素。如何做到更有效地感受呢?多共情,多将心比心,多换位思考。共情,是一个心理学上的概念,由美国心理学家罗杰斯首先提出。英文为"Empathy",它的基本解释是:"进入他人的参考框架,准确理解他人,然后将此种理解反馈给他人的沟通过程。"在中文里,共情即同理心,指能设身处地感受他人的情绪,理解他人的思维和意图,并以恰当的方式表达出对对方情绪和思维的理解与尊重。家庭教育中,差异是造成孩子与家长冲突的一个重要因素。家长若能在沟通过程中正确使用共情能力,经常换位思考,站在孩子的角度去理解并尊重这种差异,不但能减少和孩子的冲突,还能有效抑制自己负面情绪的产生,提高解决问题的效率。"共情"在英文当中有个很形象的描述——put your feet in other's shoes——把自己的脚放在别人的鞋子里——这也是需要勇气的。因为在把脚放进别人鞋里的过程中,你可能要忍受鞋不合脚带来的不适与疼痛,这种感觉甚至会让你觉得无法忍受。所以家长,你做好准备了吗?

共情是种能力,也是一种积极的人际交往态度。习惯共情的家长,往往更被孩子信赖与喜爱,遇事也更加心平气和,能在少受或不受情绪干扰的情况下,理性高效地处理问题。共情能力是可习得的。在开始共情训练前首先要澄清几个关于共情的误区。

一、共情≠同情

"同情"是指在感情上对别人的遭遇产生共鸣,它着重于同情者自身的情感体验,而非他人的。"共情"则是要求设身处地去理解他人的情绪和情感。共情过程中有感性,但更需要理性。我们提倡共情的目的是为了更好地解决问题,而光有同情心并不能达到这个目的。甚至滥用同情心还会引起对方的反感与排斥。

二、共情≠问题消失

常有家长抱怨:"我是想努力去理解孩子,可我态度好了,孩子反而变本加厉,更难管了。"这种情况还需要去共情吗?当然需要!正是因为这样,才更要让共情成为一种习惯。夫妻教育观念的冲突不会因为共情就不存在,孩子任性捣蛋造成的后果也不会因为家长共情就能消失……共情的确无法立马改变现实,但它能改善人的情绪,缓和亲子关系,能为家长多提供一种解决问题的办法,多开辟一条充满正能量的教育途径。例如:小莉将30分的数学成绩改成了80分。父母发现后勃然大怒,将撒谎的行为定性为品德不好,对孩子又打又骂。如果进行共情,家长就会重新定义孩子的行为。"孩子为什么撒谎呢?她会不会是因为害怕父母的责骂,下意识选择了自我保护,但孩子内心是害怕后悔的。或许我应该先找她谈谈。"转换想法后,家长采取了另一种教育手段。不同的理解会导致不同的情绪体验,产生不同的应对策略。很显然,共情后的教育方法更具理性,也更贴近孩子的心灵。

三、共情≠无条件无原则的赞同

很多人误认为共情就是无条件无原则地赞同对方的想法和行为。这个错误认知是家长对孩子实现共情最大的一个心理障碍。认为对孩子共情就是变相地对孩子的错误进行放纵。其实不然,接纳孩子的感受不等于让他随心所欲。在孩子发生你不能接受的行为时,家长完全可以明确地告诉他:我可以理解你的感受,但你这种行为必须被制止。比如:孩子发脾气乱砸东西。家长可以说:"我知道你现在很生气。你可以用嘴巴提出你的要求,但不是靠乱砸东西。"当孩子发现自己被接受和理解后,也就比较能遵守大人为他设立的界限了。

其实共情不仅仅是对对方的理解和接纳。善于共情的家长首先是个愿意关心和体谅他人的人。这类家长相信孩子是可以改变的,并且这种改变是积极的、正向的。家长会将这种信念传递给孩子,用自己的态度来影响孩子。并通过对孩子进行积极关注,发掘他身上的"闪光点"及潜能,以此帮助孩子进步和成长。

共情能力的提高是一个逐渐学习和实践的过程。共情能力的高低和人的成长环境、知识体系、社会阅历、生活态度、心胸、性格、性情等息息相关。所以在共情训练的过程中,我们还要努力和自身的局限性及不足进行斗争。如一

个习惯以自我为中心、掌控型的家长想具备共情能力,首先要学会重视孩子的感受和存在,改变以自我为中心的习惯。

有话说!

有位妈妈非常喜欢带5岁的小女儿去逛街。可女儿总不愿意去,每次出门都扭扭捏捏哭丧着一张脸。"女儿为什么不喜欢逛街呢?街上有那么多琳琅满目的商品。"直到有一天逛街时女儿的鞋带散了,妈妈蹲下来为孩子系鞋带。突然她发现自己身处在一种非常可怕的环境里,入眼的都是些快速摆动的手臂和大腿!妈妈终于明白了女儿不愿逛街的真相!于是,她抱起孩子快步走出商场。之后即便必须带孩子上商场,她也总会将孩子抱起。

这个小故事提醒我们,教育孩子,千万不要忘记换位思考。只有当我们蹲下身观察孩子的世界,才有可能理解孩子的世界。亲子沟通时,家长是否具备"准确感知"孩子情绪或意图的能力直接关乎着沟通的顺畅性。如果一个孩子在伤心,你却认为他在生气,那么孩子当然不会买你的账。换位思考可以帮助我们提高感知的准确性。比如:

例1 孩子:"明天就要开学了,真不想暑假结束!"

家长(换位思考前,否定孩子的感受):这孩子就是贪玩,不爱学习!

家长(换位思考后,接纳孩子的感受):还是个孩子,喜欢玩是天性。他这是觉得意犹未尽呢!

例2 早上,妈妈送孩子上学校。孩子蹲在路边摆弄一片树叶不肯走。

家长(换位思考前,否定孩子的感受):每天磨磨蹭蹭,没有时间观念!送完他还要赶着去上班呢。火气上来,拽起孩子就走,边走边批评。孩子嘟着一张嘴被妈妈拖着走。

家长(换位思考后,接纳孩子的感受):"孩子蹲那里干什么呢?"蹲下来观察。原来落叶上有只小瓢虫在爬来爬去,孩子目不转睛地看着。"孩子对大自然充满好奇,这是好事!"妈妈想。接着才对孩子说:"我知道你想继续观察这只小瓢虫,可是我们现在时间很紧必须要走了。"妈妈拉着孩子的手站起来。

对孩子来说,世界是新奇的,充满活力的,生活意味着无尽地探索。家长想要进一步了解孩子,就要尽量以孩子的眼光观察、体验这个世界。家长可以经常和孩子分享自己的小时候。你小时候最喜欢干什么?最讨厌什么?当爸爸妈妈皱着眉头和你说"不"的时候,你的感受是什么……还可以时常和孩子或配偶进行角色扮演的游戏,以此来体验孩子的立场、情绪和感受。

另外,只有正确感知,却缺乏准确传递的能力,这种状况同样会导致沟通搁浅。

家长李某,孩子高考失利,他其实非常理解孩子此刻痛苦失落的心情,也很心疼。可他却不敢开口安慰,因为他的安慰往往只会让孩子更加痛苦。为什么?因为这位家长的讲话习惯是正话反说,话里带刺。他不知道如何将自己真实的心意传递给孩子。比如他想告诉孩子高考不是唯一的出路,可到嘴的话却成了"你去干别的呗,你平时不是很能干吗"?孩子觉得家长在讽刺自己,和他大吵。家长被逼急了,只能甩下一句"你就是我这样的人养大的"!这样的误会其实在很多家庭里都上演过。

如何将你对孩子的行为、情绪、意图的理解转化为你的应答,通过应答,让孩子接收到"我已经理解了你的感受"这个信号?初学共情的家长可以借鉴一下共情的一般公式。

共情式回应公式:"你感到……,因为……"

"你感到……"后面跟着的是准确的情感分类和情感强度。情感,指因经验和行为而产生,或与之相关的情绪和情感。如"你感到很高兴""你感到自尊被伤害了"这样的表述是情感类别的区分。"你感到有点恼火""你感到非常愤怒""你感到肺都要气炸了"这样的表述是同类情感不同程度的区分。对孩子的情绪状态进行准确描述,并对这种描述赋予相对称的语气也很重要。如女儿很生气地告诉家长自己最喜欢的裙子被别人弄破了。家长轻描淡写地回应:"嗯,你感到很生气。"结果可想而知。

"因为……"后面跟着的是相关的关键经验和行为。经验,是指对方身上所发生的事情。行为,则指他们所做的或抑制自己没有做的事。如"你感到非常焦虑,因为考试成绩到现在还没出来"。经验是"成绩没出来",经验引起的情感是"焦虑",情感强度是"非常"。

体验下面的场景,并尝试用公式进行表达。

例1　孩子:"乐乐搬家了,他是我最好的朋友,我可能很久都见不到他了!"

家长:"你感到很伤心很难过,因为你最好的朋友要搬家了。"

例2　孩子:"我高考竟然没考上!班上比我差的人都考上了!"

家长:"你感觉很挫败、很难过,因为高考会失败完全出乎你的意料。"

这个说出你的理解的过程同时是一个信息核对的过程。可以验证家长的

共情,有效沟通的翅膀!

感知是否正确,是否真正理解了孩子的真实意图或情绪。如果不正确,那就承认自己的疏漏。可以让孩子将话再重复一遍,努力再次理解。承认疏漏要比假装理解要好得多。这也是家长尊重孩子,重视和孩子对话的一种表现。

共情时,要尽量避免出现下列情况:

◎否定孩子的感受。(如孩子说害怕,家长回应没什么好怕的。)

◎讲大道理。(如孩子遇挫不开心,家长回应碰到挫折是难免的,你要考虑的是怎样从失败当中吸取教训等。)

◎不断提问。(如孩子刚讲完一件事,家长就不断追问究竟发生什么事了?为什么会这样?你为什么要这样做等。)

◎建议忠告。(告诉孩子你应该怎样,不应该怎样。)

◎过分同情。(如孩子伤心哭了,家长跟着一起掉眼泪。)

◎偏袒。(如孩子说讨厌爸爸总是说话不算话,妈妈回应你爸爸太忙了,你要理解他等。)

◎机械重复(完全重复孩子说过的话)等状况。

同时还要注意不要让沟通变成孩子单方面的叙述。家长可以用一些简单的话语来回应他们的感受,如"嗯""哦""原来是这样啊"之类的。这样既不会出现沟通冷场(爸爸妈妈对我说的话毫无反应),也可以减少家长某些惯性的无效倾听方式地出现(在问题出现时,家长更习惯于用命令式、指责式或直接给建议的方式和孩子对话)。

成功的共情除了家长和孩子感同身受,共享理解外,还可以促进孩子的自我探索。在孩子得到理解后,他们通常会选择更深入地去探索问题,思考问题,整理自己的思路和感受,甚至有可能自己就能找到解决问题的方法。

"聪明家长"在行动

一、根据下面叙述的内容,将你理解的孩子的感受或情绪用一两个词语或一句话描述出来。

例句 孩子 A:"真不想上体育课。每次跑步比赛我都最后一名。"

你的理解:对 A 来说,体育课跑步让他有压力,充满挫败感,他想避开它。

1. 孩子 B:"每天那么多作业,写都写不完。我都没时间睡觉了!"

你的理解:_____

2. 孩子 C:"外面下雨了。我和同学约好了去踢球的,讨厌!"

你的理解：_____

3. 孩子D："我同桌把我的铅笔盒摔坏了,我狠狠推了他一下!"

你的理解：_____

二、根据下面叙述的内容,尝试用共情式回应公式来表述。

1. 我们班的数学老师就喜欢找我的茬。我回头向后座借支笔他都要批评,其他人他都不管。他就是讨厌我!

_____

_____

2. 班上的小莉请我去参加她的生日宴会。但我不知道应不应该去。我最好的朋友和小莉有矛盾,她会不会觉得我背叛了她?

_____

参考答案：(答案只做提醒,并非唯一答案)

一、1. 厌烦   2. 失望   3. 生气

二、1. 你感到很生气,因为数学老师总找你的茬,这不公平。

2. 对于参加小莉的生日,你感到有些犹豫,因为你的好朋友和小莉有矛盾。你担心你去了会伤害你的好朋友。

与孩子成功对话的秘密

早晨的肯德基店里,阳光透过玻璃洒在身上,感觉真舒适!这时一对夫妻带着一个四五岁的小男孩推门走了进来。爸爸去点餐,妈妈带着孩子来到座位旁。妈妈对孩子说:"坐好。"开始埋头整理她的包。孩子听话地爬上凳子,背对妈妈,面朝爸爸的方向坐好。妈妈理好包,抬头看到孩子的样子,声音立马抬高又说了句:"快坐好!"孩子听到了,挪了挪屁股,挺了挺背,表示坐好了。妈妈见了脸色一沉,大声说:"让你坐好听到没?"孩子再次挪了挪屁股,挺了挺背,这回还把小手放到膝盖上,回答道:"坐好了。"眼睛依旧紧盯着爸爸的方向。这时妈妈突然站起,抬手在孩子头上重重一拍,大声呵斥道:"让你坐好,你听不懂是不是?"扯着孩子要把孩子转过身来。孩子不情愿地挣扎着叫:"不要!不要!我已经坐好了!""好,你这么不听话,不要想吃鸡腿了!"听到妈妈的威胁,孩子"哇"的一声开始大哭。孩子的哭声和妈妈的怒吼声彻底打破了这个早晨的宁静。

在一边旁观了全程的我心里感觉闷闷的,真心替这个小男孩感到委屈。小男孩的妈妈忽略了两点。一是没有体会孩子迫切想吃鸡腿的心情(这种心情让他选择面朝爸爸,背对妈妈),二是没有意识到自己指令的不清晰(妈妈希望孩子面朝自己坐好,但她对孩子说的话里却没有将这层意思清晰地表达出来)。如果这位妈妈能意识到这两点,今早这场冲突也就能化解于无形之中了。

与人说话很简单,嘴巴一张随口就能来。与人说话又很难,因为说话是一门艺术。古人有言"良言入耳三冬暖,恶语伤人六月寒"!话说得好,就会如实地达意,富有美感,使听者感到舒适,并且能从中受到启发。话说得不好,说了不该说的话,不合适的话,就会成为伤害听者的一把刀,后果不堪设想。尤其是和孩子说话。家长不当的言语,如训斥、嘲讽、挖苦等,不管家长最初的目的是多么地为孩子好,结果只会将孩子从你的身边推开。那些"恶语"更像是对孩子的一种心罚,摧毁孩子的自尊和自信。家长,你懂得如何和孩子说话吗?你是善于讲良言呢?还是习惯于讲恶语?你的话孩子愿意听吗?现在,就让我们一起来探讨一下和孩子说话的技巧吧。

一、要说孩子能听懂的话，语言简洁、具体、不抽象

不要以为你讲的话孩子一定能听懂。孩子对语言的理解很大程度上受制于他的理解能力。以孩子无视危险爬到高处为例。下面这三种表达方式，你觉得哪种说法更有效？

A．家长（语气果断坚定）："快点下来！"

B．家长（慌张大叫）："哎呦，小心危险！"

C．家长（愤怒大吼）："你找死啊！爬这么高！"

显然，A家长的表达方式是最有效的。他用语言告诉孩子"此刻你需要做什么"，又用镇定的态度、坚定的语气传递给孩子"你必须下来，但不要紧张害怕的信号"。而B和C两位家长的反应（惊慌和愤怒）则容易引起孩子的恐慌和惊吓，慌乱的情绪会让孩子不知所措，甚至引发本可避免的意外。

所以和孩子讲话一定要直接、具体，特别是年龄小的孩子。同时还可以通过面部表情、肢体语言、语气、声音、情绪、语速等非语言信息，加深孩子对你意思的理解。

二、减少话语，用心倾听，拒绝啰唆

很多家长习惯对孩子滔滔不绝地讲话。讲各种大道理，讲父母的苦心，讲家长认为对的话。要不就是指责、抱怨和批评。调查显示，孩子最讨厌的就是家长这种无休无止的唠叨与啰唆。其实，话不在于说得多，不在于是否能言善辩，也不在于嗓门大、权威足，而是在于你讲的话是否能走进孩子的心。甚至能在必要的时候将话语权让给孩子，家长只要认真倾听就可以了。这才是一个智慧的家长应该做的。

三、就事论事，少翻旧账。不要孩子一犯错就开始细数孩子的"犯错史"

孔子曰："成事不说，遂事不谏，既往不咎。"这句话的意思是：已经成定局的事情，就不必多说了。已经做了的事情，也没必要去劝了。过去的事情，就别再去怪罪，去追究它的得失与责任了。这种宽容的处事态度，既能让犯错的人愧疚知错，又不至于让人过分难堪不安。是非常值得学习的一种教育智慧。

四、学会"先肯定孩子优点,再指出孩子不足"的说话方式。用欣赏的眼光关注孩子的成长,用宽容的心对待孩子犯的错

当一张白纸上出现一个黑点,人的目光总会不由自主地转向那个黑点,而忽略了大片的白色。若将白色比作孩子的优点,黑色比作他的缺点,家长你的目光会落脚在何处?

在这里,想和大家分享一个关于日本著名作家乙武洋匡的故事。《五体不满足》的作者乙武洋匡是一个天生的重度残障者。在他刚出生时,大家担心他的母亲伤心过度,所以一直用"黄疸严重,不能相见"作为理由阻止他们母子相见。当事实再也无法拖延隐瞒,大家做了最坏的打算将这位母亲带到她的儿子面前。然而预想中母亲崩溃哭喊的场景却并没有出现。在终于见到了她那没有双臂也没有双腿的孩子时,这位母亲居然笑着说:"好可爱的孩子!"

相比其他残疾者,乙武洋匡是幸运的。他的幸运在于他有一对伟大而智慧的父母。对于这个注定与众不同的新生命,他的父母首先想到的不是痛苦和绝望,而是新生命降临的喜悦。他们能够越过他的残缺,转而欣赏他拥有的可爱!面对残缺,他们会告诉孩子:"先天无四肢的残疾是你身体的特征。虽然很多健全人能够做到的事你无法去做。但是同样,你可以做到的很多事,他们也做不到。"所以,乙武洋匡成功了。在他的书上,他引用了美国残疾女作家海伦·凯勒的名言:"残疾只是不方便,而非不幸。"这话,同样也是他内心的真实写照。

所以家长,努力用欣赏的眼光去发掘孩子身上的闪光点吧!你的一句诚挚、恰当好处的赞美会让孩子满心喜悦,充满自信!你真心的认可会是孩子进步的最大动力!

五、和孩子说话,多用"要……""可以……"等正面引导的词语,少用"不要""不许""不准"等否定的词语

心理学上有种心理效应叫作"反弹效应"。大意就是当人越要抑制某些想法时,它便会以更加猛烈的形态出现。我们可以试试下面这个试验。轻轻闭上眼睛,然后告诉自己"不要去想一只小白狗。别去想它浑身雪白的毛发,别去想它黑溜溜的眼睛,别去想它湿漉漉的鼻子,别去想它耷拉的双耳,别去想它围着主人乱串的活泼模样"。说完这些话,此刻浮现在你脑海中的是什么?

不是别的,正是那只你极力让自己别想的小白狗。

和孩子讲话也是同一个道理。家长都有过这样的体验,当你让孩子不要做什么时,他偏偏和你对着干。这未尝不是"反弹效应"在作怪。家长越是喋喋不休地叮咛孩子千万不要做某事,结果反而把这件事深深地烙印在了孩子心里,让孩子想不做都难。所以若不想让孩子做某事,只要告诉他应该做哪件事就行了。比如孩子在公共场合吵闹,家长说"讲话轻一点"就比"不要吵"来得效果好。

六、和孩子说话,别急着开口,给自己预留"一分钟的沉默时间"

学校老师告状,爸爸火冒三丈,抓过孩子不问缘由一顿打,责骂孩子:"你除了闯祸还会干什么?"孩子兴奋地告诉妈妈自己跑步得了第一名,妈妈却语气冷淡地回答:"跑步第一算什么,有本事考试第一。"孩子失败了,家长站在一边居高临下地说:"让你不听大人的话,现在知道后果了吧?"……多么让听者心寒的一些话语呀!而大部分家长并没意识到自己可能正在对孩子实施着语言上的冷暴力,依旧随心所欲地对着孩子想说什么就说什么,关心的好话也变成了孩子耳中的坏话。想让孩子听自己讲话,家长不妨在开口之前,先给自己预留出"一分钟的沉默时间"。

这一分钟家长用来干什么?可以用来做个深呼吸,让自己愤怒的情绪平静下来,暗示自己一定会有更好的解决办法;可以用来观察周围环境,判断现在是否是谈话的好时机;可以用来感受孩子此时此刻的真实情绪,然后对孩子说一句最贴心的话;可以用来思考话怎么讲教育效果会更好;这一分钟的沉默还可以是家长对孩子的一种尊重——我在认真听你讲话,也在认真思考你讲的话!

七、请用客观、准确的言语来评价孩子和孩子的行为

准确恰当地评价孩子是家庭教育中很重要的一环。一个恰到好处的评价除了是对孩子之前行为的一个总结,还能调动孩子的积极性,引导、激励他之后的学习与生活。所以家长在进行评价时应当细思量、多谨慎。但现实却是很多家长滥用或错误使用了"评价"。家长评价孩子的言语更像是家长处理自己情绪的工具,高兴了就夸,生气了就骂。生活中,常能听到家长批评孩子或

表扬孩子的某些话。如"这么简单的题目都不会,笨死了!""英语考了100分,太聪明了!"之类的。"笨""聪明"这些都是家长对孩子的评价。家长简单、随意、片面、粗暴的评价习惯带给孩子的危害是无穷的。孩子犯错了或是遇到困难,家长愤怒之下说出口的"笨蛋""蠢货""没出息"等负面评价,就像一盆盆冷水,最终使孩子逐渐丧失自信,形成对自己错误的认知——我不行,我很差!

正确的评价方式应该是根据孩子的实际情况(比如孩子的能力水平只有及格线左右,那么家长就不能用满分的标准来评价孩子),就事论事(比如孩子做错事,家长只针对这次错事进行评价,可以告诉孩子哪里做错了,怎样做会更好。但不能因为孩子做错而否定他的价值或伤害他的自尊),不能以偏概全(有些家长习惯将成绩作为评价孩子优秀与否的唯一标准),不要乱贴"标签"(比如孩子成绩不好,家长老骂孩子笨傻。给孩子贴标签的后果,就是孩子越来越向"标签"所喻示的方向发展),多着眼于孩子的进步和优点,以此激励孩子成长。

八、请对孩子多微笑

家长听说过"微笑教育"吗?微笑,只需将嘴角轻轻上扬。但就是这么一个简简单单的动作,却能让人感觉如沐春风,满心欢喜!微笑,是一个充满正能量的动作,是家长对孩子最直接、最生动的爱的语言。父母的微笑让孩子充满自信与安全感。孩子可以从父母充满笑意的眼角眉梢感受到爸爸妈妈对自己的信任、理解、关爱和欣赏!同时,微笑还能带给父母自己一个良好的心理暗示:我很开心,我感觉很好!当然,这种微笑必须是发自内心的,真诚的,而非装出来的无奈之笑。

当孩子不听话或犯错时,父母包容理解的微笑带来的教育效果往往胜于严厉的训斥。在父母的微笑中,孩子会感到不好意思,逆反心理也随之淡去,自觉理亏的孩子也就乖乖记住了父母的教诲之言。在父母微笑中成长的孩子,大多性格阳光、快乐、自信又坚强。同时在父母的耳濡目染下,孩子也会学着用微笑面对生活中遇到的各种人和各种事。微笑,不但能让孩子拥有更好的人际关系,也能够给孩子带去更多的机会和成就。

九、从现在开始，改变说话方式，把所学运用到生活当中。学以致用，不要害怕出错

家长要比孩子先行一步，将所学运用到实际生活中，并让孩子意识到自己的这种改变。若孩子讲话习惯抱怨指责，那么家长就先做到宽容原谅；若孩子脾气暴躁爱发火，那么家长就先学会冷静平和；若孩子讲话不算话，那么家长就先做到言出必行；若孩子不爱学习，那么家长就先行品尝学习带来的快乐和进步……为什么要这样？因为听再好的教育理念，看再多的教育书籍，也敌不过"言传身教"这四个字带来的教育效果。

当家长改变了方法，孩子却依旧故我，那又该怎么办？

"这世上真正能成功的人，不见得是最聪明的，也不见得是学历最高的，而是最能面对问题、锲而不舍的人。记住，当你跟别人说话时，一定要看着他，把话说清楚，说到他听见了，也要说到他的心坎上。当事情不成的时候，你可以再试一次，一次又一次。"这是著名作家刘墉对他女儿说的一番话。家长可以借此话自勉，不要着急，也不要气馁，错是走向对的第一站，就让我们再试一次！

表扬,是"捧杀"还是"教育绝招"?

 在聚焦!

我亲爱的儿子皮皮:

你知道吗?妈妈今天心里装了满满的快乐和感动想和你分享!你在慢慢地长大,每天都给爸爸妈妈带来惊喜和快乐。同样,也给我们带来了很多挑战!如何恰当地对待你,就是妈妈最大的一个挑战!

今天上午你告诉我自己已经长大了,不再需要妈妈陪着,然后就自己一个人待在客厅玩。我很欣慰!20分钟后,走到客厅一看,天哪!我刚擦的地板,刚洗的沙发套!你就坐在一堆玩具中间啃着核桃酥,像只小花猫!你抬头看看我,在我开口前说道:"妈妈不要着急,等我吃完我会整理干净的。"我一噎,瞬间无语。按压下心头那丝烦躁,我冷静回答:"好的。"然后走开。离你吃完点心又过了15分钟,你承诺的"自己整理干净"仿佛从未说过似的。把脱口想质问"你为什么还没开始整理?"重新咽回肚子,走到你面前,假装没地方坐:"皮皮,这里太脏太乱了,我希望你现在就开始整理。""好的,妈妈,我玩得太高兴忘记了!"你起身跑开去拿你的玩具箱。我坐在一旁看你整理,边看边想:"哎呀,那玩具上面粘着好多饼干渣,就这么放进去太脏了!不行,要忍住,不能打击孩子的积极性。"把玩具一股脑装进玩具箱后,你又跑开,这回拿了一块干抹布,开始整理地上的饼干屑。看你拿着抹布这边甩到另一边,我依旧没有干涉。等了好一会,你烦恼地说:"妈妈,弄不干净,请你帮我。"我走到你身边蹲下,说:"好的,让我们看看怎么把地上这些屑屑弄干净。宝贝你看,这些屑屑很容易飞起来,湿抹布可以帮忙粘住它。擦的时候呢往一个方向擦,这样脏东西不乱跑……"你接受了我的建议,很耐心地把地弄干净。擦完后,你突然大叫:"妈妈这里还没擦干净。"然后把玩具箱里的玩具又"呼啦"一声全倒了出来,拿起一个玩具边擦边念叨要用湿毛巾擦。

刚整理好的客厅又乱糟糟了。但这次,妈妈觉得心里有花朵在开放!好高兴,原来在不知不觉之间,我的皮皮进步了这么多。你独立了,能够自己一人待着;你有担当了,主动提出整理的要求;你知错能改,妈妈一提醒就意识到该去整理了;你很有礼貌,需要别人帮忙会说"请""谢谢";你很虚心,态度诚恳地接受了我的意见;你还很耐心,把整理好的玩具擦干净又整理了一遍。

今天,妈妈对你很满意,对自己也很满意。我很高兴没有在最开始的时候对你"横眉冷目",而是选择相信你;没有在你未实现诺言时"横加指责",而是选择再等等你;没有在你打扫不干净时,按照大人的标准要求你,对你"指手画脚",而是让你自己去尝试,去体验。今天的妈妈很棒,今天的皮皮更棒!

为你骄傲的妈妈

有话说!

多么感人的一封信!妈妈对儿子的爱和赞赏仿佛能从纸上跃出。如果你是孩子,看到这样的一封信你的心情会如何?适时且恰如其分地赞赏和鼓励不但能促进亲子关系,还可以增加孩子的自信,让他们拥有更加积极的心态,在愉悦情绪中学习进步。

看到这,一定会有家长开始皱眉了。"我经常鼓励孩子,但孩子根本无动于衷!""我的孩子表扬不得,一表扬就翘尾巴!不如不表扬!""我也想夸夸孩子,可我根本找不到值得夸的地方!"……从这些零星表达中,我们可以窥见,其实有很多家长是将表扬、鼓励、赞赏混淆在一起的。他们认为表扬就是鼓励就是赞赏。在这里,我想和大家分享一下从业多年,我对"表扬""鼓励""赞赏"的认识与感知。当然,这只属于个人的一些浅见,仅供大家参考品读。

在现代汉语词典里,表扬是指"对好人好事的公开赞美";鼓励包含"激发、勉励"之意。意思有重叠的地方,但细细品味,带给人的感觉却不尽相同。表扬是表达了"对行为的肯定和鼓励",但它更强调结果,更多的是在根据结果监督和评判孩子的行为——"好"或"不好","对"或"错"。而且通常都是在和他人做比较。表扬具有较强的权威性和功利性。鼓励注重的则是做事的过程,更多的是引导孩子要和自己做比较。今天比昨天进步了一点点。这一点点需要肯定与鼓励吗?当然需要!就是在这无数的一点点中,孩子因为被认可,有了成功的体验,从而才逐渐树立起了自信。失败时需要鼓励吗?更加需要!这会赋予孩子勇气与前进的力量!但失败会被表扬吗?通常不会。若用自然现象作比喻,表扬犹如狂风骤雨,气势十足,吸引人眼球。但长久为之,带来更多的可能是疲惫和破坏。鼓励则如斜风细雨,润物于无声,持续滋养着孩子的心灵!所以,让孩子感受到家长无条件的鼓励非常重要。当然,这不是说孩子就不需要表扬了。表扬也很重要,它是激励孩子进步的重要手段之一。但如果错误地使用或滥用表扬,不但无法促进孩子进步,还很可能让孩子变得骄纵自大,"捧杀"了孩子。

最后再来品一下赞赏。词典中赞赏被解释为"赞美与赏识"。这不禁让我联想到世界最著名的六种教育方法之一——赏识教育,以及它的首倡者周弘老师。周弘是一位普通的父亲,同时也是一位了不起的父亲。他探索研究赏识教育20多年,不仅把全聋的女儿周婷婷培养成留美博士,并当选为首届"《中国妇女》时代人物",更是改变了成千上万的孩子和家庭的命运。赏识教育的核心理论就是"花苞心态,全纳的爱"。尊重孩子的成长规律,无条件地爱孩子,接纳孩子,信任孩子,欣赏孩子,以此激发孩子的动力及潜能。那么我们能不能把赞赏理解为除了要表扬鼓励孩子外,更要学会去尊重、欣赏孩子这个个体本身呢?当我们放弃要求和评价,真心去赞赏一个孩子时,内心一定是充满喜悦、满足、甚至惊喜的!我始终认为,习惯用赞赏的眼光去发现孩子的家长,除却技巧外,更体现了他们的一种心态:包容、淡定与智慧!

用这么多笔墨向大家描述"表扬"、"鼓励"和"赞赏",不是因为它们之间存在优劣之分,而是家长若能领悟其中的差异,再配合表达的技巧,适度、适时、适地、适人地使用这三者,教育的效果一定会事半功倍。

接下来,想重点分享一下来自美国著名亲子沟通专家阿黛尔·法伯和伊莱恩·玛兹丽施的关于"如何赞赏孩子"的一个操作技巧——用描述性的赞赏代替评价性的赞赏。看到孩子好的行为,家长仔细体验并且将它详细描述出来——描述你所看到的和你的感受,然后把孩子值得赞赏的行为总结为一个词。为了更好地掌握这种技巧,我们先来区分一下"评价性赞赏"和"描述性赞赏"。

时常有家长感觉疑惑:为什么自己夸奖孩子,有时有效有时无效?那是因为家长使用了太多评价性的赞赏。如"你真聪明!""你真能干!""你太厉害了!""好棒!""你真是个好孩子!""你真漂亮!"……这类赞赏都属于评价性赞赏。赞赏是需要谨慎的,使用不当,善意的赞赏也会让人心生不愉,导致相反的效果。比如:孩子把数学作业做完了。家长夸奖:"你真是太聪明了,全都做完了!"孩子心里可能会想:"你真的觉得我聪明吗?你昨天还说我没某某小朋友听话聪明。骗小孩呢!"评价性的赞赏并不能实实在在地鼓励孩子相信自己,帮助孩子建议积极正面的自我评价。其实想想我们成人不也是这样吗?有时别人的赞赏太过夸大虚浮,反而令我们心虚、不安,倍感压力。会不由自主地想"他这是在夸我吗?""哎呀,我要是下次没做好不是很没面子?""开玩笑吧? 就我这水平还真好? 不是故意让我难堪吧?"之类的负面念头。所以,夸孩子"聪明""漂亮"之类的词除了带给孩子暂时的愉悦,不具备任何可持续性的教育效果。

孩子怎么夸才能更有效地鼓励他? 试试描述性的赞赏方式吧——向孩子描述你所看到的和你感受到的。比如:孩子主动整理好了房间。家长不用说:"真干净,你太棒了!"而向孩子描述你看到的情景:"地板擦得很亮,被子叠得很整齐,书桌上的书也摆放得很整齐。"再告诉孩子你此刻的感受:"走进这间房间,让人感觉很舒服。"最后,在描述之后,还可以把孩子值得赞赏的行为总结成一个词:"不用大人催促,自己把房间整理得这么干净,这叫主动。"让他们对自己有个新的认识。这样做不仅肯定了孩子的努力,还可以帮助他们找到自己的强项和优点,让他们学会相信自己,赞赏自己。最重要的是,给了他们继续努力的动力和方向。

"描述你看到的和你的感受"带来的教育结果是不可思议的。它通过赞赏孩子的行为结果,来强化孩子好的行为。通过赞赏孩子的行为过程,来激发孩子的兴趣和动力。周弘曾说:"赏识教育是密切关注孩子的优点和长处,及时对孩子竖起大拇指,充分肯定孩子的每一次小成功。让孩子在'我是好孩子'的心态中自觉奋斗,努力成才。"描述性赞赏就是一个真正在听,在看,在关注,在表达的一个过程。从家长日复一日对孩子细微成功处的描述与肯定,孩子内心的力量和自信将会不断加强。

比起简单的、脱口而出的评价性赞赏,描述性赞赏是需要不断练习和揣摩的。在一开始,很多家长不知道该说什么,甚至会觉得别捏、不自然。不管家长最初的感受如何,一旦开始尝试,请一定严格按照要求去做。只要坚持,一定能从孩子身上看到进步。那是否再也不能和孩子说"你真棒"之类的评价性赞美? 万一脱口说了怎么办? 没关系,家长可以用"描述"来补充对孩子的赞赏。也可以在完成"描述"后,加上这句"你真棒"来强调你对孩子的欣赏。只要你的赞赏是真诚的,发自内心的,孩子一定会感受到!

现在我们来总结一下"描述性赞赏"的使用步骤并且尝试描述。描述性赞赏没有什么标准答案,家长要做的就是用心去观察孩子,发现孩子点点滴滴的进步,并真心欣赏这种进步。然后将这些进步和感受尽可能用具体、生动的语言描述出来。

第一步:描述你所看见的。

◎你把第二天要用到的课本分门别类地放进书包里,还把要穿的衣服、红领巾也整齐地叠放在床头。

◎你已经做了一个多小时的作业,中间弟弟吵闹,你也没有分神,一直做自己的作业。

◎我们约定好看20分钟的电视,时间一到你就主动把电视机关了,并把遥控器递给了我。

第二步:描述你的感受。

◎看到你自己把东西理得这么好,一下子觉得好轻松。你已经能帮我分担事情了。

◎看到你没被弟弟打扰,我很开心,觉得你的注意力真的进步很多。

◎只要一想到你的主动,我就想微笑,感觉很欣慰。

第三步:用一个词总结孩子这个值得赞赏的行为。

◎你这种提前把第二天要用的东西整理好的行为,就叫"有条理"。

◎你这种一心一意做自己事情的行为,叫做"专心"。

◎你遵守了和我的约定,这种行为叫"守信"。

也有家长提问,如果实在发现不了可赞赏的地方怎么办?比如,早上上学,时间快来不及了,孩子仍在磨蹭;数学题做10题错8题……看到这些情景,家长恼怒生气,很想狠狠地责骂孩子:"为什么总是拖拖拉拉?到现在还没开始吃饭!""10题错8题!你上课有没有认真听?天天就想着玩!"……这时,家长要控制好自己的情绪,换个角度提醒自己:不管他完成了多少,要向孩子描述他们已经完成的部分。家长可以尝试说:"你已经自己穿好衣服,洗好脸刷好牙,再把早饭吃完,我们就可以出发了。""让我看看。嗯,你做对了2题,而且这2题的算式你列得很工整。"……家长会发现,在最不可能赞赏的时候去赞赏孩子,尤其在孩子犯错、失败的时候,不去责骂孩子,而是关注他们已经完成的、做得好的部分,或提醒他们以前做得好的部分,这都能激励孩子,带给孩子坚持不懈的勇气。

前文我们还多次提到"适度、适时、适地"的重要性,下面再补充几点:

一、赞赏要及时

任何事都要注重时效性,教育孩子也一样。当孩子需要家长,家长回应要及时;孩子犯了错,批评要及时;孩子要求不合理,拒绝要及时;孩子做得好,赞赏也要及时。家长要能敏感地发现孩子的每一个变化,并及时做出表示。一个鼓励的眼神,一句赞赏的话都能给予孩子肯定,令他们感到自信与温暖。这样孩子才会持续往家长所期待的、积极的方向去发展。

二、不要过度赞赏

家长要把握赞赏的尺度。有些家长为了鼓励孩子,对孩子的行为表现出过度的满意或夸大(如你就像个天才小画家!)。这种超出孩子实际情况的期待会让孩子感到有压力,影响他们完成事情的积极性。同样,也不要事事都赞赏。有时,家长要压抑一下赞赏的冲动,让赞赏变得更加可贵。如果什么都赞赏,孩子要么对赞赏变得无动于衷,要么变得依赖赞赏,做事的目的变成了向家长邀功。

三、尝试在公开场合夸奖孩子好的行为

中国家长喜欢谦虚,习惯在别人面前说自家孩子不够好。其实这是一种非常伤害孩子自尊心的行为。多在人前夸夸孩子,不但能很好地强化和巩固孩子的良性行为,还能增加他们的自我认同感。"原来我在父母眼中是这样的,我是被认可的!"要注意的是,在公开场合夸奖的一定是孩子好的性格、行为或习惯,而不是炫耀他的成绩或荣誉。

四、慎用物质奖励

有这样一个心理实验。心理学家挑选了一些喜欢绘画的孩子,将他们分成两组。老师对A组的孩子许诺:"只要画得好就给你们奖品。"而对B组的孩子说:"我想看看你们创作的画。"心理学家暗中观察,发现A组的孩子大多被动地画着什么,B组的孩子则是兴致勃勃地在创作。最后检验画作,B组孩子的画充满创意,平均水平明显高于A组。对于这种现象,心理学家解释说:"奖品虽然可以强化某个行为,但它会使人的兴趣集中在奖品上,而对被奖励的行为本身失去兴趣。"所以,喜欢采用物质奖励,或习惯和孩子条件交换的家长,需要引起谨慎。

在使用奖励时,可以采用积分的形式。鼓励孩子通过自身努力获取积分,再使用积分兑换相应的奖励。家长希望孩子习得的好行为或希望孩子改掉的坏习惯都可以成为孩子获取积分的来源。家长可以事先准备好任务单,列出完成每个任务可以获取的积分以及累计积分可以换取的奖励。制定时要和孩子协商,取得共识。

以文章开头提及的皮皮为例:

皮皮家的快乐任务单

	皮皮可以做到……	皮皮可以收获……
1	每天起床后、睡觉前要刷牙	5☺
2	饭前洗手	3☺
3	吃饭专心(不能看电视、不能边吃边玩、不能离开餐桌)	5☺
4	每天看电视的时间不能超过30分钟	5☺
	……	……
	1.收获笑脸30个,可以要求妈妈连续3个晚上多讲2个睡前故事。 2.收获笑脸50个,周末可以去游乐场1次。 ……	
注:以周为单位,一周兑换一次。可累积至下一周兑换,但不能提前兑换。		
签名:爸爸 妈妈 儿子:		

 "聪明家长"在行动

一、在下述表达中,哪种赞赏方式更能帮助孩子欣赏自己?

1. 孩子参加学校举办的文艺演出

A. 你唱得真好听,是整场演出中最棒的一个!

B. 你唱完的时候,全场掌声特别热烈,旁边的观众都说:"这同学唱得真不错!"

2. 你换了一套新衣服参加同学生日晚会

A. 我喜欢你的围巾,和你的裙子非常搭配。看到你我感受到了春天的气息!

B. 你真漂亮!

3. 孩子练完描红让你检查

A. 你写的字虽然还行,但还需要练习。你看字都跑到格子外面去了,横竖都歪歪斜斜的。

B. 这5个字写得特别端正。全部在格子内,横平竖直,字的比例也把握得不错。

4. 吃完饭,孩子主动帮忙洗碗,还擦了水龙头。

A. 你看我今天比较累,主动帮妈妈洗碗,还把水龙头擦得这么亮。我觉得你好贴心!

B. 你真棒,洗得真干净!

5. 孩子数学考试100分

A. 你数学考了100分! 你真聪明!

B. 你考试前把以前做错的题目都复习了一遍,直到把每道题都弄懂为止。态度认真,复习得法,真棒!

6. 下午放学,孩子按照约定好的时间准时到家。

A. 今天表现不错,没有像昨天一样晚回家。

B. 你和我约好5点回家,现在正好5点,你很守时。

参考答案:1B,2A,3B,4A,5B,6B

二、发挥创意,设计一份表扬单,用描述性赞赏方式记录孩子的点滴进步。

有效批评,孩子成长的"加速器"

  在聚焦!

时常会看见一些让人心痛的新闻:杭州一个11岁的四年级女孩因为作业没完成被批评,从7楼跳下,不治身亡;淮北一个7岁的小男孩因为父亲的训斥,认为父母讨厌自己,所以离家出走;上海某中学一个13岁的男孩因家长被约谈受到批评,失联超过48小时……众人在惊叹惋惜之余,也会产生疑惑:"现在的孩子还能批评吗?还敢批评吗?"曾有家长哭泣着向我们求助,说孩子想自杀。家长怕得夜夜失眠,不知如何是好,唯有顺着孩子走。类似的情况不止一家:孩子太敏感,一批评就生气,火气比家长还大,把自己关在房间里不出来;孩子说不得,一说就掉眼泪,稍微一批评,就仿佛受了天大的委屈,能一天不吃饭……这些都引得家长无奈叹息:现在的孩子惹不得!批评不得!

  有话说!

其实,在惯常的生活习语中,批评就是指"对缺点和错误提出意见"。它不同于指责,也不是抱怨。所以批评本身不包含任何贬义。和表扬一样,批评是家庭教育中不可缺少的教育手段之一。它作为一种教育和沟通的方式,不可避免地要被使用到。批评与表扬犹如硬币的正反两面,形影相随才能相得益彰,是教育的一个统一体。没有批评的教育是不完整的教育,更是一种不负责任的教育。

法国心理学家高顿教授通过一项专题研究证实:只享受赞美声,而从来没挨过批评的孩子,很容易变得是非不分。这对他们的心理健康发展是毫无益处的。美国心理学家詹姆士·温德尔也说:"为阻止错误行为而以奖励作为条件,简直就是一种贿赂。它暗示规则本身已失去了它的内在价值。处罚并没什么错,只要公正合理即可。"批评能帮助孩子明辨是非,正确认识和评价自己;批评能够增强孩子的抗挫能力,提高他们的社会适应性;批评能遏制孩子产生过度的虚荣心和傲慢感。同时,批评教育还是赞赏教育能得以发挥作用的强力保障。因为一味地表扬,只会让家长的赞赏变得毫无原则又廉价,失去了表扬应有的引导和激励作用。从长远看,会给孩子带去许多的消极影响。

那么家长该如何让孩子学会接受批评呢?批评也是一门艺术。在谈这门艺术之前,我们先来聊聊能让这艺术开花结果的土壤——爱和尊重。这是个老掉牙的话题,提及孩子教育就离不开它。因为唯有爱能带给孩子安全感,唯有尊重能带给孩子自尊感。安全感是构成孩子的自信以及对所有其他人的信任的源泉。自尊则是对于自我的了解和感受,是人的内心支柱。拥有健康良好自尊的孩子会对自己感觉满意,不指责,不挑剔,会在内心告诉自己:"我很好,只要我存在,我就有价值!"他们会更加的客观理智,更有爱心,更能包容。而自尊不强的孩子可能更多地表现出害怕失败、逃避、没有规矩、自轻、情绪变化激烈、自负,要么过分虚荣要么过分自卑等。自尊主要通过两种途径得以加强:一是生活中最重要的人的关注和认可。二是感觉自身的存在能为他人创造价值的时候。由此可见,那些无法接受批评的孩子更需要家长的积极正向的关注和尊重。所有的父母都爱孩子,但不是所有的父母都能正确传达自己的爱。很多孩子在父母的玩笑、捉弄、责骂、不尊重、不信任中一点一滴地失去了对大人的信任,也逐渐成长为一个低自尊的人。想要孩子能够更好地接受他人的批评,培养一颗健康的自尊心很关键。而家长的关爱和尊重对此有着决定性的作用。

批评要讲究方法,也要有明确的目标。怎样让家长的批评变得更有建设性、更客观、更容易被孩子接受呢?

一、每天花 15~30 分钟,更有效、更高质量地陪伴孩子,加强和孩子的沟通

要想让孩子接受批评,家长首先要建立与孩子之间的良性沟通模式。沟通是将一家人紧密联系在一起的法宝。清晰、有效的沟通是家长向孩子传递"爱的语言"的重要手段。良性的沟通会让每个家庭成员都产生满足感和成就感。在这种环境下,孩子对家长的批评就会多一份接纳和认可。很多家长,尤其是父亲,由于工作等原因,平时疏于和孩子沟通。那么每天尽量匀出半小时,高质量地陪伴孩子是提升亲子亲密度,加强和孩子沟通的一种很好途径。这种陪伴可以是一起完成一份手工作业;听孩子讲他快乐或不快乐的事;静静

地坐在一起看一会书；或是放声肆意地大笑玩闹……

二、用孩子能听懂的道理去批评孩子

讲道理可以帮助孩子建立正确的是非观念，纠正他们的不当行为。让孩子明白怎么做是对的，以及为什么要这样做。而且讲道理会让孩子更容易记住并接受，从而更可能按照家长的期望来改正自己的行为习惯。但和孩子讲道理又不同于和大人讲道理。德国早期儿童教育鼻祖卡尔·H·G·威特认为，要用孩子能够理解的道理和事例去教育他们。给孩子讲道理的时候，要给他们说一些容易理解的道理，而不能强行向他们灌输某种高深莫测的东西。学究式的大道理，孩子是很难接受的。比如你告诉一个孩子，如果现在不好好学习，将来会找不到工作没饭吃。那么孩子对这个道理是无动于衷的。因为他无法理解"没工作没饭吃"是何种情景。但如果你告诉孩子，现在好好学习，成绩提高了就带他出去旅游一趟，那他一定能懂。所以，和孩子讲道理，要讲"孩子的道理"。

"孩子的道理"是告诉孩子他的行为与决定在今后对他可能会产生怎样的影响。通常有这样几种类别：

◎讲好处。告诉孩子做对的事和对的行为会给自己带去好事。比如：

"抓紧时间把作业做完，这样你就会有更多的时间做自己喜欢做的事。"

"你主动承认错误，这是有担当的行为，会让我以后更加信任你。"

◎讲坏处。告诉孩子做错事就要承担不好的后果。提前给孩子打预防针有助于减少孩子错误行为的出现。比如：

"如果你总是乱扔东西，幼儿园老师会批评你，小朋友也不喜欢和你玩。"

"如果你不把自己的玩具收好，那么我就会把它送给其他有需要的小朋友。"

这不是威胁或恐吓孩子，而是让孩子明白他的不良行为会导致的后果。在讲坏处时，家长要适度，不能总说，否则容易引起孩子的抵触和反感。

◎讲爱心。告诉孩子他的言行不但对自己有影响，还会影响他人。让孩子明白这一点可以帮助他塑造良好的品德，如善良、关心、爱心、同情心、公平等。学会为他人考虑，减少以自我为中心的现象。比如：

"你帮我收衣服，让我好好休息，我觉得很感动。"

"嘲笑别人会让对方很难过很生气，是很没礼貌的一种行为。"

一定要多用道理和孩子沟通。讲道理会让家长的批评更有理有据，更容易让人信服。但要提醒家长的是,切记不要讲空而泛的大道理,也不要将讲道理变成没完没了的"念经""说教"行为。和孩子讲道理一定要简明、扼要、具体、切中要害,让孩子一听就懂。多和孩子讲正面的道理,强调积极的一面。

三、批评孩子要客观,就事论事。同时允许孩子作出解释

批评孩子的目的是什么?是要让孩子明白自己的错误并积极纠正这种错误。卡尔·H·G·威特说:"对孩子的批评,最重要的就是让他心服口服。"如何让孩子心服口服?家长首先要做到的就是对事不对人。关于这点,很多家长都忽视了。家长习惯在批评孩子时由点及面,无限扩大问题,将孩子批评得体无完肤。习惯对孩子的错误行为进行"贴标签"。比如孩子作业没按时完成,家长常会骂:"你就是懒,不爱学习,以后能有什么出息!"这不是批评,这是不实的指责,是家长情绪的发泄,是对孩子的不尊重。家长和孩子,批评者和被批评者,只有家长做到将孩子摆在平等的位置进行交流,认真、冷静、客观地指出孩子的错误,孩子才可能谦虚用心地去倾听家长的批评和建议。

当批评不符合事实时,家长还要允许孩子作出解释。在解释时,家长应要求孩子保持实事求是的态度。因为这种解释不是为了推卸责任,而是为了让批评变得更准确真实。家长也要有这个雅量和耐心去倾听孩子的理由,在认真倾听的基础上冷静地分析其中的合理成分,调整自己的批评语言。正如美国教育学家塞勒·塞维若所说:"父母批评教育子女,靠强制压服是行不通的,只有给孩子充分的说话机会,他们才能剖析自己的行为,触及灵魂的最深处,才可能使其心服口服。"

四、不要在情绪无法自控的情形下批评孩子

小军的妈妈被老师约见。老师告诉她小军不交作业还带头上课捣蛋。小军妈妈觉得很羞愧,心里仿佛有一团火在烧。小军看到妈妈严肃的表情,忐忑地问:"我们老师和你说什么了?"妈妈深深吸了一口气,说:"没什么。老师说你上课虽然还捣蛋,但是次数减少了。"转身进了房间。小军妈妈觉得自己需要好好冷静一下,思考自己应该怎么做。第二天,妈妈把小军叫进书房,平心静气地对小军说:"老师告诉我你有两天没交作业,但那两天我记得你告诉我老师没有布置作业,是吗?"在妈妈平静温和的目光下,小军羞愧地承认了。"你这种说谎的行为让我很难过很生气。"妈妈加重了语气,严肃地说道:"但我从你脸上看到了愧意,相信你是知错了。不过你必须为自己的行为接受惩罚。

我会打你5下手心以示惩戒,然后再抄3张大字交给我。"对于老师的告状,小军妈妈作了不同的处理。批评了他撒谎的行为,对于相比以前有所进步的上课捣蛋行为,则还是以鼓励为主。

任何情绪失控下的教育都是对孩子的冷暴力。无论在任何情况下,父母都应保持冷静的头脑、理智的思维,切忌在情绪异常的状态下轻易批评孩子。批评孩子不等于惩罚孩子或把孩子当作自己的出气筒。父母的一举一动,一言一行都会对孩子产生永久的影响。当家长有满腔怒气想要发作的时候,请先克制几分钟,想想自己批评孩子的目的,想想自己是孩子的榜样,这样你就能平静下来了。

同样的,家长批评孩子也不能随兴所至。同一个错误,家长情绪好,就轻轻放过;情绪不好,就严厉斥责惩罚。长此以往,孩子犯错就不会去思考反省自己的行为,而是去观察家长今天的脸色如何了。

五、好则表扬,错则批评,批评要及时

在这里,想和家长分享一种很有效的批评方式。为了方便大家操作,将步骤按序罗列出来。

◎发现孩子的错误行为,及时给出批评。(如果在公共场合可以把孩子带到一个安静独立的地方。)

◎具体指出孩子做错了什么。

◎明确告诉孩子,他的这种错误行为给你带来的感受。(如生气、失望、伤心、愤怒等)

◎沉默几秒钟。(让孩子体验你的情绪,感受一定的压力。)

◎告诉孩子,虽然他的行为不对,但你依旧相信他,觉得他是好孩子。

◎用肢体语言,如拥抱、拍肩膀,或语言告诉孩子"我很爱你"。(传达爱的语言,是建立孩子健康自尊很重要的一步。它让孩子既对自己的错误行为感到难过,又能保持良好的自我感觉。)

◎批评完了,代表此事告一段落,家长不要再重提此事。(如果要接受相应的惩罚,那么家长监督执行即可。)

◎过后,若孩子想对你说些什么,请耐心倾听,虚心接受。

六、批评方式要因人而异

有些家长总是担心批评会伤害到孩子。在批评和尊重之间,了解孩子的

承受能力,并选择适合的批评方式,有助于帮助家长找到平衡。如果你的孩子外向、大大咧咧,心理承受能力较强,家长可以直接指出他的错误;如果孩子敏感多虑,家长婉言相劝会更妥当;如果孩子脾气暴躁好强,你说一句他顶十句,家长不妨用沉默对待他。塞勒·塞维若说:"犯错之后,每个人都会或多或少地有沮丧和后悔的心理。对于性格好强的孩子来说,与其喋喋不休地数落其错误,倒不如保持沉默,给他们认识错误的空间。"适度的沉默会引发孩子自我反省、自我批评,这种批评方式比强制谈心的效果会更好。

七、批评孩子时,学会用"先肯定孩子的优点再指出孩子的不足,每次指出不足不要超过2个"的表达方式

很多家长有这种现象,讲起孩子的缺点滔滔不绝,一旦要求说孩子的优点,马上词穷,绞尽脑汁也想不出几个。设身处地想一下,如果你是孩子你会有什么感受?成天唠叨孩子的缺点是家长对孩子不信任、不满意的集中表现,严重伤害了他们的自尊和自信。也导致孩子关起自己的耳朵,把家长拒之在心门之外。

八、恰当批评+后果体验,让孩子快速改掉坏习惯

教育孩子时,让孩子及时体验自己行为带来的后果非常重要。后果分积极后果和消极后果。积极后果(如孩子表现好,奖励他买一本自己喜欢的书等)能强化孩子良好的言行。消极后果(如取消游戏时间等)则能减少不当行为的发生。在体验积极后果和消极后果的过程中,孩子逐渐学习、成长。要提醒的是这些后果必须是孩子在乎的,重视的或不愿经历的,只有这样,才能让孩子真正"长记性"。

批评后面通常跟随的是消极后果。在孩子出现不当行为,家长批评完孩子后,合理恰当及时的惩戒可以促进孩子改进错误。如重新学习、取消所有权或活动权、面壁思过等。这里想重点澄清一下关于"打孩子"这一惩戒手段。

可以打孩子吗?这个话题一直颇受争议,也让很多家长困惑为难。尤其在中国,从古至今都奉行着"棒下出孝子""不打不成才"的古训。心理学家拉泽莱尔关于人类对惩罚行为的研究表明:经常挨打的儿童更可能表现出侵犯、抑郁、低自尊的行为。体罚的缺点在于被惩罚的行为并未被遗忘,只是被压抑了。但拉泽莱尔在回顾研究总结时补充道:如果满足以下几点,打孩子可能成

为有效而无害的管教方式。1.不要太严重。2.要有控制,不要在愤怒的时刻打孩子。3.仅限2~6岁这个年龄阶段。4.要和讲道理相结合。如果家长能兼顾这几点,适当挨打也是让孩子进步的方法之一。

九、不要在公共场合批评孩子

明代学者吕坤在所著的《呻吟语》中提到"爱子七不责"。分别为"对众不责,愧悔不责,暮夜不责,正饮食不责,正欢庆不责,正悲忧不责,疾病不责"。大意是:在七种情况下,对孩子犯的错不要轻易责罚。分别是在大庭广众之下,在孩子对自己的错感到后悔后,晚上睡觉前,吃饭的时候,孩子特别高兴的时候,孩子伤心难过的时候以及孩子生病的时候。

不在大庭广众之下批评孩子,并非姑息纵容孩子犯错。而是要顾及孩子的自尊。不少父母批评孩子时不分场合,将孩子的自尊和面子踩在了脚底。在这种情况下,孩子不但不会接受家长的批评,还可能对父母心怀不满,产生逆反心理,更加和父母对着干,甚至心生怨恨。严重伤害了父母和孩子之间的感情。如果碰到家长必须制止的原则性错误,家长可以及时告知孩子这种行为不被允许,但不要当众严厉深究。

十、家长,你才是孩子最好的榜样!

比尔·盖茨的女儿在2岁自己穿鞋子时,对妈妈说:"妈妈,穿鞋子很困难。不过我最喜欢做困难的事情了。"为什么一个2岁小孩能说出如此积极的话?因为每天比尔·盖茨夫妻俩出门前都会和孩子说:"爸爸妈妈今天又要去挑战自己做困难的事情了。不过我喜欢做困难的事情!"孩子学会了父母的语言和态度。家长在抱怨孩子不接受批评时,不妨反思一下自己:我是如何对待他人的批评的?我会虚心接受别人的建议吗?做错事会诚心地说"对不起"吗?有没有总在饭桌上抱怨老板总是找茬批评自己……在我们要求孩子之前,请先做好自己。因为你才是孩子最好的榜样!

 "聪明家长"在行动

和孩子共同欣赏下面的心理两可图,引导孩子辩证地对待批评。

少女还是老妇人？　　　　圆柱还是方柱？

参考答案：

　　同一个问题从不同的角度考虑，得出的结果是完全不同的。没有人喜欢挨批评，接受批评需要很大的勇气。当我们因为别人的批评心生不耐或芥蒂时，不妨换一个角度去理解别人的批评。有这样一句谚语：恭维是盖着鲜花的深渊，批评是防止你跌倒的拐杖。当我们尝试"善待"批评，那么批评完全可以如同表扬一样，成为鼓励自己前进的动力。同时还能起到警示作用，督促我们改进不足。

这样定规矩，孩子抵触少！

  在聚焦！

牛牛马上6岁了，小小的牛牛常常把一家子大人折腾得人仰马翻！牛牛家每天都上演着这样的对话和场景。早上上幼儿园，妈妈总抓狂："牛牛快点，幼儿园迟到了！你到现在还没吃饭！"牛牛大叫："不要不要，我要玩，不要吃饭！"上学迟到成了家常便饭；逛商场，牛牛抱着玩具躺地上大哭："我就要买，就要买！"爸爸妈妈涨红着脸，怎么哄都没用，最终还是如了牛牛的意；游乐场里，牛牛一把抢过旁边小朋友的积木转身就跑，奶奶帮着牛牛道歉："对不起呀小朋友，弟弟比你小，让他玩一下再还给你啊！"……类似的场景数不胜数。爸爸责备妈妈没把孩子教好，妈妈埋怨爷爷奶奶溺爱孩子，妨碍她管教孩子，整个家庭被低气压笼罩着。妈妈很沮丧："我很清楚孩子这样下去会越来越糟糕。我想了很多办法，也看了很多教育方面的书，给孩子讲过道理定过规矩，可一点用都没有！我不知道自己还能做些什么！我每天都感觉筋疲力尽！儿子小时候很乖的，为什么现在变成这样了呢？究竟哪一步出错了呢？"

  有话说！

类似牛牛妈的困扰不是独此一家，牛牛现象更是普遍存在。无规矩不成方圆，孩子对规矩的遵守意愿不是天生的，也不会随着年龄的增长自然出现。尤其6岁之前，孩子处于各种意识发展期，家长若疏于用规矩来约束他们，孩子就容易变得任性妄为，难以管教。

规矩教育在家庭教育中很重要。那么，如何让制定的规矩行之有效，而非只是一纸空谈呢？一份再优秀的策划方案，若没有一个强有力的执行者，必然逃不开案头蒙灰的命运。孩子的规矩教育也是同一个道理。孩子是规矩的执行者，那么家长就是执行者的引导者和监督者。家长的引导是否给力，监督是

否有力,直接关系到孩子这个执行者的成长。不犯错误,就不会知道哪些教育方法有用,哪些没用。所以家长不要畏惧孩子犯错,也不要担心自己无法解决问题。家长可以针对规矩教育过程中可能会出现的问题或冲突多多进行演练,多设想几种解决方案,事后更要进行总结和反省。所有人,包括家长和孩子,都会吃一堑长一智,在"犯错"的过程中逐渐进步成长。

接下来要和家长分享一套规矩教育的模板。这套模板是经很多家长实践证明非常有效的。它可以帮助家长解决孩子的大部分问题行为。家长若能用心学习,仔细领悟并不断实践,一定可以打磨出一套最适合你的孩子的规矩教育模式。

一、预备工作——家长心态的准备

教育孩子遵守规矩,前期一定是一场硬仗。家长不妨先与自己的内心进行一场对话。

一问:自己的立场足够坚定吗?不管碰到什么情况都要将规矩执行到底?如果家长自己内心都还摇摆不定(如规矩训练才进行几天,孩子病了,家长因为心疼,比定规矩之前还要放纵孩子),有所畏惧(害怕孩子哭闹,孩子一哭就觉得心累想逃避),或者思路不清(抱着"再等等吧,或许长大点就听话了"的侥幸心理),那么任何事都可能成为放弃的借口。

二问:自己足够冷静吗?冷静是一种心态,更是一种教育智慧,它让人思绪清明,心胸豁达,遇事沉着,看事客观,处事从容,不骄不躁,余韵绵长。有些家长性情急躁,情绪容易失控。那么在给孩子定规矩的同时,也要有意识地进行家长情绪自控能力的训练。这样会事半功倍。

三问:自己是如何看待孩子不守规矩的言行?这个问题很重要。每个孩子都是独一无二的,他们鲜活,有个性,充满好奇心。他们不断地探索着这个世界,也不断地制造着麻烦。如果家长教育孩子时手段不当,语言不当,都可能对孩子造成伤害。有些伤害甚至是不可逆的。而家长的观念,以及对事件的看法会在很大程度上左右着他的教育手段。很多家长都理所当然地认为孩子就应当乖乖听家长的话,遵守家长定的规矩。一旦孩子不守规矩,家长就将其定性为"不听话""对着干"。基于这种观念进行的管教,孩子当然会抵触,会反抗。请记住,你和孩子之间的关系是平等的。只有当家长先做到认真去倾听孩子,尊重孩子,孩子才会信服家长,才会真正愿意去遵守家长定下的规矩。当和孩子发生冲突时,家长与其一味追问孩子"你怎么了?""你为什么要这样

做?",不妨转问自己"我可以做些什么"?

二、这样定规矩,孩子抵触少

对于那些平常疏于规矩教育,而已经习惯于对家长的话视若无睹或迟延拖沓的孩子,家长可以从简单的指令训练开始,重建与孩子的对话模式。在进行指令训练时,家长一定要牢记下面几点:

1. 语言一定要简单、具体、直接、清晰。尤其是年龄较小的孩子更要注重这一点。

如希望孩子把玩具收好,就说"把玩具收进玩具箱",而不要说"把房间整理干净"。相比后者,前者更简单易懂易执行。

2. 一次最好只说一件事。

对孩子来说,一次性完成几件事,会让他感觉困难,从而影响他完成家长指令的积极性。如果家长需要孩子做一件以上的事情,可以等孩子完成一件事后再说下一件事。

3. 说话时,请直视孩子的眼睛,并提醒他看着你,保持眼神的交流。

若孩子左右张望,安静不下来,家长可以用手捧住孩子的脸,轻轻固定住他,帮助孩子静下来,直到他看着你。这是一种仪式,你要努力向孩子传递这种信息——爸爸妈妈在很认真地和你讲话,你一定要认真听并努力去完成。

4. 用你的面部表情、手势、语气、语速、音量等,进一步向孩子传递你的立场和威严——爸爸妈妈很慎重,很坚定,你必须认真听,认真做。

越小的孩子对语言的理解能力越有限,他可能无法完全理解家长讲的话,但却可以从你的语气和表情来判断你是否支持他的某种行为。所以家长可以通过非语言信息的传递帮助孩子了解你的态度。比较妥当的做法是:

◎表情严肃。(笑着讲话会让孩子以为你在和他开玩笑,减弱了家长的威严。)

◎语气坚定。(让孩子意识到你不是随便说说的。)

◎语速略慢于平时讲话速度。(语速太快不利于孩子理解家长的话,同时放慢语速也给家长留出了思考的空间。)

◎声音稍高。(但不同于吼叫。)

◎口齿清晰。(讲话含糊不清,影响孩子对指令的理解。)

◎可以蹲下身,拉着孩子的手或把手放在他的肩膀上,注视孩子的眼睛。(这个动作可以帮助孩子把注意力专注在你身上,并稍稍感觉到压力。)

注意,和孩子说话时,要避免让他产生被强迫的感觉。家长要努力营造一种严肃谨慎、略带张力、却又彼此尊重的谈话氛围。

5. 直接告诉孩子应该怎么做。不要给孩子过多的选择,也不要使用询问的语气。

有些家长为了表示民主和尊重,习惯用征询的语气和孩子交流。如"把玩具收好,好吗?"家长内心真实意愿是"希望孩子收好玩具"。但这种问法表达出来的意思却是孩子是可以选择的——"好"或"不好"。当孩子选择了"不好"时,家长又会生气,责备孩子不听话。家长言和行的不统一,不但让孩子感觉混乱,也容易激怒他们。所以,和孩子说话时要避免使用会模糊并削弱家长立场的询问方式。如:

◎"你可以……吗?"
◎"你愿意……吗?"
◎"……样,好吗?"
◎"你能帮我……吗?"

要语气坚定地直接告诉孩子他应该怎么做。多使用下面的表达方式:

◎"请……。"
◎"你可以……。"

"你可以……"是一个充满正能量的句式,既不专制又不纵容,它包含着家长对孩子的信任和鼓励,对孩子是很有效的。

6. 用尊重的心态对孩子进行规矩教育。

要给孩子立规矩,首先得给孩子足够的爱和尊重。爱和安全感能让孩子发自内心地去遵守家长定下的规矩。在这里,想先澄清两种常见的误区。

误区一:有些家长将尊重和安全感与对孩子有求必应画了等号。因此在管教孩子时总是束手束脚,就怕伤害了他。其实恰恰相反,有规矩、有边界的孩子才是最有安全感的。犹如行人过桥,如果桥上没有护栏,那么过桥时就会担心害怕,畏畏缩缩,唯恐掉下桥。如果桥上装有护栏,那么心里就安定多了,会抬首挺胸大步往前走。规则对于孩子就是桥的护栏,它让孩子明白什么能做,什么不能做,让孩子更有安全感。充足的安全感也会让孩子更有勇气去接受别人的建议,面对自身的不足并积极改正。

误区二:有些家长将孩子视为自己的附属,认为孩子就是要听从父母的,习惯高高在上,命令式地对孩子说话。一旦孩子反抗,就会愤怒、指责、挖苦、甚至打骂。孩子感受到父母的强势与压迫,逆反的心理会让他抵触父母的任

何决定,亲子关系也会僵化。但如果家长将孩子当作一个需要平等对待的个体,尊重他,倾听他,允许他对你定的规矩有反对意见。家长的这种做法,反而会让孩子更加愿意去听从父母,去遵守规矩,也更容易获得自信和快乐。

7. 拒绝讨价还价,也无需过多解释。

在孩子不愿做某件事情时,他会想尽一切办法和家长"磨"。哭、闹、哀求、耍赖、讨价还价,磨到家长投降或彻底爆发。不知不觉,家长丧失了和孩子对话的主导权,更别说达到引导孩子遵守规矩的目的。当孩子胡搅蛮缠时,家长可以怎么做呢?这时家长不妨"专制"一点,不要过多理睬孩子的闹腾,也无需过多的解释理由。比如吃饭了,孩子还闹着要看电视,家长可以直接关掉电视。孩子和你讨价还价或追问为什么不能看时,你只要告诉他"现在是吃饭时间"即可。

8. 让孩子复述你的指令或要求。

如果家长觉得自己的孩子注意力时常无法集中,或者你无法确认孩子是否真正理解了你的意思,可以让孩子重复一下你的指令。

9. 站在旁边看孩子完成任务。

在家长向孩子说完规矩或要求后,家长先不要急于走开。不用做任何事,只要站在一边静静地看着孩子即可。这个行为会给孩子施加一定的压力,督促他们尽快完成任务。如果孩子想耍赖拖延,或要求你走开,家长可以不予理会,依旧看着他,或者简单说一句"你还没完成你的任务"。当孩子发现你并不会妥协离开,就会因为这种无形的压力开始按照规矩做事。在这个过程中,家长一定要控制好情绪,不能大吼大叫,也不要逼迫孩子,否则会激化矛盾。无声胜有声应是这一步骤的最高境界。

10. 制定奖励和惩罚制度。奖励要适度,惩罚要及时,执行要到位,让孩子自己承担后果。后果体验是教会孩子守规矩的关键。

家长完成了上述步骤,如果孩子还是不听那该怎么办? 家长可以先给予一次警告。比如孩子答应关掉电视,却一直没有行动。家长就直接说:"我数到三,如果你还没关掉电视,我就帮你关掉电视。并且今天一天都没有电视看。"孩子遵守了,家长就及时表扬,给他正面的鼓励和肯定。若还是不愿遵守,事不过三,家长可以直接执行惩罚措施了。惩罚一旦开始实施,家长记住千万不要心软,不能妥协,不要和稀泥,规矩面前不能想着侥幸,也不能和孩子讲条件。鉴于此,在公布惩罚措施时,家长一定要慎重考虑措施的可行性。如有些脾气火爆的家长气急会说"你再不关电视,我把电视给砸了!"这个惩罚就是无效的,白费力气的。因为很少有家长能做到真把电视给砸了。无法实现的惩罚,不但让孩子更加藐视规矩,也让家长的威信扫地。我们惩罚孩子的目的不是为了恐吓,而是为了让孩子在承担后果的过程中体验到遵守规矩会让自己更快乐,从而愿意自觉去遵守规矩。

家长可以和孩子共同决定奖励和惩罚的内容(这样可以更好地调动孩子的积极性,同时避免对惩罚的抵触),通过行为监控表、积分表、任务单等来培养孩子自觉遵守规矩的能力。

教育学上有个"漏斗原理",提醒家长要重视启蒙教育,从一开始就要给孩子定好标准和规矩。漏斗型教育认为,在孩子早期教育时,规矩应该多于自由。随着孩子逐渐长大,自律、自主能力增加,规矩反而要减少。家长可以和孩子一同商议,说好需要遵守哪些规矩。决定好后,家长担任监督的角色,千万不要事无巨细,跟在孩子屁股后面唠叨,只需偶尔提醒一句即可。孩子越大,越会抵触家长的各种干预。有时孩子发脾气不是因为他们不愿守规矩,而是因为他们对家长有抵触情绪。磨蹭、不守规矩是他们抗拒家长指手画脚的手段。

 "聪明家长"在行动

当冲突发生,孩子因为愿望得不到满足而胡搅蛮缠,哭闹不休时,不同的家长会有不同的反应。家长不妨自我判断一下自己是属于哪种类型的家长。在和孩子发生冲突时,家长通常

1. 你的情绪反应是 ( )

A. 孩子一哭,心里会想"又要闹了"。情绪一下子变得烦躁、不耐、挫败、戒备。

B. 孩子哭了,会在心里暗示自己"我要保持冷静,事情是可以解决的"。深呼吸,让自己的情绪平静下来。

C. 孩子一哭,你的心里就发慌心疼或烦躁不耐,只要孩子不哭什么都可以答应。

2. 你的躯体反应是 ( )

A. 血压上升、心跳加快、呼吸急促、声音变大、语气生硬尖锐、气急败坏,有时甚至会讲出伤人的话。

B. 深呼吸保持冷静,尽量和孩子平视,语气保持平和,避免使用指责性语

气。如果感觉到自己情绪失控,会先采取方法让自己冷静下来。

C. 心跳加快,头痛,手忙脚乱,束手无策。

3. 你对此刻孩子哭闹行为的阐释是 （   ）

A. 孩子又开始任性不讲理了。

B. 孩子不会无缘无故地哭闹,要了解实际情况。

C. 孩子都这样,等长大一点自然就好了。

4. 在处理孩子哭闹的过程中,你认为你的首要任务是 （   ）

A. 压制孩子,不能纵容他,要维护家长的权威。

B. 引导孩子学会遵守规矩,培养孩子的是非观念,教孩子明白既要坚持自我,也要善于听取他人正确的意见。

C. 先暂时满足孩子,让他停止哭闹,其他的可以慢慢教。

5. 你认为父母和孩子的关系是 （   ）

A. 孩子还小什么都不懂,就该听从父母的,父母都是为他好。

B. 父母和孩子是平等的,应该互相尊重。

C. 很少思考这方面的问题,通常以孩子的意愿为主。

6. 在和孩子制定规矩方面 （   ）

A. 主要由父母制订,孩子嘴上答应,但实际行动上却很少能做到,成功率很低。

B. 会征求孩子的意见,根据孩子的实际情况制定。一旦和孩子规定好,一定会严格执行。

C. 忽略对了孩子规矩的教育。

简析:

A 选项者多为易怒型家长。冲突发生时,容易和孩子进入敌对状态。在和孩子的"搏斗"过程中,不但家长容易产生消极心理和挫败感,而且很可能会伤害到孩子的自尊心,更加激起他的逆反心理。孩子或许会因为家长的强势而妥协,但这种"改正"却是暂时短效的。此类家长处理冲突的模式通常是消极意义大于积极意义。

B 选项者多为冷静智慧型家长。冷静本身就是一种教育智慧。这类家长有较强的情绪自控能力,善于思考,并有较大的包容性。冷静可以让家长快速、准确地抓住孩子的问题,并客观地面对问题。冷静让家长遇到挫折会不弃不馁去寻找解决之道。冷静的家长也更善于自省,拉近和孩子的距离。家长这种解决问题的态度就是对孩子最有益的言传身教。或许短期内成效不明显,但家长若能坚持这种做法,亲子关系将会越来越和睦,孩子的幸福感也会更强烈。

C选项者则大多为妥协型家长。"算了,这次答应你,下不为例""好了,别哭了,给你去买就是""好吧,好吧,这次依你,下次可不许再这样耍赖哦"之类的言语是妥协型家长的口头禅。这种解决之道看似两全其美:家长省心,孩子高兴,实际后患无穷。孩子习惯用哭闹来试探家长的底线,父母的妥协放任,半推半就,模糊了孩子的是非界限,滋长了他的任性妄为,导致他有恃无恐,视规矩如无物。当孩子习惯了家庭里的为所欲为,在进入学校,乃至长大处身社会,就会无所适从,处处受挫。很多孩子存在"家里横"现象——在家"小霸王",出外"小鹌鹑",这未尝不是对家长的一种警示。

巧立亲子约定

没有规矩,不成方圆

——经典古训

我们先听听一位家长的心里话:以前,我家儿子吃东西喜欢偏食,见到对口味的,拼命地吃,尤其荤菜;不对口味的,连筷子也不肯动一动,包括蔬菜水果总要家人催着、盯着才吃一些。到小学二年级时,胖得像个圆嘟嘟的罗汉,他又不爱运动,爱睡懒觉,体质也差,容易生病。穿戴呢,也是挑挑拣拣,还与同学盲目攀比,也经常为此发生家庭冲突。后来,通过学习,我们家长先反思,取得一致意见后,决定从确定家规入手。于是,我们召开了家庭会议,与孩子一起坦诚沟通、讨论,共同制定了家规,其中第一条:吃饭不偏食、穿衣不攀比;第二条:多运动,少睡懒觉。经过一段时间的努力后,儿子渐渐改掉了之前的坏习惯,现在吃饭时,见到青菜萝卜,吃得津津有味,吃水果成为每天的好习惯。赖床时间少了,运动时间多了。看到他体质增强了,人长高了,脸色也红润了,我们家长心里别提有多高兴了!

自古以来,我国家庭就很重视家训、家规,且留下不少宝贵经验,制定家训、家规也是中国家庭教育的一大特点,比如我国南北朝时北齐文学家颜之推的传世代表作《颜氏家训》,被誉为"古今家训之祖"、垂训子孙以及家庭教育的典范,至今仍有重要的参考价值。"没有规矩,不成方圆",家训、家规是家庭生活的基本守则,也是实施家庭教育的重要形式与手段。

在家庭中,巧妙地建立、运用"亲子约定",常常会起到意想不到的效果:让家庭成员知道哪些该做、哪些不该做;使家庭教育变得有章可循,有利于规范家庭行为并使亲子关系更加和谐。

在亲子约定中,要注意哪些事项呢?

1. 避免过于深奥、烦琐,应该简洁、明了、具体,突出重点;
2. 避免家长一言堂,要大人、孩子一起协商、制定、修改;

3. 约定要合情合理,目标适中,过低或过高都起不到激励作用;

4. 约定要有针对性、可操作性,避免过于笼统、过于理论化;

5. 约定要体现奖励和惩罚(绝非粗暴训斥、"打骂"的方式)结合的原则;

6. 父母要带头遵守约定,做到言传身教,让孩子心服口服;

7. 约定可以是综合性的,也可以就某一个问题做专项约定。

 "聪明家长"在行动

以下互动分享,是从众多的亲子约定中精选出来的两个例子。

小杰家的母子约定

为了让妈妈和儿子共同成长、共同进步,初步制定母子约定,希望两人严格按照约定的内容来要求自己,约束自己,争取能够达到最好的效果。

一、妈妈的约定

做一个讲道理、有办法、说话算数、情绪稳定的好妈妈、好榜样。

1. 每天督促、检查儿子完成作业的情况,并做好检查记录。

2. 以鼓励、帮助儿子为主,不得随便发火,不得大声训斥。(发火每星期不得超过2次,生气不超过半分钟)

3. 先肯定儿子的优点,再指出不足。(指出不足,每次不得超过2个)

二、妈妈违约的惩罚措施

1. 如果妈妈做不到约定,儿子没有进步,妈妈就无权惩罚儿子。

2. 妈妈违反任何一条约定,每次罚款50元,罚款作为儿子的奖励基金。(不许乱花,要用在适当的地方)

三、儿子的约定

做一个讲文明、有涵养、自觉学习、不断进步的好孩子、好学生。

1. 在学校里完成当天课堂上的学习任务,15:30放学准时回家。回家后16:00~18:00完成书面作业,晚饭后进行预习复习。

2. 做作业前先做好喝水、上厕所等准备工作,然后一股作气完成。

3. 书写要端正、美观、整齐,字体要不大不小、横平竖直。减少错误,少涂改,想好、看好、看准再写。

4. 作业写完后要全部认真检查一遍,顺序是从尾到头的检查。

5. 做作业中间可以休息,最好是静坐5分钟,闭目养神,运动眼球。作业

完成后进行单脚直立十乒乓球训练。

6. 在任何时候、地方,不得打人、骂人,不得摔东西、讲脏话,做一个有礼貌、懂道理的好孩子。

四、儿子违约的惩罚措施

1. 学校里不能按时完成作业,不能按时放学回家,当天晚上减少看电视时间。一个星期超过2天不能按时放学回家,双休日减少看电视时间。

2. 有其他违反约定的行为,玩具一律不许玩。

五、母子互相监督,有进步互相给对方写好表扬单,有违约严格按本约定惩罚。

本约定可以在实践中不断改进与完善。

执行人(妈妈)_____ 执行人(儿子)_____ 监督人(爸爸)_____

_____年_____月_____日

小远家的玩具约定

☆一诺千金,说到做到　　☆家庭成员相互听话　　☆过分的民主＝任性

	问题	约定
1 频率	多久可以买玩具?	2017年开学后,1个月买1件。
2 价格	可以承受的价格?	单件价格100元以下。
3 类型	玩具的类型选择?	开发智力＋创意手工 (太简单的和重复的不买,占地方大的不买)
4 奖励	如何与奖励结合?	成功并坚持上学后奖励购买一次。
5 时间	玩玩具的时间(含组装)?	每半小时休息5分钟,晚上9:30睡觉。
6 清理	多长时间清理?	每年至少两次清理(拍照留念,送人或者扔掉) 原则上买一件新玩具淘汰一件旧玩具
7 节日	节日礼物的补充?	每年儿童节、生日可以补充购买玩具一次。
奖惩办法		➢讲话不算数,承诺的事没做到,当月不买。 ➢每月生闷气超过9次不买。 ➢(每生气一次,涂黑一颗星☆☆☆☆ ☆☆☆☆)

补充说明:每次购买礼物,小远需要提前1周时间告诉妈妈,做好准备。

拓展学习

家训又称家令、家法、家约、家规、家戒、家范、家仪、家则、庭训、内训等。

美国人12条家教法则给我们的启示：

如何制定家庭教育法则？如何使家教法则既合情合理合法也符合孩子的心灵发展的需要？我们可以从美国人12条家教法则中获得一些有益的启示：

1. 归属法则：保证孩子在健康的家庭环境中成长；
2. 希望法则：永远让孩子看到希望；
3. 力量法则：永远不要与孩子斗强；
4. 管理法则：在孩子未成年以前，管束是父母的责任；
5. 声音法则：尽管孩子在家里没有决定权，但是一定要倾听他们的声音；
6. 榜样法则：言传身教对孩子的影响是巨大的；
7. 求同存异法则：尊重孩子对世界的看法，并尽量理解他们；
8. 惩罚法则：这一法则容易使孩子产生逆反和报复心理，慎用；
9. 后果法则：让孩子了解其行为在现实世界中可能产生的后果；
10. 结构法则：教孩子从小了解道德和法律的界限；
11. "20码"法则：培养孩子的独立意识，父母与其至少保持20码的距离；
12. "四何"法则：任何情况下都要了解孩子跟何人在一起、在何地方、在干何事，以及何时回家。

这12条法则，给我们一些什么启示呢？

在教育的过程中，应重视孩子的安全、归属的需要。这是非常重要的法则。而我们很多家长往往忽略了这一点，往往在有意无意的言行举止中给孩子造成紧张感和压抑感。

应该高度重视孩子的心灵健康与成长。我们中国的很多家长，眼睛里只有孩子的学习和分数，缺少的是给予孩子足够的心理关怀和精神营养，缺少的是对孩子的鼓励与希望的引领。比如有的家长只看到孩子的缺点，经常说一些否定、训斥的话语，使本该自信向上的孩子逐步走向自卑、灰心的境地。

家长要适当放低自己的姿态。有的家长，总是扮演着家庭权威者的单一角色。总是高高地坐在家长的席位上，一味地重复一些大而空的道理，一味地教训，一味地发号施令，一味地代替孩子做出决定，而全然不顾孩子的真实想法和心理感受，不能耐心聆听孩子的心声，无法与孩子有效地沟通，造成亲子

关系的压抑、紧张和沟通障碍,导致亲子间的心理距离越来越远。

做一个学习、成长型、智慧型的家长,不是一件容易的事情。他山之石,可以攻玉。希望我们的家长,从美国人的 12 条家教法则中,感悟到什么,明白些什么,静心反思并完善自己的教育心理和教育行为,使亲子关系更和谐,为孩子的身心健康和学习进步营造良好的心理环境。

别怕对孩子说"不"

编辑同志：

您好！我的女儿读小学一年级。平时她要买什么东西，或愿望得不到满足时，就拼命地哭闹，发展到后来，她开始用手拍打自己的脑袋，直到愿望满足为止。请问，我的孩子是否有自虐倾向？我们该怎么办？

一个万分焦急的父亲

这是上海《家庭教育时报》叶百安老师给我转来的一封信，我的答复如下（本文曾在上海《家庭教育时报》2007年1月22日"亲子热线版·专家连线"上刊登，内容有所改动并加了编者按）：

个人的愿望要求、心理需要得不到满足时用拼命哭闹的方式来表示抗议、要挟，以达到目的，是孩子常见的现象之一，也是在家庭教育中令家长紧张无奈的事情。这位家长的女儿先是用哭闹的方式，然后发展到用手拍打自己的脑袋，直到愿望满足为止，就非常典型。

儿童心理问题或行为问题的出现，绝大多数是由于家庭教养、教育方式不当造成的。一般来说，过于溺爱、过于保护型的家庭，一切以孩子为中心，对孩子的合理不合理要求往往无原则地顺从或迁就，最容易造成孩子的任性心理和任性行为。由于对子女溺爱、娇惯，甚至采取有求必应的做法，造成了孩子越来越任性的习惯，一旦不能满足要求，"宠"惯了的孩子就会以撒娇、耍无赖，甚至自残的方式"要挟"父母。这位父亲提到，自己的女儿平时要买什么东西或愿望得不到满足时就拼命地哭闹。我们可以不难推测，开始的时候，因为家长不愿意看到孩子不断哭闹，就答应了孩子的要求，几次三番以后，孩子也知道了大人的心理弱点，并利用这个弱点不断满足自己的要求，包括不合理的要求。后来发展为用手拍打自己的脑袋，这是家长不断退让、使孩子任性行为不断升级的结果。

家长担心自己的孩子是否有自虐、自残倾向？这里简单谈谈什么是自虐。

自虐有躯体自虐和精神自虐两种,是当心情郁闷时,自己加于自身的行为或方式,是一种非常态心理。自虐者多数对自己不认同,有对自己进行惩罚的意思,并且用其他的方法很难摆脱,他们获得的是精神上的快感,自虐者不敢说"不"或是"痛"。而自残是带有一定的目的性的,是为了达到某种目的或是目标而暂时需要承受的痛苦。从该孩子的年龄和目前的实际行为看来,不能轻易判断为自虐、自残行为。当然,如果她的这种行为不能得到及时的矫正,随着年龄的增大,很有可能会发展成为自虐或自残。比如,某市13岁的少年小强(化名)刚上初一,一到暑假就成天想着出去玩。可父母因为他上学期期末考试成绩不理想,要求他少出门、多看书。这本来是司空见惯的两代人之间的矛盾,被父母宠惯的小强却大发雷霆,扔下一句"不让我出去玩我就死给你看"以后,一头就往墙上撞,吓得父母连忙把他送到医院。类似情况必须引起家长的高度重视。

遇到这种情况时家长应该怎么办?

首先想想女儿的要求是否合理?如果合理就应该适当地满足她,但是也必须告诉她:"我们答应你的要求不是因为你哭闹或打自己的脑袋,而是因为你提出的那个要求是合理的,你得答应马上停止拍打脑袋。以后如果再用这种方式,即使合理的要求也不予以满足。"也就是父母必须非常明确告诉孩子她的任性取闹的做法是错的,必须改正。如果她的要求是不合理的、过分的,家长就应该坚决否定,不能够娇惯,同时向她讲明白不可以满足她的原因。当孩子拍打自己脑袋的时候,建议家长还可以采用忽视的方法,暂时离开,什么也不要说,类似于冷处理的方法。如果孩子的拍打行为非常激烈,也不能马上满足她的需要,首先制止她伤害自己的行为,然后提出几个她能够做到的条件,只有做了,才能满足她的最初要求。总而言之,家长遇到这种情况时不用过于紧张,要注意策略,不可在跟孩子的心理"对弈"中,首先输了底气。

(特别感谢:心雅在回复这个问题的过程中得到了教育心理专家贺岭峰教授的指导)

 拓展阅读

自由要建立在合情理的约束之内。家长不仅要善于区分孩子的要求是否合理,既要懂得满足孩子的合理要求,也要懂得拒绝孩子的不合理甚至任性的要求。那么如何拒绝孩子呢？

1. 态度坚定，语气温和。既表明拒绝的彻底，也不造成亲子关系的僵化紧张。

2. 说到做到，前后一致。对于同样的事情，一旦作出拒绝的决定，就不要前后态度自相矛盾，否则家长很难有威信，孩子也容易钻空子。

3. 达成共识，行动一致。也就是对于同样的事情，大人要事先达成共识，而且保持行动一致。不能爸爸拒绝，妈妈悄悄答应或正好相反。

4. 拒绝事情，明确表达。不仅告诉孩子拒绝的原因，而且还让孩子明白，拒绝他（她）提出的某种不合理要求，不是不爱孩子，恰恰是爱孩子对孩子负责任的表现。

5. 合理拒绝与适当满足结合起来。可以把孩子的基本要求做些分类，明确哪些属于合理正当的要求，哪些属于不合理、不正当的。

6. 把当下拒绝与平时的规矩规则结合起来。养成自觉遵守约定的好习惯。

故事,孩子梦的天堂!

关于如何教育孩子,"陶行知喂鸡"这个故事让我印象深刻。有一次,陶行知先生在武汉大学演讲。他走向讲台,不慌不忙地从箱子里拿出一只大公鸡。台下的听众全愣住了,不知道他要干什么。陶先生又从容不迫地掏出一把米放在桌上,然后按住公鸡的头,强迫它吃米。可是大公鸡只叫不吃。怎么才能让公鸡吃米呢?他掰开公鸡的嘴,把米硬往鸡的嘴里塞。大公鸡拼命挣扎,还是不肯吃。陶先生轻轻地松开手,把鸡放在桌子上,自己后退了几步,大公鸡自己就开始吃起米来。这时陶先生开始演讲:"我认为,教育就像喂鸡一样。先生强迫学生去学习,把知识硬灌给他,他是不情愿学的。即使学了也是食而不化,过不了多久,他还是会把知识还给先生。但是如果让他自由地学习,充分发挥他的主观能动性,那效果一定好得多!"

家庭教育何尝不是如此!教育孩子是家长的责任。从字面看,就能发现"教"排在"育"之前。如果家长能多一些有效的教育方法,让孩子和家长之间少些强迫,多些主动;少些训斥,多些温情;少些抵触,多些理解,那么孩子的成长相信一定会更加茁壮、健康。如何让孩子这只"小公鸡"主动去吃米?坚持给孩子念故事书,坚持和孩子进行亲子阅读,真的是一个非常好的方法!每天和孩子一起读书,一起学习,共同进步。有数据调查,家长,尤其是妈妈,若能每天读书学习半小时,孩子多半也是热爱学习的。

渗透:不是道理,胜似道理!

为什么要和孩子讲道理?因为讲道理可以帮助孩子理解大人所教的东西。为什么可以这样做,不可以那样做?为什么我们要体谅他人?为什么兄弟姐妹要相亲相爱?为什么朋友之间要分享?为什么每天要上学?……无数的为什么,孩子懵懵懂懂,家长要如何让他们更清晰地明白这些道理?当家长绞尽脑汁、搜肠刮肚、用心良苦地对孩子说完一番道理,面对的却是孩子或迷茫或不耐或无视的态度,家长除了生气,是否也会感到不知所措?

或许不是每个家长都有说道理的天分,但每个家长只要用心都能做到这件事——为孩子念故事书。借助故事情节,有些难以解释的道理,仿佛被赋予了生命,变得活灵活现,简单易懂。家长无需再成天念叨那些干涩的大道理,故事书就能潜移默化地改变孩子,让孩子懂得是非对错,帮助孩子习得很多好习惯,形成很多好品格。

故事的世界是广袤的。有鼓励孩子自己解决问题的,如《哈利的花毛衣》;有引导孩子体会爱心和幸福的,如《大熊抱抱》;告诉孩子和别人分享是快乐的,如《手套》;鼓励孩子自信,如《嘉贝拉的歌》;告诉孩子尊重他人、富有同理心很重要,如《是蜗牛开始的!》;引发孩子无边想象的,如《变形记》;让孩子了解自己从何而来的,如《小威向前冲》;训练孩子逻辑推理能力的,如《蛇偷吃了我的蛋》;提升孩子适应能力的,如《聪明的小乌龟》;充分满足孩子好奇心的,如《小小牛顿幼儿百科馆》……这些充满正向引导的故事,一个又一个,一遍又一遍,就算再小的孩子也会知道什么是对的,什么是错的,谁是好孩子,谁是坏孩子,哪些可以仿效,哪些需要杜绝。有时会听到一些家长训斥孩子:"你都这么大了,还看什么故事书!"这是多么愚蠢的一个行为!家长放弃了一种最有效、最简单的教育途径——讲故事,不是道理,胜似道理!

相依:字里行间,我闻到了幸福的味道!

儿子糖果 18 个月的时候,我开始有意识地给他念故事书。从一开始听而不闻或者把书丢开,到不时地跑到我身边坐下好奇地听几句再跑开,再到如今会自己拖着绘本和我要求"讲故事"。不知不觉,他的日常事务里自动添加了听故事这一项。注视着他纯真的笑颜,倾听着他的童言稚语,内心再次感叹生命的神奇!

什么时候他能这么清晰地分辨大小了呢?是听了《好饿的毛毛虫》的缘故吧。他开口说的第一个长词语就是"大毛毛虫、小毛毛虫";托了《我去刷牙》里三只小动物的福,儿子刷牙都不用我太费力气;他喜欢攀着我的背或者跟在我后面走,边走边笑嘻嘻地说:"做妈妈的小尾巴!"嗯,是《米米鼠是条小尾巴》里的对话;大人怎么劝都不愿去游泳,可是只要一听《我喜欢游泳》,就会说"宝宝也要去游泳";早晨醒来会揉着眼睛道早安:"早上好,妈妈!"这是在模仿《开心忙碌的一天》里的小开心打招呼;《草莓点心》告诉了他绿色的是草地,广阔的是天空,白色的是云朵,甜蜜的是点心;知道《法国女孩玛德琳》里那个总是喜欢搞恶作剧的男孩名叫派皮淘,不过只要改掉缺点,他还是大家心目中最棒的男孩……

故事是个好东西,能提高孩子的学习兴趣,增长他们的知识,开拓他们的

思维和眼界。为孩子念书更是一件好事情,以书为媒,以声音为纽带,让孩子和家长分享一个共同的世界。在那个世界里,可以共同体验喜悦、悲伤、感动、乐趣、智慧、勇气、热情等。通过念故事书,家长和孩子可以拥有更多的亲子时间和沟通机会。对孩子来说,最美的声音来自父母。在父母或温柔或有力的念书声中,孩子会感应到父母最深切的爱意和付出。若家长还在烦恼不知道和孩子说些什么或怎么沟通,那么每天为他们念个故事吧。它能帮助家长和孩子之间产生心灵上的共鸣,让孩子更愿意倾听家长,和家长交流!

糖果喜欢坐在我的腿窝或者靠着我的手臂听我念故事。每天晚上的故事时间是他最安静的时刻,也是我最享受的时刻。有一天听完《大卫,不可以》里大卫妈妈对大卫说:"大卫乖,我爱你!"小糖果突然用他还不甚清晰的口齿对我说:"妈妈,宝宝爱你!"昏黄的灯光映着他小小的身躯,在床上快乐地滚来滚去,大大的眼睛盛满了笑意。我的思维仿佛被按下了暂停键,泪花瞬间潮湿了我的眼睛,心顷刻间变得柔软无比!或许他还不明白这句话的含义,但这一刻已经成为我这辈子最要珍藏的宝贵回忆。回过神,轻轻吻上他的前额,回道:"宝贝,妈妈爱你!"心想:"只要你愿意,我会一直为你念故事!将幸福的时光尽可能地延续再延续……"

愿望:我想住在故事里!

每当和孩子们宣布"开始讲故事啦"!他们总是显得那么的雀跃和放松。其中有个名叫天天的小女孩,大家喜欢叫她"小书虫",因为她走到哪都喜欢带着一本书。她偷偷地告诉我,她有个大大的心愿,希望自己能住在故事里,那该是多么幸福的一件事!

天天是个很让家长省心的孩子,她的妈妈分享教育经验时曾说:"我养天天,如果说有什么不同,最大的不同就是从她很小的时候开始我就坚持给她念故事了吧。一开始我也不知道念故事会有什么效果,只是我自己喜欢看书,所以也就每天念书给她听。一天天过去,我不再去思考讲故事会带给孩子什么好处。在我们家看书如同吃饭,一天不看饿得慌。"很显然,天天妈妈的坚持得到了最好的回报。她说,天天从一年级下半学期开始,由原来的只看插图进步为主动阅读文字,还时不时跑来问这个字怎么念,那个词语什么意思。天天的爸爸在她生日的时候送了她一本厚厚的汉语词典,从此这本词典就成了她的心头爱。学校老师每学期的期末点评都是"富有爱心、友爱同学、遵守纪律、独立性强、学习主动、上课专心"等积极评价。好孩子不会从天而降,那么他们从何而来,因何而起?答案我也不确定。但有一点我却敢肯定,孩子和父母,如同花与根。孩子是花,父母是根。花是否开得娇艳美丽,主要看根是否健壮,看根向花输送了什么养分。

和天天聊天是非常享受的一件事。她丰富的语言,细腻的情感,天马行空的想象,爽朗自信的笑容,以及不时爆出的惊人之语,时常会让人惊叹:"这真的只是一个 11 岁的孩子吗!"说起故事来天天头头是道:"我喜欢看书听故事,我想住到书里看看。我想和《淘气包埃米尔》里的埃米尔做朋友。虽然他很淘气,但是他很有趣,又有爱心和正义感;我想试试《雨滴项链》里那条可以带人经历神奇的项链。不怕淋雨,拍手就能让雨停,太神奇了;《全不知游月球》里那些只有黄瓜一般高的月球小矮子也很有意思;《爱丽丝梦游仙境》里狗发脾气会咆哮、摇尾巴,而猫咆哮和摇尾巴却是因为高兴,真想亲眼看看啊;我还喜欢看侦探小说,《大侦探小卡莱》真是太帅了……"

2012 年诺贝尔文学奖获得者、中国作家莫言曾回忆说:"我从小就非常迷恋、崇拜讲故事的人。在寒冬腊月的集市上、农户的牛棚马棚里,听说书人讲述古今中外的故事,回到家就给父母兄弟讲述。"看,说不定这也是一个希望住在故事里的人呢!

洗涤:让躁动的心回归平静!

每天给孩子念故事书,听起来很简单,真正做到却非常不容易。当家长很累,尤其是妈妈。在中国就目前的现状来看,妈妈承担的教育责任要更重一点。从早晨起床起,就仿佛陀螺似的转个不停。做饭、做家务、接送孩子上下学、督促孩子做作业、接老师的告状电话、应付孩子层出不穷的问题,职业妈妈还要上班。到了晚上,疲惫的只想摊开四肢好好睡一觉。给孩子念故事?没精力、没时间、没心情、没耐心。每天能控制自己不发火已经自觉了不起!生活就像上了发条的钟,只会不断地往前走,却少有能伫立停留的时候。试问:如果家长自己都是麻木的,怎能要求孩子灵动?自己都是躁动的,怎能要求孩子专注?自己都是放之任之的,怎能要求孩子积极向上……简而言之,家长自己都没学习没阅读的习惯,怎能要求孩子爱学习爱看书?

教育孩子的根本,在于家长是否能坚持学习,不断地充实自我。内外兼修这件事,应该是妈妈一生的追求。台湾作家刘墉曾言:"思想一杂乱,心情一紧张,感性就变得迟钝。"而妈妈们,有多久没能好好打扮自己了?有多久没能执一本书,泡一壶茶静静地享受宁静了?又有多久没能独自在阳光下寻一角落,

闭上眼,只为感受风拂发梢的温柔,季节变换的美丽?

故事能改变的不止是孩子,还有家长。为儿子糖果念故事书已经持续半年之久。期间感触颇多!受益颇多!在一天天、一遍遍地念故事书的过程中,我曾被绘本中小男孩儒慕的眼神击中心灵;也曾被作者细腻的笔触勾起无数童年的回忆;看到滑稽处,和孩子一起哈哈大笑;曾被遗忘的好奇心再次归位,有时竟会比孩子还想知道后面发生的故事,虽然这只是幼儿绘本……这些故事虽然简单,却饱含生活的正向能量!有一天我突然惊奇地发现,自己因为疲惫而躁动不安的心竟再次感受到了宁静和祥和!那些生活中被忽视的细微之美又一次映入了眼帘!

或许有家长想问:"那要给孩子念多久的故事才能见效果呢?"想用台湾作家汪培珽的一段话和大家共勉:"父母是因为爱,所以帮孩子念故事书,好品格只是附带而来的;父母是希望阅读成为孩子一辈子的兴趣,所以帮孩子念故事书,好习惯只是潜移默化而来的。"我想,只有当父母摒除了"有用论"的翳障,给予孩子"耐心、耐心、再耐心",相信终有一天会听到花开的声音!

改变:做个快乐读书人!

新家装修的时候,孩子的活动室如何布置让我犹豫很久。储物柜和展示架装在墙壁上方,美观别致又节省空间。若安装在下方,活动空间就会一下子缩小很多。但最终我还是选择了将柜子装在下方。因为布置这间活动室的目的就是希望孩子能够学会自己整理玩具,管理这方空间。在这个空间内的东西应该都是他一伸手就能够拿到的,想拿什么或想放什么都无需大人帮忙。展示架是专门用来放书的,也在他触手可及的范围之内。现在儿子听故事已经有了自己的选择,他喜欢将架子上的书都扒拉到地上,然后蹲在那找自己想要的。这个过程耗时长,但我基本不会去阻止,只在事后要求他一起整理。我认为能在一大堆书中找到自己想要的,也是让孩子认识书的一个办法。同时,我还会在床边、沙发边、游戏垫上几个他时常活动的区域放上几本书,想看伸手即可拿到。努力让书成为他生活、游戏的一部分,而不是高置架上只供观摩的"神圣之物"。这是我想让孩子爱上书所做的第一步——打造到处是书的生活环境。

我想让孩子爱上书做的第二步——办图书借阅卡。散步时,发现离家不远处有一家"童书借阅馆",馆内还有专供幼儿阅读的亲子阅读室。室内布置整洁温馨又充满童趣。矮矮的卡通书架上分门别类置放着5岁之前的热门幼儿绘本读物。根据馆内工作人员介绍,他们还会定时更换新书。我高兴地想,

"这真是瞌睡送枕头——正是时候",立即办了一张借阅卡。然后按照每周1次~2次的频率带孩子去阅读室。我带孩子去阅读室不是为了让他看多少书,而是想让他在不同的环境下感受看书的气氛。现在去阅读室,他已经知道那是个"不能大声讲话,不能乱跑,要安静看书"的地方。

让孩子爱上书的第三步——多逛书店。第一次带孩子进书店简直是一场灾难!既要看住他不乱跑,又要防止他捣蛋弄坏书。新鲜感过后,他皱着眉说:"不好玩,想去玩具店。"显然,他对玩具店和游戏场的热爱超过了书店。每次碰到这种情况,我就会说:"妈妈觉得书店真好玩,里面有好多有意思的故事、漂亮的画。我想再看看,你陪陪我。等我看好了,我再陪你去玩游戏。"还会装作或神秘或惊喜地和他分享我看到的精美图画,想方设法吊起他的兴趣。

现在网购盛行,家长习惯在网上购书,既方便又便宜。但是还是要建议家长多带孩子去逛逛书店。书店绝对是值得每个人多去的地方。在那里,体验书香,打开通往阅读的大门。

让孩子爱上书的第四步——家长自己多看书。言传不如身教,想要孩子爱看书,家长首先自己做个快乐读书人。台湾作家刘墉说:"读书可以为了学习,为了知识,也可以是为了消遣,为了消磨时光。但只要坚持读书,今天的你,便和昨天的你不同。书籍如朋友,相伴永不离。行有余力时,一定要多读书,读好书。"家长不妨自问:"我是个爱看书的人吗?我呈现给孩子的形象是个热衷于学习的妈妈/爸爸吗?"闲暇之余,家长喜欢做什么?看书?看手机?看电视?打游戏?睡觉……有家长会反驳:"每天盯着孩子做作业就够自己忙的了,哪有空闲再看书?"其实,与其在一旁死盯着孩子作业,让孩子感觉紧张或厌烦。不如拿本书坐下,你看你的书,孩子做孩子的作业。这样既能培养孩子独立作业的能力,又能让自己休息片刻。而家长专注认真看书的神情,也会潜移默化地影响孩子学习的态度。

为孩子念故事书,让孩子爱上阅读。父母为孩子念得书越多、时间越久,孩子发现读书乐趣,喜爱上阅读的机率就越高。家长的坚持、主动、信念、热忱、耐心是造就孩子爱读书的基石。让孩子爱上阅读,会是家长今生送给孩子最好的礼物。这个礼物将让孩子受益终生!

家校沟通？不怕，不怕！

  教育的效果取决于学校和家庭教育影响的一致性。如果没有这种一致性，那么学校的教学和教育过程就会像纸做的房子一样倒塌下来。

——苏霍林姆斯基

  家长面对老师都会真诚地请求："麻烦老师多多关照我的孩子。"父母的拳拳之心让人动容。可现实是老师面对的是一个班级的教学，很难做到家长期冀的"关照"。这时候，家长和老师的沟通就变得尤为重要。

  家校沟通的意义何在？家长需要主动、积极地和老师沟通吗？家长如何才能和老师取得更好的沟通效果？和老师沟通需要学习吗？……或许只有极少部分家长才会去思考这些问题。更多家长的惯性思维是：孩子进学校就是老师的责任了；如果什么都需要家长，那老师的职责在哪？找老师不是什么好事情；害怕面对老师，逃避和老师沟通；怕问多了引起老师的反感；不知道和老师说什么……甚至有很大一部分家长（尤其是差生家长）只要接到老师的短信或电话就心跳加快、神经紧张、思维短路。在这些认知的误导下，家校沟通要么沦为一种形式，要么成为压在家长头上的一座大山。

 在聚焦！

  马上要期末考了。在这紧要关头，小雷家长却收到老师的通知，要求小雷暂时停学一周。原因是小雷严重妨碍了老师教学，上课和老师顶嘴，甚至情绪失控摔课桌。小雷妈妈性情急躁，接到通知后非常气愤，跑到学校指责老师不负责任，拿孩子的前途开玩笑；而另一位接到停学通知的小伟妈妈，沉思良久后，提笔给老师写了一封信。信中写道："作为家长，对于孩子为老师带来的麻烦，心里感觉非常的内疚，在这里我郑重地向老师道歉。我也非常理解老师做出停学决定的理由。我相信老师和我们家长的心情是一致的,都希望孩子好。不过,马上要考试了,现在停学对孩子的情绪和复习进度的影响是巨大的。我们家长的建议是:先停学两天。在这两天我会积极开导孩子,让他认识到自己的错误。复学后,如果他依旧如故,那么我们家长对老师的决定再无异议。恳请老师和学校慎重考虑我们的请求……"

  有话说!

苏联教育家苏霍林姆斯基曾言:"教育的效果取决于学校和家庭教育影响的一致性。如果没有这种一致性,那么学校的教学和教育过程就会像纸做的房子一样倒塌下来。"由此可见,只有当家庭教育和学校教育形成一股合力,才能最大程度地促进孩子的茁壮成长。尤其是当孩子出现问题时,家长的冷静,对老师的理解与尊重,处理问题的技巧,以及努力和老师沟通以便取得对问题的共识,这些都构成了顺利解决问题的基础。

首先,让我们先来了解一下自己对于老师、以及和老师沟通这件事,你的认知和态度是怎样的。

1	想和老师沟通,却不知道该说什么。	
2	害怕和老师沟通,能避开则避开。	
3	学生那么多,和老师沟通不会有多大用处。	
4	怕说错话得罪老师或被老师看轻,从而影响到孩子。	
5	老师都是对的。	
6	害怕和老师意见不一致,起冲突。	
7	教育孩子,老师要担负主要责任。	
8	因为孩子反感和老师沟通,家长会偷偷和老师沟通。	
9	现在的老师只会打电话向家长告状,家长心有埋怨与不耐。	
10	我对家长和老师关系的解读是:附属、依从或对抗、审视	
11	我对家长和老师关系的解读是:合作者、战友、同伴	
12	老师也是普通人,会犯错,会有自己的喜恶与情绪,家长应理解。	
13	家长应尊重、信任老师,但和老师的关系是平等的。	
14	和老师沟通需要讲究技巧与方法,需要学习和实践。	

想要和老师建立良好沟通,放下心理包袱,摆正心态是家长必须要走出的第一步。在上述的描述中,第 11、12、13、14 点心态是有助于家长顺畅地和老师沟通的。除此之外,和老师沟通时,家长要带着礼貌、虚心又不失自信的态

度和老师交谈。语气要温和、真诚。在和老师沟通之前,家长最好事先整理好沟通思路。交流时直奔主题,清晰、有条理地把自己的意思或目的表达清楚,准确无误地将信息传达给老师。表述时不要过于笼统,要着重于事实和细节的描写。和老师意见不一致或发生冲突时,家长更要管理好自己的情绪,保持冷静和理性。

沟通的方式有很多,如面谈、书信、电话、邮件、短信、微信等等。家长要选择自己擅长的沟通方式,并且多途径地和老师保持交流。同时也要注意沟通时间的选择。

◎避免在上课时间和深夜打电话给老师。上班时间,最好使用短信留言。

◎如果交谈内容比较多,可以采用提前预约的方式。晚上或节假日时间会比较妥当。

◎家长会和学校开放日。

◎活用零星时间。早晨送孩子:三言两语把孩子生病或今天情绪不佳等情况转告老师;放学接孩子,简要询问孩子当天在校的表现或生活情况。

有家长会苦恼:"我真的不知道什么时候需要找老师沟通,更不知道要和老师说些什么啊!"下面的内容可供家长作参考。

◎孩子初进一所学校或所在班级换了新老师,家长应该主动、及时地向老师介绍自己的孩子,帮助老师在最快的时间内掌握孩子的基本信息,更快地了解孩子。介绍的内容要包括孩子的性格特征、过去的行为表现、兴趣爱好、具体学习情况、生活习惯等。如果有需要,也可以介绍一下家长的工作环境、家庭情况等。介绍时,不要隐瞒孩子的真实情况。

◎每次新学期开学,家长也要及时和老师做一次深入沟通。可以把孩子假期里的情况、进步或者家长发现的一些问题和老师探讨一下。

◎当孩子在情绪、生活和学习上突然表现出异常,一定要在第一时间和老师沟通。

◎和老师沟通,除了谈孩子的成绩,家长可以尝试多和老师交流一些成绩之外的话题。如孩子的学习习惯、学习态度、学习方法、人际交往等。或者谈谈孩子的兴趣爱好,某方面的进步,以及老师可能没关注到的孩子的细微改变,甚至可以聊聊孩子的一些趣事。这样家长不会词穷,老师也不会觉得单调无味。而且通过这些沟通,家长和老师彼此会多一层了解,遇事也更容易达成共识。

在目前的家校沟通中,其中有一个现象是令很多家长头疼——尤其是时常被老师点名批评的孩子的家长——并且难以应付的,即老师高频率地告状。甚至有部分家长因此对老师产生抱怨和质疑。针对这种情况,在无力改变学校与老师的做法时,家长的应对策略就变得极其重要。

◎尽量从积极的角度看待老师告状这件事。家长不妨想:"老师会告状,说明老师并没完全放弃我的孩子,这个老师还是负责的。从这个角度想,事情还不是最糟糕。"

◎不妨耐心倾听。在老师告状时,家长"耐心听、谦虚听"的态度对老师也是一种情绪上的安抚。

◎家长学会用些巧方法主动把谈话内容往更有建设性的方向引导。如针对老师的告状内容,家长不妨虚心请教:"孩子这种情况我们家长也注意到了,也尝试过挺多办法,但效果都不太明显。老师你的教育经验更丰富,有什么好的建议吗?"

◎化被动为主动。在老师向家长告状前,家长先主动向老师汇报孩子的情况,尤其是一些进步的地方。老师教学繁忙,忽视了孩子的细微进步也属正常。家长可以主动提醒,引导老师去发现孩子的进步。

◎老师告状时,家长不要急于为孩子辩解或说一些听上去类似推卸责任的话。如孩子在家从不这样,来了学校才出现这种情况的。或我们家长实在太忙之类的。这些话只会让老师的告状来的更猛烈或因此对家长心生抵触。

◎老师告状时,家长要控制好自己的情绪,避免用质问的口气和老师对话。牢记我们和老师对话的最终目的是帮助孩子进步。

◎和老师沟通时,若发现老师的错误,家长要注意避免在公众场合指出,要有意识地保护老师的颜面和自尊。可以另选时间私下和老师沟通并指出。这样效果会更好。

"聪明家长"在行动

一、孩子马上要上学了,怎样让老师更快、更全面地了解自己的孩子呢?家长不妨尝试着为孩子设计一份具有个人特色的"入学简历"!

毛毛马上就要上幼儿园了。为了让老师能更好地帮助毛毛适应幼儿园生活,毛毛妈妈在孩子入学之前精心制作了一份特别的简历!在这份简历里,毛毛妈妈举了很多生活上的小例子。这样既加深老师的印象,也使枯燥的介绍变得生动。

毛毛的入园简历

| 姓名：××× | 小名：毛毛 | 年龄：3岁4个月 |

毛毛的性格以及特点：
◎脑子灵活,反应快
　　如:有一次他要干涉妈妈的穿衣,当发现哭闹没用时,熄火一会后,一本正经地告诉妈妈:"你穿这衣服肚子好大。"
◎有自己的主见,有时很难用外力(如威胁利诱类)改变他的决定。
　　如:在他28个月都不到的时候,不愿理发。妈妈和他约定:不理发就不能看电视、不能买玩具。他不哭不闹地坚持了12天。
◎专注能力较好
　　在听绘本故事时,专注半小时完全没问题。在乐高课上,老师也曾表扬他的注意力比较集中。
◎喜欢想象和创新
　　如:他会拿着2根光秃秃的树枝说像筷子、叉子、剪刀、鸭蛋之类的。
◎身体协调能力较好
◎自控能力尚可,情绪表现比较稳定
　　如:碰到他想要的玩具,家长若不同意,很少会哭闹着一定要买。当然,如果没事先和他约定好,他的反弹就会比较强烈。
◎独立性不错
　　大小便可以自理;会自己穿衣服、鞋子;能帮大人做些简单家务,如扔垃圾、拿碗筷等。
◎敏感,对情感需求高
◎谨慎,有一定的自我保护意识
　　如:在游乐场玩,对面跑来小朋友,两路相遇,他会早早停下来并侧身让开;看到远处车子过来,会早早站到一边等车过去。
◎同伴之间的相处比较少
　　毛毛对于和小朋友一起玩,表现得不太热情。他会说:"回家吧。我不喜欢和小朋友玩。"在讲绘本故事碰到"结伴"和"独处"的场景时,他会说:"我就喜欢一个人。"不过最近这种情况还是有所改善的。乐高课上老师表扬他会积极举手,和小伙伴相处也进步了。
◎胆小、认生
　　毛毛是个慢热的小朋友,需要花比较多的时间才能和他建立关系。如果不认识的小朋友邀请他一起玩,他会拒绝。不习惯主动和人打招呼,他会在人走开后说:"有点不好意思。"
◎语言逻辑性很好,词汇量比较丰富,但口齿不太清晰。

毛毛的喜好：
◎喜欢各类车子,喜欢听故事,喜欢到商场玩,喜欢看、听《小猪佩奇》,喜欢搭建乐高、磁力片。
◎吃的方面没有太明显的偏好。他对吃的兴趣不大,即便对零食也很少执着。

毛毛的过敏史和健康状态：
◎过敏史:到目前为止没发生过过敏现象。
◎健康状态:
　　1. 2岁半前,时常生病,感冒咳嗽很频繁。最近一年体质改善较多。这个夏天,只发烧1次,腹泻1次,轻微感冒2次。
　　2. 肠胃这一块比较虚弱。到目前为止,家长基本不给他吃冰冷的东西。
　　3. 从小哭和咳嗽都容易引起他的呕吐,而且是那种表现得比较厉害的。(通常哭几声咳几下就会刺激他把胃里的东西全部吐出来)如果出现这种情况,老师不用太担心,只需在他吐后20分钟内(除水外)别给他吃东西即可。建议老师在他哭时,在身边放个垃圾桶以防万一。

希望老师能重点加以引导的:
◎在与人交往上,请老师多加鼓励和引导,教他一些与人相处的方法。
◎请引导孩子多去发现其他小朋友身上的一些优点。(个人认为"善于发现美与优点"是一项很重要的能力)
◎毛毛在吃饭方面的习惯不好,会跑开去玩,需要人追着喂,请老师加以纠正。
◎毛毛天性中的谨慎有好的一面,但同样导致他身上会欠缺了一些勇气。尤其在他吃过亏或经历挫败后,他会表现出一定的退缩和逃避,喜欢说自己不会。当孩子出现这种迹象时,请老师鼓励他多次尝试,不要任由他轻易放弃。

　　毛毛的集体生活马上要开始,适应与成长的过程离不开老师的爱心与付出。作为家长,非常的感谢!这期间,如果需要我们家长配合的,请及时告知,我们一定积极配合。谢谢!

二、自制家校联系卡

这份家校联系卡可以用于平时家长与老师的联系,以及帮助家长及时掌握孩子在校的情况。家长可以在参照下面例表的基础上,根据自己的实际需求进行删减或添加。如果能加入自己的家庭创意,引得老师眼前一亮,那就更有意义了!

×××的家校联系卡

家长想对老师说的话!(三言两语表达家长的谢意和对老师工作的理解)

孩子在家情况反馈:	
孩子的进步:	进步描写尽量生动、详细
孩子的问题:	每次反馈的问题不要超过2个
家长的教育困惑:	每次求助的问题不要超过2个
老师的建议:	针对孩子的问题或家长的困惑,老师给出建议或方法
家长目标:	制定目标一定要合理可行,不宜过多

孩子在校表现反馈:					
在校基本情况了解	课堂纪律	需加强( )	尚可( )	良好( )	优秀( )
	专注力	需加强( )	尚可( )	良好( )	优秀( )
	上课举手回答	需加强( )	尚可( )	良好( )	优秀( )
	和同学的相处	需加强( )	尚可( )	良好( )	优秀( )
	和老师的相处	需加强( )	尚可( )	良好( )	优秀( )
	午餐进食情况	需加强( )	尚可( )	良好( )	优秀( )

孩子的进步:	
孩子的问题:	请老师提1—2个本阶段最希望孩子有所改变的地方
老师希望家长配合的:	

时间:

如何培养孩子的积极思维和情绪？

不要为打翻的牛奶哭泣

从积极心理学的故事说起：五岁女儿播下的"积极"种子

赛利格曼，美国著名心理学家。在担任美国心理学会主席数月后的一天，他与五岁的女儿尼奇在园子里播种。赛利格曼虽然写了大量有关儿童的著作，但实际生活中对于孩子并不算太亲密，他平时很忙，有许多任务要完成，其实种地也只想快一点干完了。尼奇却手舞足蹈，将种子抛向天空。

赛利格曼叫她别乱来。女儿却跑过来对他说："爸爸，我能与你谈谈吗？""当然。"他回答说。"爸爸，你还记得我五岁生日吗？我从三岁到五岁一直都在抱怨，每天都要说这个不好那个不好，当我长到五岁时，我决定不再抱怨了。你也可以不再那样经常郁闷吗？"

赛利格曼产生了闪电般的内心震动：是尼奇自己矫正了自己的抱怨。培养尼奇意味着看到她心灵深处的潜能，发扬她的优秀品质，培养她的力量。培养孩子不是盯着他的短处，而是认识并塑造他的最强，即他拥有的最美好的东西，将这些最优秀的品质变成促进他们幸福生活的动力。

从此，他决定让心灵充满阳光，让积极的情绪占据心灵的主导。继而，赛利格曼将这种关心人的优秀品质和美好心灵的心理学，定位为积极心理学。

在多年的教育心理咨询的实践和探索中，我深受积极心理学的影响，并受益匪浅。结合积极心理学以及个人经验，在如何培养孩子积极思维、积极情绪问题上，我总结出"五个积极"，即：积极情绪、积极心态、积极方法、积极行动、积极反思。也就是无论遇到什么问题，首先要有积极稳定的情绪、心态，并积极寻找多种积极方法，实践后勇于积极反思并作出调整。为了更好地做到"五个积极"，可以从哪些环节着手呢？

1. 常用积极心理暗示：先处理好心情，再处理好学习/事情。

小峰，在学习过程中，一旦遇到困难，就会出现情绪波动、容易对家长、对自己生气。针对他的情况，在咨询中，我以"先处理好心情，再处理好学习/事情"为主题，从不同角度不同方式教给他积极心理暗示方法，并和他一起思考探讨,写出积极心理暗示的另外一些话语,并作为自己的座右铭。比如"我可以愉快地去学习""要让作业喜欢我,我首先要喜欢作业""把不感兴趣的事情变成感兴趣的事情本身就是了不起""变苦学为好学、乐学""每天进步一点点,就是卓越的开始""不要因为自己的某些不足而看不到自己的其他优点""只要我愿意,只要我努力,我就一定能够更专心学习""我努力做到自觉主动地学习,让爸爸妈妈和老师放心""生气不超过半分钟",等等。这些心理暗示,既是对心理的按摩,也是对行为的引领,还锻炼了孩子的记忆力。

2. **不苛求完美,做最好的自己**。花有花的美丽,草有草的绿意。每个孩子都是独一无二的,都有独特的优秀与不足,鼓励孩子悦纳自己的优势,也接受自己的劣势甚至缺陷,告诉自己说:如果不能成为太阳,就做一颗星星,一颗最闪亮的星星;如果不能成为大海,就做一条小溪,一条最清澈的小溪;如果不能成为大树,就做一棵小树,一棵最葱绿的小树。

3. **鼓励孩子勇于做出改变,哪怕一点点**。小改变引起大变化。小改变的途径很多:比如改变一下想法,把"我不行"变为"我努力试一试";比如,改变看问题的角度会使你豁然开朗;比如,把目标适当放低一些,把"高不可攀"变成"跳一跳能摘得到果子";比如,改变结果,从改变方法开始,遇到问题时,积极想积极的方法,可以想五种不同的方法,并对它们的利弊进行权衡,然后优先使用弊端少的方法。

4. **与孩子一起制作积极情绪卡**。今天我的积极情绪稳定一些了吗?可以打几颗星?(情绪监控,完成的请打√,并标出有几颗★)

	星期一	星期二	星期三	星期四	星期五	星期六	星期日
起床后							
中午时							
睡觉前							

5. **不为被打翻的牛奶哭泣,学会面对挫折**。如何在遇到挫折时依然保持乐观的态度?"牛奶打翻了,喝不了,可以把它用来洗手或浇花吧!"寻找积极因素,不放弃争取微小成功转机的努力;"哈哈,这牛奶也太调皮了,非要躺倒在地上!"来点幽默吧,既排除了今天真倒霉的念头,也为自己和他人带来开心,何乐而不为呢?此外,不管多么麻烦、挫败的状况向你逼来,也要善于发现有利的条件,想想你曾经多次获得过成功,重拾信心。

6. **微笑面对每一天,现在就快乐**。现在就快乐,方式有很多,可以选择适合孩子的某些方式：

每天祝福自己"今天的我比昨天的我进步"；

合上眼，慢慢呼吸，感受自己内心在微笑；每次3分钟；

每星期花5分钟写快乐成长记录，让快乐留下美丽的痕迹；

搜集趣闻、笑话，并与周围的人共享；

观赏一些美丽的图片。可以是自己的，也可以是别人的；

抬头看一看蓝天白云，至少3分钟；

为好朋友或家人做一件有意义的事情，带给他们一份惊喜；

送自己一件新颖的礼物，哪怕很小；

想想自己的优点，学会欣赏自己；

画一个快乐的自己；

一起做趣味游戏。

培养孩子的积极思维与情绪，家长的言传身教，营造积极温馨的家庭气场，把积极思维与情绪的主动权交给孩子，相信孩子能够开启积极能量的宝库。行动吧！

为情绪安装一个暂停键

> 暂停是为了把自己从情绪中抽离出来冷静思考。有些事只有停下来，才可能想得更清楚。
>
> ——（美）南丝·格尔马丁

什么是暂停？暂停就是不管别人说了什么，做了什么，都不要马上回应。暂停没有规定的时间，可以是10秒、3分钟、15分钟或更长时间。暂停是留给我们思考问题用的，它是一种安全机制，让我们有机会作出不同的选择。在我们的内心深处，潜伏着各种各样的情绪，有积极的、消极的、快乐的、悲伤的、愤怒的、敌意的等等。人的内心有一定程度的不良情绪是正常的、健康的。甚至有研究表明，有负面情绪的人想问题会更加深刻，更具有分析能力，特别是能够在困难时期保持头脑清醒。但若坏情绪过多，又不善于控制和调节，就犹如在自己的生活中埋下了一颗炸弹，随时会伤人伤己。不管是在工作时，与人相处时，还是教育孩子时，若没有良好的情绪自控能力，再好的意图和策略，都抵不过情绪的连锁反应，很容易做出不理智的破坏举动。这时，就需要采用"策略性的暂停"，阻挡坏情绪倾泻而出。暂停不是意味着示弱或妥协，而是努力"不要继续让周遭的人、事、物影响你、控制你。"

教育孩子需要暂停吗？当然需要！家长不妨回忆一下，当孩子不听话，或者有什么状况发生时，你的情绪通常表现为：

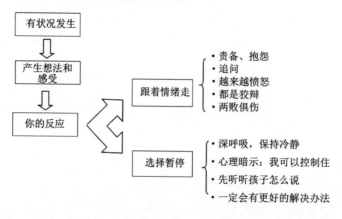

很多家长喜欢用"我知道这样不好,但是……"这个句式来诠释自己的情绪反应。心理学家詹姆斯曾说:"人类常常沦为他人想法和情绪的牺牲品,这是极为不幸的。让人的情绪和想法可以迅速地冲破你的思维结构,闯入你的心理结构,激起你的各种情绪。这就表明,你的心理已经处于弱势,你自愿成为一个心理上的弱者,把自己的内心变成了别人意志的跑马场,任由他人操作。"所以,当我们对着孩子大吼大叫发泄着自己的情绪时,已经预示着失败。从表象来看,孩子可能畏惧于家长的权威选择了屈服。但从教育的长远意义来看,孩子失去了从家长身上学习正确处理情绪、处理矛盾的机会。家长放弃了用更智慧的方法来教育孩子、引导孩子。

情绪自控能力是一种很重要的能力。中世纪时,著名阿拉伯学者阿维森纳曾做过一个实验。他把一胎所生的两只羊羔分别置于两种不同的生活环境中:一只小羊羔随着羊群在水草地快乐地生活;而另一只小羊羔则生活在一只狼的边上。这只小羊羔时刻感受着来自狼的威胁。在极度惊恐不安的状态下,根本吃不下任何东西,不久就因为恐慌而死去。家长如果时常无法控制自己的情绪,不但会影响自己的健康和生活,更是对孩子的一种毒害和扭曲——他们会变得易怒、不安、反复、暴躁、注意力分散、冲动或胆怯、自卑。行动起来吧! 每个人都拥有掌控自己情绪的能量! 关键在于,你的内心怎么想,你一开始的目的是什么,你愿意做怎样的选择。情绪掌控并不难,只要你有"必须改变"的意志,再加上一些方法,通过练习很快便能取得效果。

 "聪明家长"在行动

一、勤做"行为演练"

首先,家长先来了解一下自己的情绪起爆点。什么事情最容易挑起你的怒火,引起你的失控? 家长可以按照生气程度罗列一下。

序号	寻找我的情绪起爆点……(程度由轻到重)
1	
2	
3	
4	
5	
……	……

根据罗列的内容,家长可以事先针对这些状况在心里进行行为演练。"重获自制力之路在于,耐心找出自己对周遭的人事物的反应模式。"这是一种"创造性机制"。家长假设可能会发生的对话和问题,在心里模拟平和情绪下该有的一举一动。尽量想象自己心平气和和孩子对话的场景。比如,家长可以在头脑中演练有助于和孩子愉快沟通所需的一些幽默话题;事先记住一些可以加强说服力的话语或故事;想象如果孩子出现"气人"的言行时,自己如何控制怒火,理性地处理冲突的情景。对于每一个问题,家长还需要多想几种解决方案。行为演练的关键就是:事先计划好应对各种问题的反应模式,做好充分的准备事情就成功了一半。然后,一旦机会来临就实施你的计划。自古以来,许多成功者都曾自觉或不自觉地运用了这种方法来完善自己,获取成功。拿破仑在带兵横扫欧洲之前,他的阅读笔记多达400多页。并在想象中"演练"了多年的军队,设想了各种布防和进攻策略。

二、为自己的情绪设置一个暂停键

情绪来得多快,矛盾和冲突就来得有多快。当事情发生,不良情绪侵袭而来时,一旦出现下面几个念头,家长内心就要警醒,提醒自己可以按暂停键了。这个暂停键可以是几次深呼吸,一句积极的自我提醒,握紧拳头再松开等等,只要能克制立即回应的冲动,帮助自己冷静下来就行。它就是我们情绪这辆车的刹车装置。

◎我别无选择!

家长的后悔总是出现在发完脾气之后。但即便如此,每次遇事还是选择走老路。"因为除了发火,我没有其他的办法,我别无选择!"真的是这样吗?

"即使觉得别无选择,我们还是可以选择!"这句话是《活出意义来》的作者弗兰克博士说的。他是纳粹对犹太人大屠杀下的幸存者。他说:"像我们这种在集中营待过的人,永远都不会忘记那些来营房安慰同伴,又把自己身上最后一片面包分给大家的人。这种人或许不多,但是从他们身上见证了一件事:人的一切都可以被剥夺,唯独仅剩的一样东西不能,那就是选择的自由。无论在任何情况下,人都有自由去选择用什么态度做你可以做的事。"

选择不同,结果也会不同。其实什么也不做,这也是一种选择。这个选择为我们留出思考的空间,是改变现状的一个重要转折点。

◎又是这样!我都说过多少遍了!

暂停一下问问自己:"为什么我说过那么多遍孩子还是无法做到?是我说得不够清楚?还是孩子没有理解我的意思?或许有其他什么我暂时没发现的事情发生了?"

◎那不是我想看到的!

预期,是人潜意识里的一种估计和期待。一般来说,事情结果超出人的预期越远,引起人的情绪反应就越强烈。家长习惯对孩子做各种预期,如:希望看到孩子考双百,结果出来却是刚及格;孩子犯错,家长预期中孩子的表现应该是主动认错,诚心悔改。但孩子却只会辩解、顶嘴、掩盖,不知悔改。家长失望又愤怒,情绪开始暴走。这时,也请按一下暂停键,让自己冷静下来思考:是不是我的目标不切合孩子的实际能力?孩子犯错,里面有没有我还没了解清楚的内情?

◎你必须按照我的要求去做!

坚持己见,听不进任何建议。心想:"你一个孩子知道什么!小孩就应该听家长的,难道我当妈/爸的还会害你?"家长这种过于自以为是、强势、武断的做法,只会激化矛盾,造成孩子对家长的不信任。这时不妨想一想,若换个角度思考,换种选择尝试,结果会不会不一样?

三、倾听孩子,培养足够的虚心和智慧问自己:"有没有什么我以为知道,其实根本不知道的事?"

"有没有什么我以为知道,其实根本不知道的事?"这句话是南丝·格尔马丁在沟通商数效能方程式中反复提及的。这是一句非常棒的自问。它可以督促我们带着好奇、尊重的心去倾听孩子,不急于下判断。抱着"找出事情背后原因"的态度和孩子交流,理清可能存在的误解。同时也让孩子知道父母很重视他的意见,加深孩子对父母的信任。俗话说,一个巴掌拍不响。就像家长在愤怒之下的言语会刺伤孩子,孩子的态度也会成为家长怒火的助燃剂。避开孩子的引爆点(如家长不由分说地指责,居高临下的态度等),对稳定孩子和家长的情绪都有帮助。

四、倾听自我,面对最真实的自己!

夜深人静的时候,我们需要和自己进行一场对话,用心地去倾听自己内心的声音。剖析自我,揭开掩盖的面纱,面对一个最真实的自己。只有当我们面对了现实,接受了现实,才能坦然地对待自己的沮丧、愤怒或其他消极的情绪和状态。只有当内心重获平静,才能更理智、更智慧地去解决问题。

和倾听他人一样,倾听自我也是一种艺术,需要讲究方式方法。下面的几个问题可以帮助家长更快地接触到自己的内心世界。

◎对于发生的事我为什么这么生气?

◎我真实的感受是什么?

◎我所有的感受究竟因何而起?

◎我真正的需求是什么?

◎若需求得不到满足,我会如何?

◎是孩子(或他人)一个人的错吗?

◎回头再看让自己生气的事,是什么感受?

◎我需要改变吗?

◎我内心发生改变了吗?

◎我能无视内心的需求和改变,假装像以前一样生活吗?

◎阻碍我改变的原因究竟是什么?

◎改变对我意味着什么?

下面和大家分享的是一位妈妈自我倾听的练习过程,可供参考。

事件:可可吃早饭,把牛奶洒了一桌,打翻了粥,还弄脏了刚买的衣服。妈妈大为光火,狠狠数落了可可一通。看着可可哭哭啼啼地上学校,妈妈内心又充满了懊悔,整整一天都感觉心里堵堵的。她找了一处安静的场所,按照心理老师的建议,和自己的内心进行了一场对话。

◎孩子也不是故意打翻牛奶,我为什么这么生气?

我气孩子做事不长记性,和她说过很多次倒牛奶要两手拿稳再倒。可她总是记不住。为了让她早上吃得营养点,每天都要早一小时起来做饭。她辜负了我的付出。现在弄得一团乱,早饭没得吃,上学又要迟到了。这样一想,胸口更堵,更生气了。这孩子怎么就不能让我省点心呢?

◎我真实的感受是什么?

生气?烦躁?失望?都有。但最深刻的感觉应该是心累,这种疲惫打从心底升起。

◎我所有的感受究竟因何而起?

真的一切都是因为孩子吗?最近烦心的事好多。工作上的事,家里的事。

昨晚刚跟老公吵完一架。我希望他能多点时间照顾一下家里和孩子。可他只会说忙忙忙,好像孩子就是我一个人的一样!还埋怨我没把孩子带好。感觉自己好累,什么都不想做。

◎我真正的需求是什么?

孩子别惹麻烦?不惹麻烦就不是孩子了。老公帮我带孩子?我可能还要担心他带不好,照旧要生气。撒手什么都不管?我做不到。一天不见女儿我就想得不得了。自己到底想要什么?再体会一下。其实,我希望他们能认可我,承认我的付出。我觉得自己现在就是一个老妈子,除此之外别无价值。更确切一点说,我希望自己是有价值的。

◎若需求得不到满足,我会如何?

我感觉自己在逐渐枯萎,逐渐麻木。我原本是个感性的人,可现在完全感受不到生活的美。我越来越不喜欢自己。

◎是孩子(或他人)一个人的错吗?

不是的。我现在浑身充满怨气和躁气,所有的人都成了我的敌人。我想要发火,想要大吼,想要别人也感受和自己一样的难受心情,尤其是老公。

◎回头再看让自己生气的事,是什么感受?

其实这只是一件小事,是我把问题扩大化,迁怒了孩子。孩子成了我的出气筒。

◎我需要改变吗?

需要,我渴望着改变。

◎我内心发生改变了吗?

是的。

◎阻碍我改变的原因究竟是什么?

我担心招来更多的麻烦事,担心别人不能理解我,拒绝我。对我来说,和人沟通其实是一件很累的事情。我总是在压抑,也习惯了压抑。我渴望改变,却又害怕改变。

◎我能无视内心的需求和改变,假装像以前一样生活吗?

不能。

◎改变对我意味着什么?

改变不是对我原有生活的破坏,而是对自我的挑战。如果我继续无视问题,无视内心真实的声音,我要如何坦然地面对孩子,面对自己?如果我自己都不快乐,又如何带给孩子和家庭快乐?不尝试就放弃,如何能甘心!

　　千万不要让情绪主宰了我们的生活,让自己沦为情绪的奴隶。有了消极的情绪,不能只追求单纯地释放。而是要从问题的本身,以及我们自身的角度,去积极地寻找原因,寻求解决之道。我们要有自己的一套方法来舒缓生活带来的坏情绪。从现在做起,从小事做起,倾听他人,倾听自己!请记住:人生最大的智慧,就是坦然地接受我们必须接受的,尽力改变我们能够改变的!

掌控焦虑，让情绪自由呼吸

在聚焦！

小军妈妈喜欢穿深色衣服，每次见面都见她把头发高高盘起，眉头微微蹙着，薄薄的嘴唇紧紧抿着，平添一分严厉。她是个略显严肃的人，讲话语气生硬，语速飞快。情绪波动越激烈，讲话速度就越快。她告诉我自己最近胃口很不好，睡眠也不好。但真是"屋漏偏逢连夜雨"，最近小军老师的告状电话特别多。现在只要手机铃声一响，她的心就会发抖，手心冒冷汗，太阳穴一抽一抽的疼。看到不是老师的来电，竟有一种逃出生天的荒谬感。她很想逃开和老师的接触。她气小军总惹麻烦，不让自己省心；担心孩子马上小升初，拖后腿的成绩无法上个好学校；又不满小军老师的不作为，只会告状。如果什么事都是家长解决，那么老师的作用在哪里？只要一想这些，小军妈妈就觉得心头仿佛压了一块大石头，气都喘不上，更不用说专心工作了。

有话说！

小军妈妈的这种情形心理学上称之为"焦虑"，是一种心理障碍。其实，适度的焦虑是有益的，是对压力的一种正常反应。它可以提高人的适应能力，督促人进步，使其在工作和生活中表现得更好。但过度的焦虑带来的恐惧、混乱、低落，却会让人的精神和肉体都遭受极大痛苦，无法享受生活，甚至严重影响了周遭人的生活品质。根据统计，来作心理咨询的家庭，90％以上的家长焦虑程度都比较严重，尤其是妈妈们。极度焦虑的家长，很容易将这种焦虑传递给孩子。孩子对家长的情绪是有一定模仿性的。长期和焦虑型家长相处的孩子，他们会在无意识中模仿家长的情绪，变得容易焦虑、敏感、情绪化、抗压性差、易分心等。

在生活中，我们常常会经历下面几种焦虑体验。

◎无意识焦虑

这是一种我们无法清楚意识到的焦虑。在事情发生的当时,我们对这种感觉并不清楚,往往事后才意识到当时自己很紧张或者很焦虑。

比如辅导孩子作业,讲了无数遍孩子还是不会。家长不耐烦了、生气了,开始噼里啪啦地批评孩子。在批评孩子时,家长只会认为这都是孩子的问题。但事后再想这件事,却会发现自己的批评并不公正,当时的自己被坏情绪给影响、控制了。

◎游离焦虑

这是一种一会儿出现,一会儿又消失的焦虑。我们能意识到自己很焦虑,压力很大,但却无法弄清楚是什么引起的,无法把它和具体的事件联系起来。

我们每个人都身兼数职。以妈妈为例:

从上图可见,一个人担任的社会角色越多,所处的关系就越复杂,面临的问题和压力也会越大。一旦我们的心理能量出现不足或衰退,所有的一切交织在一起,负面情绪无孔不入,但焦虑来源却错综复杂,模糊不清。往往这时,孩子问题就成了最容易被捕捉、被枪打的"出头鸟"。通常家长都认为解决孩子问题才是最主要的,自己的情绪问题无需太在意。其实恰恰相反。只有当家长处理好了自己的焦虑情绪,孩子的问题才能事半功倍地解决。

◎预期焦虑

这是对不可预知的未来的一种担忧。对某人或某事有很高的期望,却没法得到满足。担心事情不顺利、做不好等,因此而产生的焦虑不安。

预期焦虑很典型。孩子成绩不佳,家长担心他无法上好学校,以后没出息,养活不了自己;孩子太腼腆,家长担心他将来无法适应社会,受人欺负;孩子还没开始跑,家长就先担心他会摔跤;希望孩子考第一;希望听到别人夸奖"你的孩子又乖又聪明"……这些担忧和期待让家长恐慌、焦虑,自乱手脚。只能通过不断督促孩子、要求孩子来缓解自己的焦虑。但这种缓解方式往往很被动。孩子表现符合家长的要求,家长会心安点。一旦孩子达不到家长的标准,焦虑必将翻倍地增长。

焦虑就像一根橡皮筋,拉得太松容易让人松懈失去警惕,拉得太紧又会断掉弹伤自己。家长只有学会掌控自己的焦虑,在"太松"和"太紧"之间找到一个平衡点,才能更轻松、更有效地应对孩子成长过程中可能发生的各种问题,才能更好地引导孩子,帮助孩子。

"聪明家长"在行动

接下来,我将向家长推荐几种可以在较短的时间里,有效缓解焦虑的方法。

一、肌肉放松训练法

选择一个舒适的姿势坐着或躺着。暗示自己:"接下去我要进行放松训练。在放松的过程中可能会听到一些其他的声音,不过这不会影响我的注意力,反而会让自己更放松,注意力更集中。"

放松开始。(每个……代表停顿3秒～5秒左右,仔细体会放松的感觉。)

"我要彻底地放松。现在将注意力放在头顶,感受头皮逐渐地放松下来……放松我的额头,让额头的皱纹舒展开来……放松的感觉非常舒适,现在我要放松我的脸部肌肉……放松眉毛……放松眼睛周围的肌肉……放松我的脸颊……放松嘴唇周围的肌肉……放松下巴……我感觉自己越来越放松了……现在我要放松颈部肌肉……让颈部的压迫感逐渐消失……我的颈部肌肉就要完全松弛下来了……现在我要放松肩部肌肉……放松的感觉一直延续到我的背,我的腰……我感觉自己的腰背越来越柔软,越来越放松……放松我的上臂、肘部、小臂、手腕、手、一直到手指尖……我能感觉到自己的指尖微微地发热,仿佛有什么东西流出……这是我的压力和焦虑随着肌肉的放松逐渐排出了……现在放松我的胸部……我要进行深呼吸……深深地吸气……缓缓地吐气……每次呼吸缓慢而均匀……再一次深呼吸……我感觉自己胸部的紧张和压迫感全部消失了……现在我要让呼吸放松并恢复正常……放松我的腹部……放松我的臀部……放松我的大腿、膝盖、小腿……放松我的踝关节、脚、脚趾……我就这样待在这里,感觉自己的全身肌肉不断地放松……我要从头顶到脚趾都彻底松弛下来……"

建议可以在晚上睡觉时进行这项放松训练。坚持训练,不但能帮助掌握放松的技巧,还能有效改善失眠状况。有条件可以配上舒缓的轻音乐,帮助自己更快地进入放松状态。

二、系统脱敏疗法

1. 在纸上罗列出容易使你焦虑的情境或经历,将其按顺序排列好。把引发最少焦虑的情境写在最前面,引发最严重焦虑的情境写在最后面(也可以制成卡片)。以上述小军妈妈"害怕和老师接触沟通"的事情为例,我们将引起她焦虑情绪的情境由轻到重排列一下。

1)老师要求家长每天上微信群。

2)老师发短信告状。

3)学校开家长会。

4)老师打电话告状。

5)班主任要求家长到学校面谈。

2. 让自己彻底放松。

这里可以参照第一种提到的肌肉放松方法。这个练习让我们学会明确区分紧张和放松的不同状态,并掌握放松的技巧。

3. 开始系统脱敏。

1)先看一下引起焦虑最少的那一条,然后闭上眼睛。

2)运用你的想象力,尽可能生动地去想象卡片上所描述的情景。想象你正身临其境地体验着。随着想象,你可能会体验到一些焦虑感。这时你就停止想象,返回来放松你的肌肉。一般来说,较浅的焦虑通过深呼吸、握紧拳头再松开等简单的放松方法就能达到效果。如果焦虑程度比较高,无法有效放松,那就将第2个步骤再进行一遍。

3)当再次完全放松下来之后,停顿几秒,然后重新去想象那一场景。如果你还感到焦虑,那就再次停止想象,再返回去做放松。就这样一遍又一遍,直到你想起那个场景不感到焦虑为止。

4)处理好第一个场景后,就可以进入第二个场景了。按照同样的方法,继续下去直到做完所有的场景。当然,若场景过多,可以分次进行。一次最好持续半小时左右。

4. 在你对原来引起你焦虑的事件不再那么敏感后,你可以在心里进行"行为演练"。设想对于这种情况,怎么做会更好,能更有效地解决问题。做好

充分的、切实可行的准备后,在现实中再碰到同样的事,就按照准备好的方法去应对。你将惊奇地发现,你的理智和解决事情的能力又回来了!

三、运动—饮食—睡眠调节法

长期处于焦虑状态会严重影响我们的身体健康,如失眠多梦、头晕心悸、尿急尿频、坐立不安等。想必大家都有过这样的体验,当我们的身体疼痛不适时,心情就会变得特别烦躁、无力、容易失控。这时就需要我们通过"强身健体"来加强"情绪的免疫能力"。

1. 运动锻炼

有节奏的运动(如走路、跑步、游泳、骑自行车)和带伸展性质的运动(如舞蹈、瑜伽)可以帮助我们缓解焦虑。运动,不但能帮助我们增强精力,提高警觉性,保持头脑清醒,还能磨练我们的意志,提升自信心,使做事更加有条理。在运动的过程中,能产生内啡肽或"使人感觉良好"的化学物质,释放与认知功能和学习能力相关的激素,有助于将注意力转移到积极的事情上,这些对减轻焦虑都是十分有效的。建议容易焦虑的家长进行定时、不间断地锻炼,并将运动变成自己日常生活中的重要一部分。

2. 健康、合理的饮食习惯

健康、合理的饮食有助于保持个人的一般能量水平、精力和良好的感觉。吃什么,怎么吃,在很大程度上影响着我们的身体健康,还能从侧面反映我们的精神状态。比如,有些人会在高度紧张和压力之下,变得容易饥饿,无法控制自己进食的欲望。常常一吃就停不下来,即便胃已经很饱,但还是很想吃东西,尤其嗜吃甜食。如果家长突然出现暴饮暴食的现象,那么就要引起警惕,关注自己的情绪健康了。健康的饮食习惯对于保持良好的情绪是有辅助作用的。近年来"情绪食品"这一概念,越来越被大家重视(关于"情绪食品",可参考后文的"聪明家长的'情绪食品篇'")。关于健康养生的知识,相信我们很容易找得到,这里就不再展开叙述。

3. 规律的睡眠

知道"睡眠焦虑症"吗?或许你没听过,但你可能经历过或正在经历着。失眠是焦虑人群很普遍的一种躯体反应,而睡眠焦虑症主要就是由失眠引起的。由于之前的失眠经历,对睡眠产生焦虑不安的感觉,害怕自己又会失眠,影响休息。但是,往往越担心越无法入睡,就成了睡眠焦虑症。在焦虑和压力的共同作用下,睡眠问题让人苦不堪言。通过调查发现,和焦虑相关的缺乏睡眠问题,可能会持续6个月,甚至更长时间。所以,睡眠问题也不容小觑。规律、健康、高质量的睡眠能让我们在清醒时刻保持最佳状态。睡眠不好的家长可以从睡眠习惯、睡眠环境、运动、饮食、身体调理、心理调节等多方面着手,以期达到解决失眠,缓解焦虑的目的。

四、理性认知调节法

使用这种调节方法,首先要了解一下"情绪ABC理论"。情绪ABC理论是美国心理学家艾伯特·埃利斯提出的。A(Activating event):诱发事件;B(Belief system):个人的认知体系和信念,即对诱发事件的看法、评价、解释;C(Consequence):情绪和行为的后果。人们通常认为,是A的出现,直接引发了C。然而,当我们进一步观察时,发现事实上A并不是引发C的直接原因,引发C的是B。同一事件下,不同的人有不同的评价和解释(B_1和B_2),就会得到不同的结果(C_1和C_2)。如下图所示:

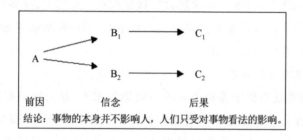

以开头案例中小军妈妈接到老师电话就会手心冒汗、头痛、紧张、焦虑为例。其中诱发事件A是老师的电话,情绪体验结果C是小军妈妈感觉手心冒汗、头痛、紧张、焦虑。其实老师打电话这个动作本身不会引发小军妈妈那么多的不良情绪体验。是小军妈妈对老师打电话这个动作做出的解释(B),才是引发她一系列不良情绪的真正原因。小军妈妈把事情灾难化了,对事情反应过度。若她再多一些理智和冷静,可能感觉就不会这么糟糕。

埃利斯认为:正是因为一些不合理的信念和认知才使人们经常遭受不良情绪的困扰。这些不合理的认知通常表现为:

◎事情灾难化

如:孩子若上不了好学校,他的未来就会毁了,不会有什么出息了。

◎以偏概全,扩大问题

如:遭遇一次失败,就认为自己不行,什么都干不好,一无是处;孩子偶尔

偷懒没做作业,家长就愤怒判定:"我的孩子总是偷懒不做作业。"

◎凡事绝对化

这类人群想事、说话习惯用"应该""必须""一定要"。当他们向别人要求"你应该/必须……"时,往往会引起对方的抵触与反抗;当他们对自己要求"我应该/必须……"时,则容易引发自责和挫败,让自己陷入负面情绪中。

如何避免自己成为这种不理智、不合理的认知体系下的牺牲品呢?最有效的方法就是反驳它,及使用D(Dispute)——用清晰、理智的思考来反驳不合理的认知,降低负面情绪的干扰。我们可以通过觉察情绪、评估情绪、选择情绪,最终做到改变情绪。

举例:小军妈妈因为老师告状小军上课捣蛋、成绩不好,心里感觉很烦躁。

◎觉察情绪——我的真实情绪体验是什么?

1. 又接到老师的告状电话,让我感觉很烦躁。

2. 烦躁是因为孩子马上面临小升初,本来就担心孩子考不上好学校,偏偏孩子还问题一大堆。老师的电话就像催命符,让我很有压力。

3. 因为这些压力,我更加焦虑。我不知道怎么让孩子听话,也不知道怎么回应老师,我觉得自己很没用。

4. 觉得自己没用让我更加沮丧,很想逃避这一切。

5. 甚至想:"算了,孩子自己都不学好。做家长的再着急又有什么用?"

◎评估情绪——为情绪打分。最低分0分,最高分10分。

1. 烦躁——8分

2. 压力——8分

3. 焦虑——10分

4. 沮丧——8分

5. 放弃——0分

◎选择情绪——客观分析、理性思考

1. 老师的电话让我很烦躁,我能做到让老师不打电话给我吗?答案是不能。对于自己不能干涉的事情那就心平气和地接受。下次老师再打电话老调重弹,我可以把电话放远点。再说,老师向我反映孩子情况,至少说明老师还没放弃我的孩子。

2. 关于孩子上课捣蛋。小军的确比较调皮,影响了上课纪律,老师生气在所难免。但比起一二年级的时候,他还是进步很多的。孩子成绩不好这是个现实问题,不是自己能急得出来,也不是靠打骂孩子就能提高的。现在已经

为孩子请了辅导老师,可以要求老师在复习技巧、考试技巧方面再突击一下。考不上好学校的确很遗憾,但不代表孩子以后就没其他出路。这不是世界末日。

3. 我不知道怎么让孩子听话,这让我很焦虑。这种情绪很正常,相信别的家长碰到同样情况也会焦虑。但现在我参加了心理辅导,学习怎样更好的和孩子沟通,学习如何调节自己的焦虑情绪,学习怎么更技巧地和老师沟通。我正在行动,也在改变,只要坚持,一定会越来越好。

4. 自己真的很没用吗? 不是。

5. 我真的可以做到不管孩子吗? 不可能。

理性认知调节法的过程就是让我们对"心中的想法、真实的情绪"有一个更清楚地认识,学会用理智去思考和生活,以此降低心中的焦虑。

五、制作焦虑自我监控表

焦虑会扰乱我们的心绪,让我们做事没有计划,没有效率。这时,不妨为自己规定几件每天必须要完成的、可以缓解焦虑情绪的事情。按照计划行事,既可以增加我们内心的安全感,还能对自己的焦虑情况进行有效监控和比较。可以参考下面2份表格:

表1:

时间\任务	早晚对着镜子笑三次	30分钟的瑜伽运动	阅读30~60分钟	焦虑指数(0~5分打分)	心情指数(以☆打分)
星期一					
星期二					
星期三					
星期四					
星期五					
星期六					
星期日					

对自己微笑是一种积极的心理暗示,暗示自己"我可以做到""一切都会越来越好"。当有一天,你在镜中看到的微笑是自然的、发自内心的、真诚的,那么你的情绪主旋律一定是平静的、放松的、愉悦的。多对自己笑笑吧,它能为我们战胜焦虑带来力量。表格1中的任务,如果每天都有完成,就在相应空格上画一个笑脸,焦虑指数可采用5分制打分,没有焦虑为0分,最高为5分。

心情指数采用____☆记录。最高5☆,最低0☆,☆越多,代表心情越好。

表2:

时间\任务	今天发生什么事情让我感觉焦虑?	我用什么方法转移了自己的焦虑?	我用了多长时间转移自己的焦虑?
星期一			
星期二			
星期三			
星期四			
星期五			
星期六			
星期日			

聪明的家长Hold住

化解愤怒,放弃对孩子"吼叫"

"这不是你的问题,是我的。"

美剧——《宋飞正传》台词

有这样一个关于愤怒的小故事:

有一个小男孩,常常无缘无故地发脾气。一天,他的父亲给了他一大包钉子,让他每发一次脾气就用铁锤在他家后院的栅栏上钉一枚钉子。第一天,小男孩在栅栏上总共钉了37枚钉子。

这样坚持了几个星期,小男孩渐渐学会了控制自己的情绪,每天在栅栏上钉钉子的数目越来越少。他发现控制自己的坏脾气比往栅栏上钉钉子要容易得多。慢慢的,小男孩变得不爱发脾气了。

有一天,他的父亲又对他说:"从今天起,如果你一天都没有发脾气,就从栅栏上面拔一枚钉子下来。"小男孩照着父亲的要求做了。

终于,栅栏上面的钉子全部拔完了。父亲拉着小男孩的手来到栅栏边,对他说:"儿子,你做得很好!但是,你注意到钉子在栅栏上留下的小孔了吗?这么多的孔,栅栏再也恢复不到原来的样子了。你在愤怒时对别人说的话、做的事,就像这些钉孔一样,会在对方心中留下疤痕。无论你说多少次对不起,那些伤口都会永远存在。"

愤怒是什么?愤怒就像一把双刃剑,在伤害别人的同时也伤害着自己。它扭曲了你的理智,妨碍着你的判断能力和处事能力,损害了你的人际关系,包括亲子关系。家长若仔细回忆,你可能会震惊地发现,自己在教育孩子时,竟时常置身于愤怒的情绪当中。看见孩子不认真做功课,到处走动,就会厉声怒斥;每次孩子犯错,虽然告诉自己态度要好点,可是一面对孩子,就禁不住地板起脸,开始指责数落;孩子不按照自己的要求做,家长大发雷霆……我们常对孩子感到不满意,会生气,究竟是孩子无可救药,还是家长自己的内心需要调整?

你在看着谁？

又是一场声嘶力竭的争吵！夜深了，小芳妈妈独自坐在客厅，靠着沙发默默流泪。晚饭时那场滔天的怒火仿佛掏空了她所有的精气，让她连呼吸都觉得吃力。她懊恼自己的口不择言，但一想起女儿斜视她的目光，怒火又涌上心头。什么时候开始，她和女儿的关系变得这么紧张？好像是女儿上了初中后，变得越来越不服管教。而自己心中始终像燃烧着一把火，一碰到和女儿相关的问题就很容易爆发。明明自己在工作中不是这样的性格。孩子马上要进入关键的初三，小芳妈妈深切地意识到不能再这样下去。

 有话说！

情绪管理当中有一个很重要的步骤就是"进行自我探索，寻找情绪的原点"。即找出引发情绪问题的根本原因，将负面情绪释放出来，以达到治标又治本的效果。

引起小芳妈妈容易对小芳发火的"情绪原点"是什么？真的是小芳的不受教吗？在什么情况下，自己最容易被孩子激怒、最容易发脾气？成绩考差？做事拖拉？顶嘴？随着咨询的推进，小芳妈妈对引发自己愤怒的原因有了新的认识。她发现，自己最不喜欢女儿说话时的口气和神情，还有女儿一些习惯性的小动作。只要看到这些，她的心情就开始烦躁，就想说女儿。而每次她一纠正，女儿就跳起来和她吵。为什么小芳妈妈这么看不惯女儿说话时的口气和神情？看着女儿她想到了谁？想到了什么？

想到了婆婆。只要一想到婆婆，小芳妈妈心里就堵得慌，负面情绪一涌而出。她的婆婆是一个讲话刻薄、心胸狭小、精于算计的人。结婚后，因为受孕晚，她受尽了婆婆明里暗里的挤兑刺激。而丈夫是个孝顺的人，总是让自己忍耐。生了女儿后，因为实际困难，自己需要工作，孩子不得不交给婆婆带。和婆婆住在一起的日子，对小芳妈妈来说简直是地狱。不但如此，她发现自己年幼的女儿和婆婆越来越像，走路的样子，说话的样子，吃饭喜欢拿筷子搅拌菜的样子，不讲道理的样子……小芳妈妈无法接受这种相似，她想尽一切办法去纠正女儿，压制女儿。孩子小的时候还好，但自从上了初中，小芳母女就过上了舌枪唇战的火爆日子。女儿越是反抗，妈妈越是火大。

经过这番自我探索，小芳妈妈发现自己犯了很大一个错误。原以为自己纠正孩子、教育孩子纯粹是为了孩子好（妈妈认为一个女孩子如果学的和自己婆婆一样，是非常不讨喜的）。实际上，自己的行为更多的是在"迁怒"。把多年来对婆婆的不忿、压抑、不满发泄到了和婆婆有类似点的女儿身上。仿佛压制了女儿，就是战胜了婆婆。意识到这点，小芳妈妈失声大哭，边哭边说"自己对不起孩子"。

 "聪明家长"在行动

化解愤怒技巧一：接纳愤怒的情绪

愤怒属于负面情绪，是一种消极的情绪体验。对于负面情绪，多数人的反应就是否定的、拒绝的、不愿接受的。

有些容易发火的家长会在情绪失控后寻找各种理由证明自己的发怒是合理的、情有可原的、迫不得已的。在他们内心深处，他们其实并不认可自己随意发火的行为，甚至极度排斥。因为这种不认可，所以特别希望把愤怒"斩草除根"。然而事与愿违，往往越是想控制，愤怒的反弹就越激烈，一点小事也会引起情绪上的火星四溅。为什么会这样？两个简单的动作能帮助我们更好地感悟它。

举起左手和右手，一手成拳，一手为掌。将拳头握紧，然后用掌心去接触拳头。仔细感受这个动作。30秒后，变换动作，用掌心自然地托住握紧的拳头。静静体会改变后的动作带给你的感受。捕捉到这其中的不同了吗？

做第一个动作时，当手掌接触到拳头时，两手会不自觉的开始用力。持续时间越久，用的力就越大，轻轻碰触变成了用力推挤，拳头也越握越紧。而做第二个动作时，拳头却会自然而然地放松下来，变成虚握。

若将握紧的拳头想象成愤怒的情绪，推代表拒绝，托代表接纳。不难想到，化解愤怒的良方就是接纳愤怒。

愤怒是人的本能，是一种正常的情感。除非我们身死，否则人生在世，就避免不了遭受愤怒的侵袭。情绪也是有自我保护机制的。当我们选择去对抗、压制愤怒，愤怒的力量会变得非常强大、狂暴。但如果我们选择接纳它，在愤怒来临时，就像见到老朋友一样，说一声："我知道你来了。"不排斥、不批判、平静与之共处。感知它，拥抱它，安抚它。愤怒逐渐变得温顺，最终我们能做到真正地放下它。

接纳是为了和自己达成和解。我们接纳自己做得越成功，就能越多地接

受和宽容他人。接纳是改变的前提！值得提醒的是:接纳 ≠ 容忍或压抑！

有些家长在和孩子(他人)相处时,会习惯性地讨好、妥协、让步,把愤怒和不满压抑在心里,要求自己容忍。容忍是一种被动的行为。犹如吃饭不咀嚼,胃无法消化那些大块食物,最终伤害到身体。一味地容忍、压抑,自己的需求和情绪(尤其是负面情绪)得不到满足和宣泄,以致积累到了最后,愤怒威力犹如炸弹,一旦炸开就变得不可收拾。

那么接纳愤怒,不再压抑愤怒,是不是就代表着"可以随意发火"了？当然不是。我们要做的第二步就是管理自己的愤怒,学会用更健康、更有建设性的方式来表达自己心中的不满和怒火。

化解愤怒技巧二:进行情绪的自我探索,寻找情绪的原点。

在进行情绪的自我探索时,我们可以寻找一件物品,用第一人称来比拟,以此来代表自己的心境、自我形象、情绪状态等。这可以帮助我们更清晰、更直接地感受情绪。比如:某家长拿出一截即将燃尽的蜡烛,说:"这就是我此刻的状态。看着火焰很旺,但实际它即将燃烧到底。对于这种即将到来的结果,我感觉失望、害怕。不知路在何方。"

在自我探索的过程中,可以自问并将答案写在一张纸上：

1. 自己此刻的情绪是什么？平时出现最多的是哪一种负面情绪？愤怒、失望、焦虑、担忧……你能找到自己的情绪原点吗？

2. 这种负面情绪和自己过去的遭遇有关吗？如果有关,请将当时的事件、你当时的感受和想法尽可能地复原。

3. 如果你是一个容易愤怒的人,在什么情况下,你最容易被激怒？和哪一个人相处,最容易发脾气？为什么？

4. 你能正视自己的真实感受,而非否认或漠视吗？

5. 根据埃利斯的"情绪 ABC"理论(具体可以参考"掌控焦虑,让情绪自由呼吸"篇里的"'聪明家长'在行动之四:理性认知调节法"),想想看,你此刻的愤怒情绪,是不是因为自己的认知和信念正在遭受挑战？

6. 自己真正想要的是什么？

7. 自己想要改变吗？相信改变会对自己有帮助吗？

8. 除了动怒,还有更好的处理方式吗？

谁才是真正失控的人？

6岁的睿睿躺在地上又哭又闹,不管妈妈怎么哄都停不下来,饭菜洒了一地,碗筷被扔在桌子的一角。爸爸额头的青筋直冒,把手上的筷子往桌上一砸,一把拎起孩子,怒吼一声:"再哭我打死你!"孩子愣了一下,开始尖叫,对着爸爸拳打脚踢。爸爸感觉自己快要爆炸了,用力推开阳台的门,玻璃都被震得咣当响。他把孩子往地上一扔,气急败坏地对着儿子大吼大叫一番,转身回了客厅,把孩子锁在了阳台。妈妈想要制止,爸爸指着妈妈开始怪她不会教孩子。妈妈委屈哭叫:"你除了打骂还会什么!"一时间,爸爸的怒吼声,妈妈的指责声,孩子的哭叫捶门声交织成一片,彻底打碎了夜晚的平静。

有话说!

在处理教育问题和亲子关系时,情绪化的反应是家长的头号敌人。有些家长在和孩子相处时,经常是"六月的天,孩子的脸,说变就变"。情绪好的时候,孩子干什么都能容忍;情绪不好的时候则对孩子呼来吼去,随意呵斥。所以,家长与其想尽办法去控制孩子,不如专注于真正需要被控制的事情——控制自己的情绪。

愤怒行事的后果是什么?孩子可能会因为家长的权威,暂时表现出驯服。然而长此以往,亲子关系会怎样?孩子是否还愿意信任家长?孩子从家长身上学到的是什么?教育的关键不是在孩子身上下功夫,而是父母在自己身上下功夫。只有这样,家长才能坦然面对孩子成长过程中遇到的难题,并且从容地化解这些难题。

"聪明家长"在行动

化解愤怒技巧三:"情绪链"终止法

人类有八种基本情绪,恐惧、愤怒、高兴、哀伤、信任、厌恶、好奇和惊讶。美国著名情绪心理学家罗伯特·普鲁奇克从这八种情绪中发现了一条惊人的规律:人的八类基本情绪都是按照刺激、情感、想法、行为、效果这5种次序来排列的。

许多事件发生后,按照这个情绪链就会知道人们的内心在想什么。比如:上述个案当中,睿睿爸爸的情绪链就包含了以下5种顺序:

1. 刺激:睿睿哭闹不休,还对自己拳打脚踢。
2. 基本情感:恼怒、愤怒。

3. 想法：你在反抗我、挑衅我。
4. 行为：我要惩罚你。（训斥、把孩子关在阳台外）
5. 效果：我要压制住你，维护父亲的尊严。

普鲁奇克情绪链

刺激	情感	想法	行为	效果
威胁	害怕、恐慌	危险	逃跑、跑开	保护
阻碍	恼怒、愤怒	敌人	迎头痛击	消灭
具吸引力的性伴侣	愉悦	占有	追求、结合	繁衍后代
失去自己敬重的人	痛苦、悲伤	孤独	哭泣直到团聚	重新在一起
小组成员	赞同、信任	朋友	照料、分担	亲近
令人讨厌的事物	憎恶、讨厌	恶意	砸开、撞开	拒绝
新的区域	好奇、期待	外面是什么	调查、测绘	侦查
不速之客	惊讶	这是什么	停止、发出警报	定出方向

愤怒的时候，如果按照原来的"情绪链"行事，只会回到老路（使用带来负面情绪的行为模式解决问题）。这时，我们需要做些其他事情来插入到这个情绪链里面，只要插入成功，这个链条就被破坏了。如果你是容易动怒的家长，要怎样控制对孩子"吼叫"的欲望呢？要怎样打破自己原有的情绪反应习惯呢？家长不妨尝试以下几个方法。

◎读秒法

在意识到自己要生气的时候，马上默数"5、4、3、2、1"，然后再想别的事情，以此打破自己原来的情绪链。

比如，快要控制不住脾气了，马上告诉自己"我需要读秒了"，配合深呼吸，"5、4、3、2、1"。读完后，再告诉自己："我以前总对孩子发脾气，现在我要改掉这坏习惯。"或"孩子可能心里有话不知怎么表达，才又哭又闹。我不能让自己也陷入情绪里"之类的话。

读秒法成功的关键是建立对读秒的信心。相信"读秒再想其他的事"可以让自己的情绪链"刹车"。很多人会在发完脾气后才记起要读秒。没关系，这是因为我们的情绪反应速度太快，而读秒的意识刚刚建立，反应不够快，所以插入不了。只要不断重复练习，一定可以改变这种情况。在记起需要读秒后，我们别忘了再加一句"我终于可以读秒了"。

◎终止谈话

在觉察到自己的愤怒后，立刻闭上嘴，不再说话，暂时中断沟通。人的很多情绪都是在和别人沟通的过程中引发的。因为无法达成共识，彼此越来越着急，针锋相对，导致情绪一路下滑，从平和转变为愤怒。很多人往往越是愤怒话越多,这时我们不妨试试"反其道而行"。果断终止沟通,反而能让你打破自己的"情绪链",快速转换情绪。

◎暂离现场

容易动怒的人,在出口或出手前,不妨学会主动"暂离现场"。并且问自己:"有没有更好的处理方法呢?""离开"和"读秒"一样,都是打破"情绪链"的一种手段。

打破情绪链,是中断负面情绪继续扩大的一种措施。接下去,我们需要找出其他新的、正向的行为模式来有效地解决问题。

化解愤怒技巧四:反诘问法

有时候孩子挑衅、无理取闹的言行,会让家长陷入"进退两难"的尴尬处境。不发火,孩子得寸进尺;发火,回到老路。其实,家长还有第三种解决方法,即运用富有技巧的沟通方式化解双方的对峙局面。其中,反诘问法就是一种具有建设性的、能有效解决挑衅的方法。

美国心理辅导专家大卫·波恩在其著作《感觉很好》中提出了"反诘问法"的使用。包括下面几个步骤:

1. 马上感谢对方。
2. 承认对方所提到的事情很重要。
3. 强调除了对方所说的,还有其他重要的观点。
4. 邀请挑衅者分享自己的感受。

使用"反诘问法"比较顺利的家长,通常具备足够的自我认同感、比较开明、具有包容性。在被孩子顶撞或挑衅时,他们的第一感觉不是愤怒,而是先"审视自身"。会自问:"我对孩子的批评客观、公平吗?孩子的反驳有没有道理?"等。因为这些想法,家长会更理智、更心平气和地对待孩子的"造反"。愿意努力和孩子达成共识,共同寻找问题的解决之道。

化解愤怒技巧五:空椅子技术

"空椅子技术"是"完形疗法"中的一种。"空椅子技术"有三种形式:倾诉宣泄式(把想说而没来得及说的话表达出来,从而使内心趋于平和)、自我对话式(让自我存在冲突的两个部分展开对话,从而达到内心的整合)、他人对话式(通过扮演他人和自己对话,从而站在别人的角度去考虑问题,达到理解他人的目的)。这里,我们主要介绍用于解决冲突(亲子冲突、夫妻冲突等)的他人对话式。

首先准备两把椅子,一把代表家长,一把代表孩子。为方便起见,我们把

代表家长的椅子称为 A 椅,代表孩子的椅子称为 B 椅。坐 A 椅时就用家长的身份说话,坐 B 椅时就用孩子的身份说话。通过换坐转换角色,让 A、B 双方进行持续的对话。比如:

当我们坐在 A 椅上时,说:"你每天只知道玩,不做作业不看书,这样学习怎么跟得上?今天,老师又和我告状你作业没有交。"

接着,换坐到 B 椅,闭眼体会孩子可能会有的心声:"我就是想休息一下。你每天唠叨这些,真的很烦。而且我有做作业,只是忘带了。"

再坐回 A 椅,想象家长听到这些话的心情和会有的反应:"你以为我喜欢唠叨你吗?你为什么每次都要给自己找借口?你知道为了你,我们花了多少钱?多少心血吗?"

再换坐到 B 椅,想象孩子听了这些话后的反应:"我知道你们为我付出很多,可你们一直这样说,会给我很大的压力。而且我感觉自己的自尊被你们践踏了。"

……

像这样扮演不同角色互相对话的过程,至少持续 30 分钟。对于初次使用空椅子技术的人来说,可能会觉得对着一张空椅子说话很无聊,甚至很滑稽。为了避免这样的情况,我们要尽可能生动地展开联想。如坐在对面椅子上的人穿着什么颜色的衣服,坐姿怎样,脸上是什么表情,眼神如何等等。通过这些细节想象或语言引导,从而产生"身临其境"的感觉。这样可以帮助我们顺利代入,真实感受,有话可说。通过这样的对话,可以帮助家长更好地理解孩子,体谅孩子,家长的怒火会因此消减,亲子冲突也有了协调、改善的机会。

在情绪管理方面,不管是愤怒还是焦虑,有很多方法是可以通用的。建议家长在阅读本篇时,联系前文"掌控焦虑,让情绪自由呼吸"中介绍的方法,进行融会贯通,举一反三。根据自身的需求,灵活地运用这些技巧。

开启孩子乐学的心门

孩子不喜欢学习怎么办？

李先生："我的儿子读小学2年级，大家都说他很聪明，动手能力也不差。可就是不爱学习。你和他说道理吧，他好像都懂，可过不了几天，又是一副懒洋洋的学习状态。我一发急就忍不住要打他！"

梁女士："我家女儿看起来也很乖，我说什么她都不反对。可就是没有学习劲头，像温吞水，不肯动脑筋，学什么都是一般般，像蜻蜓点水。从小到现在，我花在她学习上的钱够多了，可她还是老样子！"

王女士："儿子正在读初一，学校老师常告状，说他作业很不认真，勉强应付的样子，每次作业，不是这里错就是那里错，书写也马虎。让我们家长想办法，可我们一和他谈学习、谈作业，他就嫌我们啰唆。唉，我们也没有好办法啊！"

"孩子不爱学习怎么办？""孩子不爱动脑筋怎么办？""孩子不愿做作业怎么办？"不少家长整天为这些问题而忧心忡忡、焦虑不已，有的家长甚至说自己被孩子弄得快崩溃了。在前来咨询的家长中，在收到的邮件中，经常听到或看到家长类似的话语，我的眼前也常常闪过家长一副副身心憔悴的形象。

据我了解，其实，孩子大多是愿意通过学习去了解新东西、探索未知世界的，尤其是孩子在幼儿园的时候，很多孩子对学习、学习活动充满着好奇心和探索的热情。随着年龄的增长，不少孩子的确会变得讨厌读书、讨厌学习，尤其讨厌作业，被动式学习的孩子越来越多，焦虑的家长也越来越多。孩子不喜欢学习，原因有很多，家庭因素影响所致的却占了大多数。如果孩子出现类似的情况，家长就要好好反思和采取新的措施了。

家长静心反思小问卷

1. 我是不是极少鼓励和称赞孩子？

2. 我是不是经常唠唠叨叨地催促孩子看书、写作业？

3. 我是不是每当孩子打开电视机，就问孩子：你作业完成了没有？

4. 我是不是经常拿孩子的成绩和别人进行比较？

5. 我是不是总是要求孩子考试成绩要排在班级前几名？

6. 我是不是动不动就发火，甚至打骂孩子？

7. 我是不是经常给孩子报了他不喜欢的课外学习班或额外布置很多家庭作业？

8. 我是不是经常在孩子做作业时说个不停、表示不满意而让他重新再做？

9. 我是不是经常当着孩子的面和另一半吵架？

10. 我是不是很少在周末或节假日带孩子出去玩？

如果家长的回答，大多数是"是"，那家长需要改变的就更多了！

如何开启孩子学习的心门？

子曰："知之者不如好之者，好之者不如乐之者。"

如果把学习当作一种精细的生命智慧的运动，那么，学习兴趣就如同奇妙的内动机：浓厚的稳定的兴趣能够使我们对学习保持积极、持久的热情和创造性，使学习的潜能最大限度地发挥出来，从而也体验到学习和成长的愉悦与情趣。问题是，该如何开启孩子乐学的心门呢？这里从家庭教育的角度，建议如下：

1. **营造家庭的书香氛围**。创设愉悦的家庭环境，孩子才能更好地学习。温馨的书房、精致的书橱、丰富的图书、特色的励志心理暗示。甚至精心帮孩子挑选一些富有特色的书包、笔记本、笔等文具，富有创意的东西最能激发孩子好奇心。爱上读书，因为喜欢，所以享受。

2. **感受社会的书香氛围**。环境最能影响人。不妨多带孩子去书城、特色书店逛逛，多陪孩子到大学校园走一走，看一看，让孩子在休闲放松中，自然而然感受家庭之外的书香氛围。

3. **善于激发孩子的兴趣点**。一位对绘画有着浓厚兴趣的学生在作文中这样描写："我从小喜欢画画。浓浓的兴趣，让我觉得一天不画画就感觉少了什么似的，我会千方百计地挤出时间画画。寒暑假是我挥毫泼墨的好时光，课间休息是我画连环画的好机会，黑板报更是锻炼我书画的好地方。这不，我的书画作品像小鸟展翅飞到了教室的墙上，于是树木成林，鸟儿成群……我突发奇想：新概念画画不是很好吗？我用棉花做白云，用火柴棒搭房子，用橡皮

泥做小鸟、苹果树。一幅立体感强、色彩鲜艳、新颖有趣的创作画成功啦!"几乎所有的孩子都喜欢动画片,如果没有大人干涉,他们完全可以废寝忘食。几乎100%的家长都发现,孩子在感兴趣的事情上注意力都很集中,包括那些学习时注意力分散的孩子。聪明的家长,往往善于激发孩子学习的兴趣点。

4. **善于捕捉和定格孩子好学的亮点**。孩子专心看书的神态、书写工整的作业、栩栩如生的手工作品……在日常学习、生活中,要善于捕捉一个个精彩美妙的瞬间,或拍成照片或录像,让孩子自己观摩;或以文字记录之,让孩子随时可以欣赏。这是美妙的自我暗示和自我激励呢。

5. **将学习课本知识和运用于实践结合起来**。比如学了外语,可尝试让孩子多听外语歌曲、观看外语原版影片、用英语写快乐成长日记;学了数学,可请孩子帮家长结算家庭的日常开支;学了语文,可让孩子编写家庭小报……让孩子感受到学习和我们的生活可以有如此亲密的接触,课本上那些枯燥无味的文字、字母、数据也顿时鲜活起来!

6. **建立亲子快乐成长博客**。很多孩子对网络世界都充满好奇和热情,家长可以利用现代网络技术,与孩子一起共同营造另一个学习的空间。有几位家长,联络了几十名有亲子博客的博友,一起创作了以《相约在成长的路上》为主题的电子杂志和视频,每个孩子都有自己的页面,每个页面,包括1~2篇充满童真童趣的作文、几张活泼可爱的照片,其中的配乐也是孩子独唱的歌曲……他们定位于"成长",注重了过程,既是孩子的相约,也是家长的相约,共同的相约。我们有足够的理由,向这些家长和孩子表达深深的喜悦和由衷的敬意!

此外,家长还可以与孩子一起,展开想象,憧憬未来;多做一些趣味智力游戏;一起探讨一些综合性的问题,开展家庭辩论赛,培养孩子爱思考、爱智慧的好习惯。

开启孩子乐学的心门,方法很多。只要家长善于动脑筋,善于学习,就一定能够找到开启的钥匙。

家庭微型团训回放:相约未来的自己

小涵(化名),小学五年级的男生,前来进行注意力训练过程中,家长反映,孩子讨厌语文,尤其是写作文,每次作文,能拖则拖,写了也是平淡如白开水,周记就像流水账,连他自己都不愿意多看一遍。在与孩子进一步交谈的过程中,我们了解到涵涵非常喜欢科幻类图书、故事。如何激发孩子对语文、对写作的兴趣呢?除了常规的一对一训练以外,我们特意安排了家庭微型团训的环节。

准备阶段: 在微型团训之前,针对他喜欢科幻作品的特点,咨询师布置了一个作文题:《十年或五年后的我》,要求使用科幻故事的方式来叙述。字数为300字~500字。要求在家里独自完成,家长提醒一下。

 团训摘录:

首先,请孩子朗诵作文。他写的是《十年后的我》。他笑了笑,就朗诵起来:"那时候我已经23岁了,我看到自己身穿笔挺的深蓝色西装,系着蓝色领带,坐在希望太空城青少年俱乐部总经理的位子上,腰里还挂了两部微型高智能电脑,旁边有两个机器人秘书,一个为我倒咖啡,另一个为我开太空船。我们俱乐部每个月就能收入几百亿元,其实这是一个非常环保的太空城,房顶有一根彩绳垂下来。我按照机器人服务员的吩咐,把彩绳系在自己的腰间,因为失重,我一下子飘到房子中央,这样水平悬在空中睡觉的感觉真奇妙,不管怎样翻身打滚都不用担心掉下去……"

其次,请家长当场点评。孩子的妈妈说:"想象力很丰富,语言也比较简洁、比较生动。"

咨询师接着说:"我非常赞同涵涵妈妈的点评。我很喜欢这篇小作文,我想请涵涵自己说说,本文的亮点有哪些呢?"

涵涵沉思了一会,回答道:"一是用科幻的方式来写,科幻的故事本身就有吸引力;二是我设想的太空城是非常环保的。"

咨询师满意地点了点头,并补充道:"还有亮点,细节的描写很精彩!比如机器人为主人倒咖啡这个细节非常有趣,而且,你对十年后的自己充满美好的理想,也很自信。"

家长也乐了:"看来涵涵是可以把作文写好、把语文学好的啊。"

"是啊,关键要激发学习的兴趣。兴趣激活了,学习这盘棋也活了!"咨询师微笑着,点拨着。

由此及彼,咨询师引导涵涵和家长继续探讨:

如何激发语文学习中的多个兴趣点?

相约未来的自己,我们准备好了吗?

团训在轻松愉悦的互动氛围中进行着……

激发孩子学习兴趣的方法很多。只要善于动脑筋，就一定能找到开启乐学心门的钥匙。

 微问答：

1. **问**：哪些游戏既可激发学习兴趣、又可培养专注力、记忆力？

答：趣味绕口令、拼字游戏、数字游戏、脑筋急转弯、词语或成语接龙、联想记忆、倒说词语或句子、信号拦截游戏，等等。

2. **问**：如何鼓励孩子把学习和运用相结合？

答：比如学了外语，可尝试让孩子多听外语歌曲、观看外语原版影片、用英语写快乐成长日记；学了数学，可请孩子帮家长结算家庭的日常开支；学了语文，让孩子编写家庭小报……让孩子感受学习和生活的亲密接触，那些枯燥无味的文字、字母、数据也顿时鲜活起来！

3. **问**：如何通过亲子博客激发孩子的学习兴趣？

答：很多孩子对网络世界都充满好奇和热情，家长可以利用现代网络技术，与孩子一起共同营造另一个学习的空间。在博客中，可以展示充满真童趣的作文、孩子活泼可爱的照片，玲珑精巧的手工作品，还可以配上美好的音乐……

4. **问**：如何培养孩子阅读的好习惯？

答：可以通过以下途径和方法：培养孩子对阅读的兴趣，这是关键所在；制定一个可行的阅读计划，有序地开展阅读；选择一些孩子喜欢的书籍，让孩子在阅读中找到快乐；爸爸妈妈与孩子一起阅读，在阅读中增进亲子感情。

优化习惯益终身

 心灵广角镜之一

小轩,小学二年级的男生,性格活泼、精力充沛,喜欢运动和玩具,爱说话,脑子反应很快。可就是静不下心来,无论看书还是写作业,都是几分钟热度就开始想别的事,做别的事,一会玩玩橡皮,一会玩玩笔;一会去喝水,一会上厕所;每天的作业都需要家长不停地催促几遍,才磨磨蹭蹭地去做;一遇到难题,就不肯动脑筋,等着家长给他说。老师要求多朗读、多背诵课文,可他也是应付一下了事……家长也很烦恼:培养孩子良好的学习习惯很重要,可我们具体该怎么做呢?有类似烦恼的家长还真不少!

 有话说

学习习惯是在学习过程中经过反复练习形成并发展,成为一种个体需要的自动化学习行为方式。良好的学习习惯,有利于培养自主学习能力,激发孩子学习的主动性、积极性和创造性;有利于形成学习策略,提高学习质量和效率;家长应注重孩子良好学习习惯的培养使之受益终身。在小轩的表现中,比较突出的就是缺乏良好的学习习惯,如果不能及时矫正,必然影响到以后的学习和成长。

对小学的孩子来说,家长应着重帮助孩子优化哪些学习习惯呢?

1. 主动学习的习惯。把学习看做是自己的内在需要和责任,自觉主动地学习、思考,不要家长的督促和陪学、陪做作业。没有他人督促,依然能够专心学习,认真、有效地完成学习任务,让爸爸妈妈和老师放心、安心。

2. 愉快学习的习惯。好之者不如乐之者,当孩子以愉悦的心情去学习时,思维处在更加活跃、更加积极的状态,情商(EQ)也发挥着独特而奇妙的作用。家长宜通过各种有效途径,与孩子一起,营造轻松、温馨或富有意趣的心理环境和学习氛围,尤其要及时化解亲子矛盾,最大限度减少焦躁、抱怨、指责

否定、争吵不休等负面情绪和行为的影响,尤其要及时疏导孩子心中的郁结。当孩子每天微笑地面对学习时,会是多么美好的事情!

3. 专注学习的习惯。所谓专注,就是注意力集中,在一段时间内一心一意地做好一件事情。专注学习,是良好习惯的重中之重,包括专心听讲、专心阅读、专心写作业、专心思考问题等等。

4. 有意记忆的习惯。知识的积累和灵活运用,都离不开记忆的活动。家长应时时、处处帮助孩子养成有意记忆的好习惯,并通过各种有效的记忆方法,让孩子体验记忆的乐趣,增强记忆的积极性和主动性。

5. 及时复习的习惯。遗忘和记忆如影随形。德国心理学家艾宾浩斯(H. Ebbinghaus)曾经提出著名的"遗忘曲线":遗忘是有规律的,并且先快后慢。在学习当中,初学的知识很容易被忘记,尤其是前一两天,见表格:

时间	20分钟	1小时	1天	2天	6天	31天
遗忘率	42%	56%	66%	72%	75%	79%

如何减少遗忘?在没有忘记以前及时复习,是最为有效的方法。及时复习,还能加深对所学知识的理解,提高作业的正确率。

6. 善于思考的习惯。聪明的孩子,也是善思的孩子。家长应经常鼓励孩子主动思考问题,大胆提出问题,勇于探索学习中的规律。家长可以多问孩子一些为什么,还可以通过一题多解训练、家庭辩论赛等方式,激发孩子主动思考、深入思考。

7. 用心聆听的习惯。用心聆听是接受信息的主要途径之一,也是沟通的重要技巧。如何训练或判断孩子是否用心聆听?一是看他是否眼睛看着被倾听者;二是看他对信息是否听全、听清、听懂?三是看他是否随意打断别人的话语?四是看他是否做出比较吻合的反馈?

8. 恰当表达的习惯。一二年级的孩子,家长重点放在孩子口头表达的训练上,重点训练以下几方面:口齿是否清晰、流利?声音是否洪亮?语速是否不快不慢?是否有感情色彩?语态是否自然?是否有自信?三年级及以上的孩子,重点放在书面表达上:重点是否突出?文字是否简练、生动?语句是否符合逻辑?

9. 阅读朗诵的习惯。家长可以和孩子一起选择一些优秀的儿童读物,选择一些优美的文章,让孩子每天有一段时光,用于静静的阅读,或者大声的朗诵……既可以开拓视野,丰富孩子的情感,也能够锻炼和提高孩子的语言能力。

10. 坚持到底的习惯。再好的方法、做法,唯有坚持才能出成果。家长在优化孩子良好习惯的过程中,既要帮助孩子优化习惯,同时也要注意巩固好习惯,让孩子明白:好习惯贵在坚持!

其他好习惯还包括制定学习计划、合理安排时间、定时间内完成学习任务、自觉预习、适当做笔记、动手与动脑相结合、及时纠正错题等。

在帮助孩子优化学习习惯时,家长要注意哪些事项?

1. 家长要有信心和耐心。良好习惯的养成是一个过程,家长要沉静心灵,力戒急躁。

2. 着眼于进步,多鼓励。在培养良好习惯的过程中,要着眼于孩子点点滴滴的进步,及时鼓励和表扬。建议家长可以给孩子写表扬单(进步卡)。

3. 家长要做到以身作则。凡是要求孩子做到的学习习惯,家长首先要做到。

4. 家长和学校老师沟通。孩子良好的学习习惯,不仅仅体现在家里,更应该体现在学校学习生活中。家长和老师的良性沟通,有助于促进孩子的进步。

5. 与激发学习兴趣相结合。这是优化良好学习习惯的有效途径。

6. 优化学习习惯,应根据孩子的年龄和身心发展特点,在不同时期有不同侧重点。

7. 通过"优化学习习惯简评表"进行及时、适当的评价:

优化学习习惯简评表

良好的学习习惯	孩子自我评价	家长给孩子的评价
主动学习的习惯		
愉快学习的习惯		
专注学习的习惯		
有意记忆的习惯		
及时复习的习惯		
善于思考的习惯		
用心聆听的习惯		
恰当表达的习惯		
阅读朗诵的习惯		
坚持到底的习惯		
备 注	1. 用星级★表示,最高为 5 颗★。 2. 评价可以每周一次,也可以每月一次。 3. 还可以根据孩子的实际情况设计评价表。 4. 可以根据不同阶段,重点考评某些习惯。	

心灵广角镜之二

亮亮来信说:我是小学四年级的男生,我性格活泼开朗,爱琢磨事儿,喜欢天马行空地想问题,还喜欢和同学谈天说地,喜欢说笑话,大家都喜欢我,说我是乐天派。可我也有我的烦恼,老师和家长都说我,优点不少,坏习惯也不少,比如听课时听着听着就开小差了,作业呢总有些拖拉,常常要爸爸妈妈催一次又一次,自己的东西经常丢三落四等等。我也知道好习惯很重要,可好不了几天又不能坚持了,结果总吃批评。唉!我该如何培养好习惯呢?

有话说

从亮亮的文字里,我们读出了一个乐天派的男孩形象,活泼开朗、善于思考、讨人喜爱,他叙述自己烦恼的样子,也让人感觉到那样的率真可爱,充满灵气。正是这样一个备受大家欢迎的男孩,也掉进坏习惯的困扰里,可见习惯问题不可小看呢!习惯有好坏之分,好习惯受益终身,坏习惯阻碍成长与进步;好习惯养成难,坏习惯矫正难。亮亮心里明白好习惯的重要性,也在不断努力

中,可还是常被家长和老师批评。在培养好习惯过程中,他的主要问题出在哪里呢?一是缺少清晰的目标;二是缺少坚定的意志力,不能坚持;三是缺少有效的方法。针对这些"三缺少",心灵天使开出"三补强"良方:

1. 确定培养好习惯的目标。目标是动力,亮亮要确定的目标包括:提高注意力,上课专心听讲;作业自觉主动,不要爸爸妈妈催,更不要爸爸妈妈陪;保管好自己的东西,减少丢三落四现象。

2. 培养意志力,贵在坚持。良好习惯的培养,不是自然而然形成的,而是一个不断努力、逐步接近目标的过程,亮亮给自己信心的同时,坚持是关键,也是难点。不妨给自己积极的心理暗示,比如:"把一件简单的事情坚持做好就是不简单!""从现在开始,我能够坚持到底!""我要做一个有意志力的男孩!"

3. 要采取灵活有效的方法。一是目标分步走,逐步提高标准和难度。比如"提高注意力,上课专心听讲",注意力集中持续时间从 20 分钟逐渐提高到 30 分钟,再提高到 40 分钟甚至更长。二是主动请爸爸妈妈监督,并设计一个监督表,做好及时评定记录。三是制定相应的奖惩办法,规定的目标达到了,给予一定的奖励;反之,给予一定的惩罚,比如自罚连续默念积极心理暗示三句话若干遍。

温馨提示

优化习惯益终身。以下这些好习惯你都做到了吗?除了这些,还有哪些好习惯呢?

1. 做事自觉,不拖拉。　　2. 学习、做事情高度专注。
3. 东西摆放不凌乱。　　　4. 动手、动脑相结合。
5. 不要轻易说"不可能"。　6. 每天送给自己一些微笑。
7. 说到做到,言行一致。　　8. 不随意打断别人的话语。
9. 善于使用小小备忘录。　10. 坚持到底,不半途而废。

好习惯荟萃

1. 今日事,今日毕。做事不磨蹭、不拖拉,不浪费时间。
2. 学习、做事情高度专注、专心,精益求精。

3. 课前预习、课后及时复习。

4. 及时订正作业或考卷中的错题。

5. 不要过于依赖大脑的记忆,要勤于做笔记。

6. 喜欢独立思考,也虚心好问。

7. 每天思考一些问题,随时把一些灵感记录下来。

8. 自觉、主动地做作业,让爸爸妈妈和老师放心。

9. 自己的事情自己做,培养自理自立能力。

10. 经常自己整理书包、课桌、学习资料。

11. 保持清爽、简洁、舒心的环境,东西摆放不凌乱。

12. 善于聆听。不随便插嘴,不随意打断别人的话语。

13. 保持一份积极、愉快的心情,有自控力,不随便发火。

14. 说到做到,言行一致。不要随意改变主意。

15. 分清事情轻重缓急,做事情有条理,忙而不乱。

16. 重视方法和效率,使效果最大化。

17. 做事情有毅力,遇到困难、失败不退缩。

18. 有创新意识,勇于尝试新方法、新途径。

19. 作息有规律,坚持锻炼身体。

20. 总结经验教训,学会反思自己,有错就改,不断成长进步。

21. 懂得与人合作,懂得谦让。

22. 每天给自己一些自信的微笑。

23. 多找方法,少找借口。

24. 不要轻易说"不可能"。

25. 不用训斥、指责的口吻跟别人说话。

26. 守时,不要轻易迟到。

27. 开会坐在前排。

28. 说话之前,先考虑一下对方的感受。

29. 学会真诚地赞赏别人。

30. 懂得感谢,也懂得原谅。

31. 适当使用备忘录。

32. 其他好习惯比如:＿＿＿＿＿＿＿＿＿＿＿＿＿＿＿＿

对照好习惯荟萃给自己的好习惯评分	
1分	
2分	
3分	
4分	
5分	
备注	1. 填写相应的序号即可。 2. 分值低的,要好好加油哦;分值高的,要继续保持哦。

 拓展阅读

"播种行为,收获习惯;播种习惯,收获性格;播种性格,收获命运。"
好习惯要从小培养。

"孔子云:'少成若天性,习惯如自然。'是也。俗谚曰:'教妇初来,教儿婴孩。'诚哉斯语!"(选自《颜氏家训·教子》)即孔子说:"少年时代养成的良好习惯,久而久之,就像天生一样自然而然。"讲的正是这个道理。俗谚说:"教导媳妇要在媳妇刚刚嫁来的时候,教育子女要在子女还是孩子的时候。"这话说得对极了。

盘点时间银行:时间去哪儿了?

古人说:闲(閒)就是坐在门口看月亮。

时光匆匆而走,忽然在某一刻,你意识到自己已经很久没有抬头看月亮看星星了,你感叹:我的时间去哪儿了?

一天的时间对每个人来说都是公平的:如果以小时计算,一天是 24 小时;如果以分钟计算,一天是 1 440 分钟;如果以秒计算,一天是 86 400 秒。而每个人的时间效率却有很大的差别。日月更替、时间如指间沙悄然滑落,当你感叹"时间去哪儿了"的时候,当你总是不停地催促孩子"快点写作业"的时候,当你总是忙忙碌碌、疲惫不堪的时候……你是否关注过、觉察过自己的、孩子的、家庭的时间管理呢?

让我们一起通过"画时间饼图""时间四象限""建立时间银行"等有趣而具体有效的方式,共同体验和感悟:如何优化时间管理。

一、微自测:

1. 你是否常觉得自己忙忙碌碌、紧紧张张、时间不够用?
2. 你是否也感叹:时间如流水,我的时间去哪儿啦?
3. 以 10 分为满分,你给自己时间管理的满意度打多少分?
4. 你平时是否重视时间管理?
5. 你是否读过关于时间管理的书籍?
6. 在时间管理中,你感到欣慰的是什么?感到困扰的是什么?

二、画时间饼图,发现与调整日常时间分配(一个饼相当于一天的 24 小时,根据目前的时间分配现状,按比例把时间饼分割成若干个扇形。)

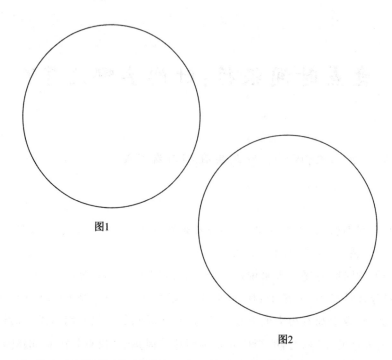

图1 用于孩子(或家长)平时的时间分配　图2 用于调整后更合理的时间分配(孩子或家长的)

三、从浪费时间排行榜，查原因、找对策

找找看，是什么吞掉了你的时间！把这些浪费时间的事写在下面的表格中(按照浪费时间从多到少排序)，并分析可能的原因、找出解决方法与对策。

浪费时间的事	可能的原因	解决方法/对策

四、从时间四象限，按轻重缓急做选择（具体针对孩子学习、生活为例）

"时间四象限"法是美国管理学家科维提出的一个时间管理理论,把工作按照重要和紧急两个不同的程度进行了划分,基本上可以分为四个"象限":既紧急又重要、重要但不紧急、紧急但不重要、既不紧急也不重要。我以家庭教育为例,简要说明：

第一象限:重要又紧急的事情,大概比例为20%～30%,需要马上去做。比如每天上学前的起床、吃早饭；即将进行的各类考试、老师布置的作业及错题订正、生病了要去看医生等等。如果经常觉得重要而紧迫的事情很多,总是忙不完,可能因为长期拖延所致,要设法改变。

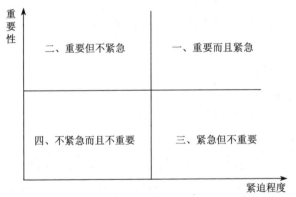

时间管理四象限

第二象限:重要但不紧急的事情,大概比例为50%～60%。就是些急不出来的事情,仿如细水长流、源源不断,需要有计划、长期做、坚持做。比如锻炼身体、营养的平衡、充足睡眠、开拓视野、培养学习兴趣、培养良好习惯、有益的课外阅读、学习经验与方法的积累、综合能力的提升、人际交往与沟通、审美情趣的熏陶、家庭成员职业规划与家庭幸福规划、优化性格优化情绪、心灵滋养、心灵品质提升与心灵成长等等。这部分内容非常重要,可往往因为不那么紧急而被很多人忽略。在第二象限方面的能力提高了,也有助于解决第一象限的任务。

第三象限:紧急但不重要的事情,大概比例为10%～15%。比如家里有不速之客敲门需要应对、临时任务或活动等等。这部分事情,也容易让人误解为第一象限,投入了过多的时间与精力。事实上,有一部分完全可以忽略或找人代劳。

第四象限：既不紧急也不重要的事情，大概比例为5%～10%。比如漫无边际的闲聊、随意逛街、追看无聊连续剧等等。这部分事情，可以根据时间和兴趣有选择地去做，把握好一个度。

五、时间管理技巧，助我们更从容

1. 今日事今日毕，现在就行动，不拖拉；
2. 目标、计划合理、可行；
3. 在最佳时间段，集中精力做最重要事情；
4. 专心并保持愉悦心情做事情；
5. 不事事苛求完美；
6. 用最简单应对最复杂；
7. 劳逸结合，忙与闲兼顾，留些弹性时间；
8. 巧用工具、备忘录；
9. 善于授权；
10. 学会拒绝。
11. 善用80/20原则
12. 其他技巧，因人而异。

对照这些小技巧，你再给自己自评一下分别做得如何？

> 以明代文学家张潮在《幽梦影》一文中的一句话与大家共勉：
> 能闲世人之所忙者，方能忙世人之所闲。

 疑难解答：

作业越多，孩子越拖延怎么办？

的确，孩子们的作业越来越多了，孩子们的拖延问题也越来越突出了。作业拖延，也最成为亲子情绪起伏、矛盾激化的引爆点。问题出在哪里？有没有办法改变呢？

一、孩子作业拖延，原因不一，宜"对症下药"：

1. 孩子经过长时间的学习，已经疲惫了，精气神不足，就想休息。

对策:可以对孩子说:累了吧？先休息一会吧。作业等一会再做,没关系。同时提醒孩子养成劳逸结合的习惯,不打疲劳战。

2. 孩子在闹情绪,处在烦躁心境中,无法静心专心写作业。

对策:首先看看是什么事情让孩子情绪烦躁？给一些时间,让孩子宁静心绪;先处理好心情,再来处理作业。

3. 一写作业,大人就在旁边唠叨不停、指责不断,孩子很反感,想逃离。

对策:减少喋喋不休的废话与责怪,为孩子营造一个安静宁悦的学习环境。

大人自己要忍住,做到:多动脑,少动嘴;多鼓励,少指责。

4. 对该门学科不感兴趣,看到作业就厌烦。

对策:兴趣是最好的动力,从逐渐提高孩子的学习兴趣入手,这是核心。

5. 作业量太大了,让孩子觉得苦不堪言。

对策:在可能的情况下,适当做做减法。如果无法减少,就采用化整为零的方式,不要硬逼着孩子在短时间内完成。

6. 作业太难了,让孩子望而却步。

对策:对于特别难的作业,大人可以适当辅导,给予孩子助力,并鼓励孩子,只要尽力,做错也没关系。

7. 作业总是被罚做 N 遍,孩子对作业失去信心,索性就消极应付。

对策:不苛求完美,慎用罚做之举,尤其是一遍又一遍机械重复的做法。

8. 作业过于机械乏味,孩子对此产生厌烦心理,以拖延方式表示抗议。

对策:鼓励孩子尝试发现有趣的地方,或尝试一些有创意的解题思路。

9. 被其他事情吸引,比如电视节目或电脑游戏,忽略了作业。

对策:与孩子制定必要的规矩、约定,引导孩子提高自控力。

10. 想着玩或贪玩入了迷,把作业忘到脑后了。

对策:碰到这种情况,首先要谅解,爱玩是孩子的天性,然后及时提醒即可。

二、家长要注意技巧,同时在时间管理上多花心思,运用小技巧:

1. 一天做几小时才算有效率？家长需要了解的是,就算是中学生,从学校回来后,在家能够集中精力用功的时间,以 2~4 小时为最大限度。而无法集中注意力的小学生,一般以 2 小时为限。如果一味超时,效率不但不能和时间成正比,反而会让孩子身心疲惫不堪,心不在焉,久而久之,容易厌学。评价孩子做功课,不能只求数量,更应求质量。家长明白了这些道理,才能把孩子从书桌旁"解放"出来。

2. **读1小时不如读55分钟**。运用"时间的拍卖方式"技巧,如果你想要孩子做"1小时"功课,那么就把这"1小时"时间稍微缩短,指定他们做"55分钟"。这5分钟不算多,但是在心理上,却有好几倍差别的效果。

3. **每一科目的用功时间要多久?** 同一个科目如果需要读5小时,一天读5小时好,还是分成五天,每天读1小时好?前者称为"集中学习",后者称为"分散学习"。一般来说,以"分散学习"的效果比较好。连续长时间的做某项作业,孩子很容易产生心理疲怠,效能很低,记忆时也一样。

4. **吃饭前后一小时效率并不高**。

"吃饭前快点去做作业,多做些作业";

"吃过饭别磨磨蹭蹭的,赶紧去做功课。"

这是家长们常挂在嘴上的话。事实上,吃饭前后一小时,往往是一天中效率最低的时候,应该让孩子好好休息,以充分储备接下来做功课的有效能量,从效率上来说,这才是上策。

在家庭舞台上,家长要扮演好多种角色

角色扮演与转换越自然、越到位,效果越佳。

角色,既可以指戏剧、影视中的人物,也指社会角色:个体在特定的社会关系中的身份及由此而规定的行为规范和行为模式的总和。在社会生活中,处于一定社会地位的人扮演着多种角色,集许多角色于一身,就是一个角色丛。

在多年的教育心理咨询实践中,与很多孩子、家长接触后,我发现一个比较普遍的现象:在家庭教育中,父母如果始终以爸爸妈妈的角色出现在孩子的面前,会造成亲子关系的平面化、单一化与刻板化,也影响到效果。那么,家长该如何扮演不同的角色呢?我认为家长应该善于扮演六种不同的角色:父母的角色、老师的角色、朋友的角色、心理咨询师的角色、陌生人的角色和同学的角色,并根据不同的时间、场合,启用并灵活转换这些角色。

1. **父母的角色**。从血缘关系上来说,父母是孩子最亲近、最贴心、最牵念的人。父母与孩子朝夕相处,扮演好父母的角色,是所有父母的义务与责任,也是亲子关系、亲情交融的自然表现。扮演父母的角色,首先意味着在"衣食住行用"生活上无微不至的关怀,重视呵护孩子的身心健康,为孩子提供必要的学习和成长的物质条件和良好环境。孩子越小,父母角色也越突出,尤其是在孩子需要亲情陪伴的时候,父母与孩子形成爱的连接,形式可以是多种多样的,比如:一顿可口的早餐或一份有趣的礼物;一个亲切的微笑或温暖的拥抱;一个问候的电话或一封温馨的书信;一次有趣的亲子问答或开心的户外活动;共同设计亲情衫、家庭小报、快乐成长相册等等……

在扮演父母角色过程中,尽可能避免两种极端:一是片面理解"爱",父母过度溺爱孩子,缺少必要的行为规范约束,导致孩子的极端任性、自我自私;二是父母的陪伴明显缺失或错位,把孩子交给爷爷奶奶或外公外婆,从而错过了父母与孩子亲情沟通、共同成长的最佳时期。

2. **老师的角色**。古人云:"师者,传道授业解惑也。"家庭是孩子成长的摇篮,父母是孩子的第一任老师。亲情无价,也是润物细无声的教育手段。引领孩子走好人生的每一步,让孩子在亲情之爱与温暖中快乐健康地成长。然而,扮演好老师的角色,并非一件简单的事情。要给孩子一杯水,自己要有一桶水或一个池塘。为此,父母要不断地学习,有知识和能力的储备,懂得一些基本的教育教学方法、技巧,才能在孩子需要帮助的时候从容应对,减少盲目和误导。

扮演老师的角色时,需要注意什么呢?呵护孩子的好奇心,激发孩子的探索、求知的兴趣和积极性,尽量减少枯燥无趣、唠唠叨叨的说教与满堂灌,对低龄孩子,尽量多用故事、比喻、绘本、实例、趣味游戏、体验活动等方式,提高孩子的感受力和理解力。对大孩子,尽量尊重其独立思考的习惯与能力,多一些启发式、互动式、有创意的交流。比如有一位妈妈,每天晚上花一些时间,与读初中的女儿一起进行旅游口语的互动式学习,她们互相当老师也互相当学生,既激发了孩子学习外语的兴趣,也融洽了亲子关系,效果挺不错。另一位妈妈,与孩子一起体验"佳片有约",在母子共同选择、推荐的影片中,同观赏,同思考,既满足了孩子爱电影、写影评的兴趣与心理需要,也促进了彼此的交流,在电影世界中学习丰富多彩的人生道理,可谓一举多得。

3. 朋友的角色。父母成为孩子的朋友,是世界上最受欢迎的教育方法之一。朋友就是彼此合得来、知心知意、相互平等、有共同语言、能够互相帮助的伙伴,朋友的相知相契相惜,是令人动容的乐章。在与孩子倾心交谈时,在与孩子游乐玩耍时,在与孩子商量事情时,放低姿势,放下家长的权威,以平等的态度和方式,以知己好友的身份,能够增强信任感和亲和力,大大缩短彼此之间的心理距离,收到更好的效果。在教育心理咨询实践中,我们接触过多例这样的家长:总习惯于把工作中的领导角色、权威带到家庭中,加上家长的绝对权威,毫无平等可言,孩子只有服从没有商量的余地,久而久之,使亲子关系陷入十分紧张、对抗的状态,如果孩子正处在逆反期或青春期,这种对抗与逆反就更为激烈,甚至带来巨大的家庭矛盾,连正常的沟通也无从进行,教育更无从谈起了。

4. 心理咨询师的角色。教育家陶行知先生曾经说过:"一个人如果不懂小孩的心理,小孩的问题,小孩的困难,小孩的愿望,小孩的脾气,如何能教小孩?如何能知道小孩的力量?而让他们发挥小小的创造力?"心理咨询师的突出优势在于,善于悦纳、善于聆听、善于心灵的互动。扮演心理咨询师的角色,并不是让家长给孩子做心理咨询,而是启用一些心理咨询师的心态与沟通技

在家庭舞台上，家长要扮演好多种角色

巧。面对孩子的不完美，父母是不是能够从内心真正悦纳，把孩子当作独一无二的生命艺术体来欣赏来珍爱？与孩子沟通时，父母是不是改变说得多、听得少的习惯，学会耐心地聆听孩子的心声？

5. **陌生人的角色**。俗话说，知子莫如父母，按照常理，父母应该是最理解孩子的人，孩子的优点、孩子的缺点、孩子的喜怒哀乐，父母都清清楚楚。如此，为什么还要扮演陌生人的角色呢？如果把父母对孩子的了解比作一个圆，圆周接触的外部比作不了解的世界，你会发现，了解得越多，圆就越大，而圆周接触的部分也越大，也就是未知的世界——熟悉的陌生区域也就越大。孩子是不断变化和不断成长的，把孩子当作一个未知的新世界，意味着要用新的视角和心态不断地去探索、去研究、去琢磨孩子，不断发现新优势、新潜能，不断发现新问题，从而不断突破和超越，在孩子的成长中收获一个个惊喜。从另外一个角度看，扮演陌生人的角色，反而会多了一份尊重与谨慎，多了一份自我约束与涵养，而不是随心所欲，想说什么就说什么，想做什么就做什么。

6. **同学的角色**。在家庭中，父母扮演同学角色，并不是指年龄相仿的、在同一学校、同一班级同窗共读，而是指父母与孩子或者有着共同的学习兴趣或目标，常常在一起营造共同的学习环境，一起探讨共同的话题。亲子同学的范围很广，可以根据实际需要而选择，比如：有的母女都喜欢养植花花草草，喜欢一起学习交流养花知识；有的父子都爱下棋，经常一起切磋棋艺；有的母子一起学英语口语，每天对话练习；有的父女都爱创意手工，买来参考书边学边做……久而久之，不仅融洽亲子关系，也营造了充满意趣的家庭学习氛围。正如琳琳妈妈慧子在分享体会与感悟中说："做学习型、成长型的妈妈，感觉真好！"

如果父母在不同的时间和场合，能够灵活地转换角色，教育将会更加丰满、方式也将更加匹配，这样的父母也是可亲、可敬、可爱的。而角色扮演与转换越自然、越到位，效果会越佳。这，同样需要慢慢体会和感悟，也是一个不断学习与修为、从量变到质变、渐入佳境的过程。所有乐意和孩子共同成长、渴望成为智慧型家长的您，是否可以试试呢？

互动分享：

关于家长不同角色的体验与感悟（琳琳妈妈：慧子）

通过心雅老师家庭教育心理专题课程的学习，知道了家长扮演着多种角色,包括父母的角色、老师的角色、朋友的角色、心理咨询师的角色、陌生人的角色、同学的角色。这次专题学习使我对家长的角色有了一次颠覆性的认识,我从来也没想过家长除了父母的角色还有其他这么多的角色。

关于父母的角色

父母的角色要求家长在生活上无微不至地关怀,为孩子提供必要的学习和成长的物质条件和良好环境。自我感觉这个角色我是称职的,不过有点过度关心了,甚至有点不放心。以前,孩子想要什么,只要说一声马上帮她办好,有时候她还没说,已经帮她想好,做好了。孩子洗澡的毛巾用好,我会主动帮她搓好,然后挂好,被子帮她叠好,牙刷杯子洗干净等。逐渐发现孩子缺少自理能力,有依赖心不仅反映在生活上,还反映在学习上,遇到任何难题,首先想到是寻求别人的帮助,自己就等着答案就行了,不会主动解决问题。学习了心雅老师"在家庭舞台上家长要扮演好多种角色"专题后,想要放手让她自己做,没几天发现孩子没做,就又忍不住帮她做了。我反思一下,以前我总说孩子不主动、不独立,依赖性重,其实根源就在我这里,我帮得太多了。自从认识到这个问题以后,放手让孩子去处理她自己的事,现在部分的事情已经由她自己独立做了,做得还不错,剩余部分也要慢慢交给她,让她自己作主,我不能再做"老母鸡"了。

关于老师的角色

老师的角色要求父母能给予孩子启发式、探索式和互动式的引领,要让孩子学会掌握关键词和方法,要有一起学习的体验过程,让孩子尝试小错误,以调动孩子的积极性、兴趣和动力。六个角色中最难胜任的是老师的角色,想要成为像教练似的老师,我还得继续努力,让自己的知识储备丰厚起来,才能从各方面给予引领、点拨、启发,孩子令我焦虑的问题才能变成小问题。

关于朋友的角色

朋友的角色要求父母成为孩子的朋友,在与孩子倾心交谈时,在与孩子游乐玩耍时,在与孩子商量事情时,放低姿势,放弃家长的权威,以平等的态度和方式,以知己好友的身份,缩短彼此之间的心理距离。在这点上,我感觉自己做得还不错,我和孩子经常会聊聊喜欢的歌曲,《大王叫我来巡山》就是我们俩都觉得好玩又好听的歌曲,时常会一起听听。韩国的真人秀节目《爸爸回来了》,我们俩都很喜欢看,小孩子们萌萌的样子实在是太可爱了。孩子的爸爸总说看这种节目是浪费时间,我倒觉得让孩子在紧张的学习中适当地放松一下也未尝不可,只要不沉迷其中就行了。我有时忘记什么事没办,孩子会点着

我的额头说,唉!你的记忆力可怎么办呀!这时有的家长会怪孩子没大没小,我一点儿也不生气,孩子是把我当成她的朋友了,我应该感到高兴才对,说明朋友的角色我已经扮演得很好了。

关于心理咨询师的角色

心理咨询师的角色要善于悦纳、善于聆听、善于心灵的互动,要求家长面对孩子的不完美,能够从内心真正悦纳,把孩子当作独一无二的生命的艺术体来欣赏,改变说得多、听得少的习惯,学会耐心地聆听孩子的心声。以前无论孩子说什么,她一开口,我都会在第一时间主观地说出自己的想法,不听孩子的解释,希望她按照我的话做,表面上是为她的将来着想,其实是想她成为我希望的样子,最后孩子不愿也不敢把她的想法告诉我,造成亲子沟通的很大障碍。通过咨询学习后,觉得在这一点上自己必须要改变了。在尝试期间,发现自己总是表达完自己的想法后,才后悔为什么不先听听孩子的想法。这个过程真的很痛苦,总算又过了一段时间以后,慢慢地能够先听孩子的想法,而不是我自己说完就后悔了,但是还不能多从孩子的角度思考问题,总觉得自己的人生阅历要比孩子丰富,总想教孩子怎么想、怎么做,让她少走弯路,替孩子决定她的未来。想扮演好孩子心理咨询师角色真不是件容易的事,在这条路上,我还需要走很多的路,不过我有信心,我能够做得越来越好。

关于陌生人的角色

陌生人的角色要求家长把孩子当作一个未知的新世界,用新的视角和心态不断地去探索、研究、琢磨孩子,不断发现新优势、新潜能,不断发现新问题,从而不断突破和超越,在孩子的成长中收获一个个惊喜。在心雅老师的帮助下,我从不同角度对孩子进行了观察,发现孩子与陌生人相处时是热心的,与同学相处时是为人着想的,与家人相处时是体贴的;心情好时是开朗的,心情不好时是安静的、焦虑的;在家里是依赖的,在家外是独立的。这样一看,发现她身上的优点多于缺点,一直以来很希望孩子改掉的缺点几乎看不见了。这时,我才真正明白了陌生人角色的深意,如果我每天都能看到孩子的优点,对孩子的评价也会以负向为主转为正向为主,孩子每天生活在良性的激励中,不进步都不可能。

关于同学的角色

同学的角色不是指和孩子同龄的学生,而是和孩子一起学习的伙伴。俗话说,活到老学到老,孩子在学校课堂里学习文化知识,我在社会课堂里学习生活知识。世界是在不断变化中,不进步就意味着退步,要想不退步,就要学习。通过学习,自我感觉已经比以前有能量多了,遇到问题不再束手无策,而是不慌不忙地逐一解决。当然生活中新的问题会不断出现,需要用新的办法去解决,那我就得和孩子一起努力学习,永无止境,相信生活会越来越美好。

做一个学习型、成长型的妈妈,感觉真好!

如果每个家长都能够扮演好这六个角色,孩子在我们眼里是立体的,是多面的,以发展的眼光看待孩子的问题,我们就不会盯着孩子的某一个不足之处,用多种沟通方式与孩子沟通,孩子感觉到父母的爱和理解,就不会觉得家长唠叨,也比较容易听取家长的建议,这样做家长就会从容得多。

巧做优点瓶与缺点瓶

让我们先来欣赏几幅优点瓶与缺点瓶的优秀作品(详见本书彩页):它们都是小朋友与家长共同完成的,且各有特色,别致有趣,不论远看还是近看,都宛如一件件美丽的工艺品。

各式各样的、大大小小的、用途迥异的瓶子,孩子和大人们并不陌生。给孩子做优点瓶与缺点瓶,要巧用心思,有创意有亮点,才能达到奇妙的暗示、教育、激励效果。具体操作如下:

1. **瓶子的精心准备**。选择两个透明的瓶子,玻璃的或塑料的皆可。一个大一些,比较漂亮,另一个小一些,也难看一些。大而漂亮的,做优点瓶;小一些而难看一些的,做缺点瓶。在瓶子外面分别贴上标签:优点瓶、缺点瓶。

2. **小卡片的精心准备**。选择孩子最喜欢的颜色的纸,可以是一种,也可以是几种,剪成他(她)最喜欢的小卡片形状,此为优点卡片;选择孩子最不喜欢的颜色的纸,可以是一种,也可以是几种,剪成他(她)最不喜欢的小卡片形状,此为缺点卡片,备用。

3. **挖掘优点,反思缺点**。与孩子一起,根据"先肯定优点,后指出缺点"的原则,首先把他(她)所拥有的优点罗列出来,然后再罗列出还存在的缺点。在表述时,既要简明扼要、抓住关键,又不要太抽象太笼统太概念化,尽量具体一些、形象一些、有针对性一些。让孩子一看就清清楚楚、明明白白知道确切所指的问题,以有利于行为的导向和优化。比如,同样是表述孩子"注意力集中"这个优点,用"看书、写作业时很专心"比"专心"要具体一些;而"在一段时间里一心一意做好一件事情"又比"学习、做事时很专心"具体。特别提醒:为了让孩子提高自信心,优点与缺点的比例,不妨按照3∶1或2∶1或7∶3来确定。

4. **把优点、缺点分别写到小卡片上**。在每张小卡片上写一个优点或缺点。书写时,尽量做到清晰、工整、不涂改,字体大小适中。

5. **把小卡片分别放进瓶子中**。想必大家已经清楚了:把优点卡片稍稍折叠逐一放进优点瓶,缺点卡片放进缺点瓶里。于是,优点瓶、缺点瓶就做好啦!把它们摆放在孩子的书桌上或家中比较显眼的地方,起到提醒和装饰作用,一

举两得呢。

6. 有计划改正缺点。让孩子自己决定，首先改正哪个缺点（也可以采用随机抽取的方式，让孩子自己从缺点瓶中抽出一张，并自定改正该缺点所需要的时间。一旦孩子在计划时间内改正了，并且在一段时期内能够保持，那么之前的该缺点卡片，就换成优点卡片，比如，之前有"写作业时经常涂改，作业不美观"的缺点，现在改正了，那么就变成优点卡片："现在作业涂改少多了，整洁美观。"

巧做优点瓶与缺点瓶，是"悟诚心灵天使"特色心理作业之一，深受孩子与家长们的喜爱。那么该创意从何而来？缘自咨询训练实践经验及灵感：

第一，在咨询训练过程中，我们发现如何以恰当方式评价孩子，也许对大家并不那么重要，可对孩子们而言，却是关键而敏感的问题。先肯定、再指出孩子的不足、每次指出不足不超过两点、每周及时给孩子写进步卡、表扬单，往往收到意想不到的效果。巧做优点瓶与缺点瓶，是进步卡、表扬单评价方式的拓展与丰富，形式上更活泼且更有立体感，孩子的体验感也更强。凝聚着小朋友与家长心意心力、新颖而充满童趣的瓶子，也不知不觉起到实物提醒的作用呢。

第二，在给孩子们做注意力、记忆力训练中，我们发现不少孩子都喜欢有创意的手工制作，于是想到了新的对接：把孩子的创意制作与关注自己的心灵成长对接起来，并通过形象、直观、对比（优点多于缺点）的方式，让孩子们更乐意不断发扬优点、逐步克服自身不足，从而在优化性格与行为习惯的点滴努力中不断进步、自我超越。

第三，在"聪明的家长 Hold 住"课程中，我们发现不少家长在评价孩子时，很容易被孩子的缺点牵着鼻子走，还容易形成思维定势。只要说到孩子，就忍不住说这个不好那个不是，且以抱怨和责怪的口气不断重复说；孩子也觉得委屈，自己再怎么努力都得不到父母的肯定，既泄气又茫然。如何迅速改变家长轮回式的负面评价和抱怨情绪、同时也促进孩子的进步？巧做优点瓶与缺点瓶是不错的解决之道。

第四，遵循了优化心灵品质、优化行为之递增递减原则。所谓递增原则，意指需要肯定、鼓励和正强化的心灵品质或行为，显然主要指向孩子的优点；而递减原则，意指需要淡化、改正的那些心灵品质或行为，显然主要指向孩子的缺点。当缺点不断被克服、改正后，优点也不断地增加了。这一增一减，恰恰让家长和孩子都看到了变化，且努力往好的方面迈进，动力也更足了。

中国式家长如何走出困境?

中国式家长的现状扫描

"忙完家务忙孩子",中国式家长,育儿心切、责任心重、日子忙累,堪称世界之最! 在父母的心中、眼中,孩子就是太阳,就是月亮,为之倾注的时间、心力和心血难以言表! 而一切都是为了"望子成龙、望女成凤",可结果却往往事与愿违。主要体现在:

1. **聚焦孩子过于集中**。从孩子的起床、穿衣、洗漱、吃饭,到孩子的上学、接送、整理书包、准备学习文具;从每天的听课表现、备忘录的签字过目到每门作业的完成、错题订正;从学科的家庭作业到穿梭于兴趣班、学习班的来去往返……围绕孩子及孩子相关的事情,宏观的、微观的,大大小小,林林总总,应有尽有! 一切都在家长的关注中、操心中、牵念中,可谓是才下眉头却上心头! 在过度聚焦孩子的过程中,家长也渐渐失去了自己,淡化了自己的学习和成长,忘记了自己的娱乐和休闲,日子也越来越趋于平淡和枯燥。

2. **为孩子耗时过多**。从周一到周五,上班前匆匆忙忙为孩子,下班后忙忙碌碌也为孩子……家长就像一只不停旋转的陀螺,每天十几个小时飞快地旋转,给孩子的时间多了,给自己的时间就极为有限。每天下来,家长都精疲力尽、身心疲惫。晚上10点以后,孩子终于睡觉了,才拥有短暂的黄金时间,用于放松娱乐。到了周六、周日,总该可以松口气了吧? 才不呢! 你看吧,家长带着孩子穿梭于家庭、学校以外的各种兴趣班、补习班,继续辛苦地奔波着……孩子和家长的时间就这样被狠心地、无奈地透支了,彼此都累瘫了,甚至出现了身心健康危机,还美其名曰:一切都是为了孩子!

3. **替孩子包办过多**。某女生的哭诉:"妈妈,你只有让我死,我才能解脱。我死了,你们只是痛苦一时,我活着,你们将痛苦一辈子。不要把我死的事告诉爷爷奶奶,他们年龄太大,经不起这个打击。"女生家长的哭答:"听着你的哭诉,妈妈的心都碎了! 难道妈妈做得还不够? 从饮食起居从穿衣吃饭整理房间甚至上课的课程表都给抄好压在玻璃板下。你从小到大饮食搭配合理,衣着得体,甚至连发型都给你设计好,为什么你还不满足? 为什么不感到幸福愉快而感到异常痛苦甚至想到死?"

在中国式家长的眼里,孩子永远是孩子,家长习惯于充当着"全能管家"的角色:孩子的一言一行、一举一动要管;孩子的作业要陪、要盯;孩子交朋友、出去玩要审;孩子的兴趣爱好要压;孩子升学择校、工作择业要卡……这种母鸡孵小鸡式的包办方式,或者说大树遮挡小树的覆盖方式,看似细心全面的爱,不仅让孩子透不过气来,而且剥夺了孩子自主思考、自主管理、自主成长的时间和空间,剥夺了孩子积极创造的热情和动力,更致命的是剥夺了孩子的纯真和快乐。也许孩子只需要一根香蕉,可家长往往给他一筐苹果!虽然是以爱的名义,却恰恰因为盲目的非爱行为带给彼此过多的负累而不自知,这恰恰也是中国式家长的悲哀啊。

4. 为孩子过于焦虑过多。根据悟诚教育心理中心问卷调查以及与前来咨询的家长交流中发现,中国式家长90%以上存在不同程度的紧张、焦虑情绪,中、高度焦虑比例高达30%以上。如果孩子有注意力不集中、记忆力差、厌学、行为习惯差或有行为问题、情绪障碍、时间管理混乱、亲子沟通不畅等情况,家长的紧张焦虑就更为突出,有的家长忧心忡忡诉说:自己因压力大、焦虑重无法很好地得到调节而几乎接近崩溃,与此同时心身疾病的红灯也频频亮起:失眠、效率低、容易发火、健忘……更令人堪忧的是,家长的焦虑往往又会转嫁到孩子身上,导致亲子关系、夫妻关系的紧张与恶化,甚至恶性循环。

5. 被孩子埋怨也多。中国式家长为孩子付出了心血和爱,也希望获得爱的回报。可事实恰恰相反。根据我们调查,70%以上的孩子认为家长不理解自己!听听孩子们的心声和怨声吧:

学生A:爸妈在我读幼儿园时就为我设计了人生路,让我必须按照他们的"设计"之路走。为我报了各种班:钢琴、绘画、书法、口语、奥数……全然不顾我的时间、感受和承受能力。我的娱乐爱好被剥夺,睡眠不足、经常惊醒……是父母使我的童年生活枯燥无味!

学生B:每天放学以后,我都迟迟不肯回家,不是我不想,而是害怕、恐惧!在我的脑海里充满着妈妈的唠叨声,爸爸的粗暴责骂声……每天一回家,父母就审问似的问:考试没有?成绩怎么样?久而久之,我产生了畏惧心理,也越来越不想读书了,甚至想去流浪。

学生C:我父母总喜欢拿我和别人家的孩子比,拿我的缺点和弱项与别人的优点和强项比。比来比去,总显得我一无是处,于是就把我抓得越紧,这样我的逆反情绪也就越来越强。爸爸妈妈,你们这样比较太不公平了!你们严

重打击了我的自信,也让我觉得自己真的不如别人,渐渐地自己也放弃了。失去了自信的我,做什么都提不起劲头!可你们还怪我学习没动力!我的动力已经在你们的一次次否定中麻木了呀。

孩子的怨声载道还有很多……家长的委屈也很多!

根据悟诚教育心理咨询中心的咨询实践和研究发现,中国式家长的盲目爱、盲目行为,不仅使自己身心疲惫不堪、焦虑不堪,也是导致孩子出现学习问题、心理问题、行为问题的重要原因。这不可不引起足够的重视!如何走出这种困境呢?关键:要改变孩子首先从改变家长开始,要改变结果从改变方法开始。

1. **要有静心反思的勇气**。中国式家长陪孩子学习的时间过多、过密,总是担心孩子缺乏学习自觉性和主动性,不少家长责怪孩子不爱学习并为此伤透脑筋!其实,孩子大多是愿意通过学习去了解新东西、探索未知世界的,尤其是孩子在幼儿园的时候,很多孩子对学习、学习活动充满着好奇心和探索的热情。随着年龄的增长,不少孩子的确会变得讨厌读书、讨厌学习,尤其讨厌作业,被动式学习的孩子越来越多,焦虑的家长也越来越多。孩子不喜欢学习,原因有很多,家庭因素影响所致的却占了大多数。家长首先需要静心反思:

(1)我是不是极少鼓励和称赞孩子?

(2)我是不是经常唠唠叨叨地催促孩子看书、写作业?

(3)我是不是每当孩子打开电视机,就问孩子:你作业完成了没有?

(4)我是不是经常拿孩子的成绩和别人进行比较?

(5)我是不是总是要求孩子考试成绩要排在班级前几名?

(6)我是不是动不动就发火,甚至打骂孩子?

(7)我是不是经常给孩子报他不喜欢的课外学习班或额外布置很多家庭作业?

(8)我是不是经常在孩子做作业时说个不停、表示不满意而让他重新再做?

(9)我是不是经常当着孩子的面和另一半吵架?

(10)我是不是很少在周末或节假日带孩子出去玩?

如果家长的回答,大多数是"是",需要改变的就更多了!

2. **着眼于孩子的健康成长**。不可否认,孩子的主要任务是努力学习和打基础,学业成绩虽然很重要,可孩子的健康成长、一生幸福更重要!孩子的成长和发展,如花开,似树长,需要时间,需要适宜的阳光、空气、雨露、养料,需要成人的悉心呵护和引领。在这个过程中,家长付出很多,要关注、重视和操心的问题很多,比如:孩子的身心健康、亲子关系、人际关系的和谐、性格的优化、良好习惯的养成、学习兴趣的激发、学习情绪的调节、时间的科学管理、学习方法的优化等等。在千头万绪的问题中,孩子的"身心健康、快乐成长"是根本、是主线,如果偏离了这个根本和主线,以牺牲孩子的身心健康、快乐成长为代价,就会适得其反甚至造成恶果。所以,家长应从一味聚焦孩子的学习、作业、考分,转移到关注孩子的"身心健康、快乐成长"上来!

3. **家长的学习与自我成长**。要给孩子一杯水,家长就要有一桶水或一池水。家长要明白"磨刀不误砍柴工",通过自我学习和自身的不断成长,才能成为优秀的家长,才能更好地引领孩子,给予孩子最好的帮助。以此为目标,建议家长:每天坚持阅读、学习半小时,在学习内容上,可以多选择一些与教育、心理相关的知识和内容;多与一些有经验的家长交流,从他人的分享中启迪和提升自己;坚持写家庭教育随笔,收集自己点滴的成功感悟和经验;与孩子角色互换,创设机会,换位思维,放低姿势,重新体验孩子的学习和生活……

4. **把时间和选择还给孩子**。首先,请家长静心想想:哪些时间属于孩子自主支配的,还给孩子吧;哪些时间是家长额外给孩子增加负担所挤占的,把这些额外负担减去吧;哪些决定属于孩子个人的选择,还给孩子吧。其次,建议家长学会科学管理时间,不妨把每天的 24 小时大体划分为三大部分:三分之一给工作和事业,三分之一给家庭和孩子;三分之一给自己的学习和成长;而在每个三分之一的时间里,无论做什么,都要 100% 的专注和投入。不久的将来,你会发现惊喜的变化!当然,在不同阶段,这三个"三分之一"的时间分配可以做一些微调,可以灵活对待。

5. **重视亲子间的有效沟通**。这是重中之重。沟通是为了一个设定的目标,把信息、思想和感情在个人或群体间传递,达成一个共同协议的过程,也是指传递和接受信息的过程。亲子之间的有效沟通,可以融洽亲子关系,缩短彼此之间的心理距离,提高教育的效率和效果。

在沟通中,多一些耐心聆听,多一些贴心鼓励,多一些正向肯定,多一些双向互动;少一些主观臆断,少一些生硬命令,少一些负向评价,少一些单向灌输和说教。沟通的方式、表达意愿的方式是多种多样的,比如:言语、书信、小纸条、电话、网络、短信、游戏、活动、小礼物、沉默……可以根据不同的时间、地点和实际需要灵活选用。沟通是纽带,沟通是桥梁,家长要学会有效倾听、感觉和表达,让沟通变成好习惯。

6. 适当减压,降低焦虑度。中国式家长压力大,处在情绪负重状态,需要从紧张、焦虑的心境中解放出来。如何减压?建议如下:首先找出压力源,并按照压力大小进行排序,为减压提供客观依据;其次,以积极心态,正视压力的存在,不逃避,把压力转化为弹力和动力;再次,学习和掌握一些自我减压、降低焦虑的方法,比如:积极心理暗示、深呼吸、深度睡眠、泡热水澡、运动、练瑜伽、阅读、听音乐、摄影、欣赏图片、绘画、书法、看电影电视、聊天、旅游、趣味游戏、幽默笑话、催眠放松等等,还可以寻求专业人士比如医生、心理咨询师的帮助。

走出身心疲惫的困境,钥匙就在你自己的手中!

本文是心雅应《康复·健康家庭》杂志所撰写的特约稿,刊发在2013年第3期"身心场"栏目,原标题为:忙完工作忙孩子,"中国式家长"如何走出困境?

父亲陪伴孩子的N种方式

亲爱的爸爸,你再不陪我,我就长大了!

——孩子的心灵呼声

有人说,父爱如山;也有人说,父亲是男人最温柔的名字;还有人说,父爱如暖阳……再深厚的父爱,也在陪伴孩子中生动呈现。

在家庭中,父爱与母爱在家庭教育中有着同等的作用,父母的角色都不可缺位或替代:父爱所给予孩子的独立、有主见、坚强、刚毅、大度、幽默等心理品质的影响,在性别角色的获得、认同以及婚恋情感的模式等方面,父亲的作用都不可忽略。《爸爸去哪儿》亲子真人秀节目,自从开播以来,就吸引和触动了不少观众,也促使人们关注和思考父亲这一角色在孩子成长过程中的重要性。现实情况如何呢?上海悟诚教育心理咨询中心曾针对"家庭中父亲陪伴孩子的状况"进行过调查(包括咨询中分别对父母、孩子的访谈),结果发现:90%的孩子希望父亲抽出更多时间陪伴自己;45%的父亲认为自己工作太忙,亲子活动参与得少;24%的父亲则感觉亲子活动太单调,不知道该如何陪伴孩子;10%的父亲陪伴方式还经常出错,例如无底线满足孩子的物质愿望、将手机等电子产品长期塞给孩子玩、在陪伴中不断苛责孩子等等。

在教育心理咨询中,也常有家长对我说:作为孩子的父亲,我也知道陪伴孩子的重要,可我应该如何陪伴孩子呢?我说:只要真心想陪伴孩子,方式可以有很多,关键是选择合适的,让爱与陪伴,伴随着孩子的健康成长。

陪伴,就是随同作伴之意,也是在一起之意。陪伴是最长情的表达,陪伴主要包括空间陪伴、肢体陪伴和心灵陪伴三大类,三者相对独立也相辅相成。具体方式有很多。父亲陪伴孩子的N种方式,你常用到的有哪些呢?

1. 爱妻子,并与她一起陪伴,这样的亲密关系,足以给孩子妥妥的安全感。家庭是一个独特的系统,在这个系统中,夫妻关系是家庭关系的核心,一个有爱的家庭,是给孩子最好的礼物,也是给家庭最好的礼物。我曾不止一次地与亲友、家长们分享过我的切身感触和欣慰:我的父母,善良勤劳,性情温

和,彼此之间特别恩爱,我从小到大,从来没有见他们吵过架、发生过哪怕是很小的冲突,让我觉得特别的安心、踏实和幸福。他们相爱相伴,慢慢变老了,彼此依然是对方眼中、心中的宝。在咨询工作内外,我也接触了不少令我担忧的相反的情况:那些夫妻关系出现严重问题的家庭,由于夫妻关系紧张、冲突或冷漠隔阂,陪伴孩子也变得苍白无力或困难重重,因教育孩子造成的纠结就显而易见了。

2. 让孩子靠在自己的怀里或肩膀上甜甜入睡,自己也趁机眯一会眼睛。这样的相互陪伴,是不是很贴心、很温馨?尤其在孩子小的时候,爸爸的怀抱就是最可靠的港湾,爸爸的肩膀就是最有力量的依靠。一位男孩这样告诉我:在我小的时候,就特别喜欢和爸爸一起玩,我们无拘无束,尽情地玩耍,玩到累了、困了,爸爸就坐下来,让我躺在他的怀抱里,我靠着他,很快就进入了甜美的梦乡。有时候,在梦中,我感觉爸爸变成了一个奇妙的大摇篮,我在摇篮中美美地享受着,舒服极了。醒来时,爸爸问我:你刚才笑什么呢?我把梦中的情景告诉他,爸爸也呵呵地大笑起来:好啊,爸爸就是你的大摇篮!温暖舒服的大摇篮!

3. 大手牵小手,父子手牵手多走走,或是一起散步,或是一起等待谁,让爱与温暖通过掌心和指间欢快地流动。牵手,看似简单的手部接触,实际上有着非常深厚的意义。

一位网友在回忆中动情地说:"小时候,妈妈在很远的地方上班,她是高中班主任,常常周末才能回家,偶尔也会周内回来,那时通讯不发达,没有手机,家里也没有电话,不知道她哪天能回来。有一段时间,每天傍晚,爸爸拉着我的手,走到大十字路口,在路边等妈妈。那时还没有公交,我们会盯着每一辆载客的中巴车,期待车到站,下车的是我的妈妈。后来,我和爸爸会数经过的中巴车,有时候,已经数到很多,我们都知道妈妈今天不会回来了,爸爸说走吧,小小的我心存侥幸地说,数到70我们就回去。第70辆车,妈妈没有出现。那就数到100,妈妈还没下来,就回去。现在眼前总能浮现夕阳下,爸爸和一个孩子蹲在马路上的背影,每次想起都会落泪,又心酸又幸福。"(摘自公众号KnowYourself)

4. 小手大手在扳手较劲,不为输赢,只为让爱与力量在自然融合中增长。在孩子的眼中、心中,爸爸往往是力量、勇敢和坚强的代言人。爸爸让孩子与自己扳手劲,既是有趣的健身锻炼,也是让孩子感受力量、呈现力量的途径。不要担心孩子力气小,坚持下去,必有意想不到的效果呢。

5."爱我你就抱抱我"。简单的陪伴方式,带来的亲情连接,可让孩子笑得像盛开的花朵。孩子越小,渴望大人的怀抱越强烈。这个阶段,可以多抱抱孩子,包括拥抱,都能够给与孩子足够的安全感和温暖感。

6.多久没有背过孩子了?那厚实的后背,曾经是孩子快乐的记忆和依恋。一位朋友在回忆中写道:小时候,我就喜欢与父亲一起去看露天电影,电影结束后,我也有些困乏了,父亲就对我说:"儿子,你自己坚持走一段路,余下的一段,我背着你走,一直把你背到家。怎么样?""好啊,当然很好!"我兴高采烈地说,仿佛一下子有精神了。我跟在父亲身边,一边和父亲说着电影,一边开开心心地往前走,一段路就不知不觉地走过了。父亲说到做到,蹲下身子,让我手扳着他的肩膀,轻轻松松地把我背起来,还打趣地说:"噢,去年5(5岁),今年6(6岁),我家儿子又比去年大一岁啦,呵呵。"我的父亲有趣又有力量,给我的童年留下了非常美好的记忆。后来,我自己也当了爸爸,也有了可爱的儿子,虽然露天电影已经成为历史,但是,背着小儿子快乐行走的习惯和故事却延续了下来。

7.爱游戏是孩子的天性。与孩子一起快乐游戏吧,游戏的方式也很多,很多。

游戏,古时称"戏、游嬉",亦见"嬉或游"之名。《礼记·学记》中写道:藏焉修焉,息焉游焉。意思是:学习时就努力进修,休息时就尽情游乐,将游戏视为学习之余放松、休息的基本方式。而《幼训》则明确指出了游戏对儿童发展的作用:优而游之,使自得之,自然慧性日开,生机日活。对儿童进行教育,宜顺应儿童的自然发展规律,游戏则是最主要的手段。

儿童时期是人一生中很奇妙的时期,游乐与游戏,是孩子活泼可爱的天性的反映。在我眼中,真心喜欢与孩子在一起的人,愿意花时间陪伴孩子一起游戏的大人,都有率真的天性。想起《欢乐颂2》中的生动片段:安迪、包奕凡在村子里和孩子们一起玩游戏,扔沙包,奔跑,玩闹……那一刻,他们是那么的无忧无虑,那么活泼开心的笑。

8.一沙一世界,和孩子一起玩沙吧。英国一家报纸曾经举办了一次有奖征答活动,题目是:在这个世界上谁最快乐?获大奖的四个最佳答案之一是:"正在用沙子筑城堡的儿童。"是啊,沙子对孩子有一种天然的亲和力,在玩沙活动中,感知觉、观察力、想象力、创造力都能得到较好的发展,手部肌肉、协调性也能得到锻炼,可谓一举多得。与孩子一起去玩泥玩沙吧,不要嫌孩子满手满身的脏兮兮。如果有条件,带孩子一起去海边,海滩上的泥沙子那么多,可以配上其他辅助物,比如树枝、花朵、玩具小动物、管子、瓶子、木块、泡沫板、小旗、易拉罐等等。通过探索和练习,可以提高挖、埋、堆、架空、垒高等动手技能。在玩沙过程中,根据孩子的年龄特点和兴趣,遵循从简单到复杂、从易到难的原则,可以造梦幻城堡、童话公园、日月星辰、山山水水、未来学校、智能化小家,还可以根据春夏秋冬季节的变化,玩出不同的沙中风景。只要孩子乐意,可以玩个尽兴,玩出创意与无尽的乐趣。

9. 教会孩子学骑车,然后与孩子一起骑行吧,这种运动型的陪伴方式,一举多得,何乐而不为？一位好学善思睿智的父亲,学习了我们的亲子课程后,与孩子扬扬商量,利用周末彼此有空的时间,有计划地开始父子骑行与书香之旅:也就是与儿子一起,骑着自行车,寻找上海有特色的书店。想象着他们一路悠悠地骑着自行车,愉快地寻找,迎着书香而去,那是多么美好而又意义的事情啊！而扬扬的爸爸也满怀喜悦地分享了他们的收获:每个周末,带着孩子一起骑行,既能锻炼身体,又能一起去领略上海的角角落落,去感受上海这座城市的文化底蕴。因为孩子喜欢公园,我们骑遍了上海大大小小的公园,寻找那城市中一抹抹绿色的点缀。因为孩子喜欢阅读,我们又决定去寻找上海大大小小的书店,寻找那浩瀚书海中的未知。从家附近的长宁书城,到天山图书馆、虹桥镇图书馆,再到福州路大众书局,骑车的路程越来越远,书店的历史也越来越悠久,在福州路大众书局,了解到书局已开业有100多年的历史,孩子和我禁不住啧啧称奇,肃然起敬！这一路骑行,收获的又岂止是这些……

10. 与孩子一起看书吧、阅读吧,一起沉醉于书香韵味中。这种方式,永远都不过时。一位父亲联系自己的实际,深有体会地说:"用读书这样一件孩子可以终生受益的活动来构建父亲和孩子的亲情纽带,是一个家庭的无价之宝。积极参与亲子阅读活动,是父亲观察孩子成长过程的一个极佳方式。任何一个父亲,再忙也会关心自己孩子的成长,会关心孩子的身高体重或是学校成绩。不要忘了孩子成长过程中最神奇、最有趣的是语言和跟语言密切相关的认知能力的成长,这些神奇和有趣在跟孩子一起读书的过程中最能充分表现出来。"

男孩、女孩喜欢的书籍和阅读方式,往往不一样,而爸爸选择的书籍和阅读方式,和妈妈也会有很大的差别。所以,父亲尽可能地参与到孩子的早期阅读中去,才能对妈妈温和的阅读方式产生互补。

11. 讲故事,孩子是听不够的。故事里的世界丰富多彩,让陪伴的意义也丰富起来。孩子们喜欢听故事,也在故事中认识世界、认识自己。不要以为讲故事只是妈妈的任务,爸爸给孩子讲故事,有着独特的好处呢。有一首好听的歌《爸爸给我讲故事》(林一佳原唱,词曲:张志林),让我们一起欣赏歌词:

爸爸又要出差了吗
这个月已经第5次啦
每次带回的娃娃 都长的差不多
小人书也看厌了啦
不过我和妈妈都会体谅你啦
你是我们的英雄啊
我爱唱歌 跳舞 穿漂亮衣服
生活是你拼出的美丽童话

我爱听爸爸给我讲故事
小叮当骑着白龙马
要我学习聪明的蓝精灵
用功读书像一休哥哥
我爱听爸爸给我讲故事
小丸子追不上豆豆龙
要我学习勇敢的葫芦娃
像麦兜一样坚持梦想
我和妈妈都超爱欺负你啦
你是我们的灰太狼呀
我爱唱歌 跳舞 穿漂亮衣服
生活是你拼出的美丽童话

我爱听爸爸给我讲故事
小叮当骑着白龙马
要我学习聪明的蓝精灵
用功读书像一休哥哥
我爱听爸爸给我讲故事
小丸子追不上豆豆龙
要我学习勇敢的葫芦娃
像麦兜一样坚持梦想

爸爸要多陪佳佳和妈妈

还有很多游乐场我没有去过呢

以后我念书了 就没有时间

听你讲故事啦

12. 与孩子一起玩音乐吧，或聆听，或唱歌，或弹奏乐器。在陪伴中，提升孩子的音乐素养，还可以让音乐愉悦身心、调节情绪、激发灵感与潜力。作为一名从事教育心理咨询与心理写作的专业咨询师，多年来我一直喜欢音乐，聆听音乐与阅读，成为我每天的必修课与曼妙的心灵体操，我常常住在音乐里，也常常建议家长们，多走进音乐世界，与孩子一起感受音乐世界的奇妙与神奇。

欣赏音乐，无需太多的言语与分析，在非常放松的状态中，更多的是当下的聆听、感觉、想象。随着音乐，或想象着自己到了一个最喜欢的地方：也许在水中游泳或云中飞翔，也许在草地漫步或林中呼吸。随着音乐，想象会呈现不同的意象，清晰的、模糊的，都没有关系，任由音乐引领，任由感觉发生就可以了。

音乐是媒介，让音乐与身心连接，与情绪连接，让身心与音乐共频。当音乐流动时，还可以尝试想象着让音乐扫描自己的身体，可以是全身，也可以聚焦在某个部位，比如头部、肩膀、胸口、腹部、脚底……感受音乐能量的流动、传递、融合。此时，用心感受、觉察情绪的变化，喜悦或伤感，宁静或起伏。时而像花朵在绽放，时而像瀑布在倾泄而下，时而像小鱼在水中畅游。

关于音乐、乐器、个性：人有内倾、外倾、思维、情感、直觉、感觉等个性特点，而乐器以及乐器传递的音乐也一样，有着独特的个性。乐器的个性，就像人的嗓子，有的嗓子清亮激越，有的嗓子浑厚低沉；有的嗓子柔美，有的嗓子粗犷……了解乐器的个性，也就能更懂得音乐，懂得自己在音乐中的情绪。乐器有多种多样，呈现音乐的个性也各有特色，比如，被称为"乐器之王"的钢琴，个性更像水，高端大气，充满灵气，有着灵动的优雅；古琴的个性给人深沉内敛之感；而箫的个性似风，自由、自在而飘逸……而你喜欢什么乐器，也预示着你喜欢、偏爱它所呈现的个性，或者你的个性与它的个性有相通之处。乐器有个性，音乐有情绪性，一般情况下，你可以让孩子自由选择自己喜欢的乐器，自由选择让自己感到舒服的音乐。

音乐是人类与生俱来的本能。音乐属于每个人，更属于爱音乐的人。在

音乐中,让该发生的自然而然地发生。让音乐与身心连接,感受音乐,也是感觉自己。在音乐中发现一些独特的东西、平时在非音乐状态下无法呈现的东西。在音乐世界里,有着言语所能抵达、所无法抵达的丰富与奇妙。爱音乐吧,让音乐为陪伴添上美妙的翅膀!

13. 嗨!与孩子一起画画吧。拿画笔的孩子很神气,爱艺术的爸爸很帅气。我们发现,很多孩子都喜欢画画,画画可以培养孩子的专注力、观察力、想象力、创造力、审美力、意志力和记忆力。画画时,可以定主题,也可以任由孩子自由发挥。记得我儿子的绘画老师说过:"绘画的最高境界是在像与不像之间。"所以,也提醒家长一下:在孩子画画时,爸爸不要过多地"指导",而应怀着好奇与喜悦的心情,去欣赏、去发现画中的世界、画中的奇妙。

14. 陪伴孩子一起做玩具吧,锻炼孩子的心灵手巧。一位爸爸分享经验:以前陪伴女儿时,我们一起玩玩具,这些不同的玩具都是从网上或玩具店购买的。我发现,开始时,女儿都很开心很感兴趣,可没过几天,这些玩具就被她丢在一边。后来,我开始琢磨:我是不是可以与女儿一起尝试做玩具呢?女儿听了我的想法,拍手赞同。我们开始行动了:我们买来面粉,用水和好,揉捏成软硬度刚刚好的面团,然后按照女儿喜欢的样子,做成不同的形状,有可爱的小动物、花朵、小娃娃等,等这些玩具干一些后,我们再根据需要,涂上不同的颜料色彩。看着我们亲手创作的玩具,女儿和我都很有成就感,别提有多开心了!有了这次成功的体验,后来我还尝试制作其他玩具,包括小房子、小花瓶、小礼物,女儿的专注力、动手能力、创造力也提高了,对玩具也更珍惜了。

15. 嘿嘿!爸爸与孩子一起运动吧!可以相约一起打球,去跑步,真过瘾!累了,还可以说说悄悄话,大小都俏皮可爱。还可以一起去爬山或游泳,锻炼勇敢与吃苦耐劳的心理品质。不过,这些具有挑战性的陪伴方式,必须注意安全哦。

16. 做孩子的好朋友,是不是很哥们?好朋友,当然常在一起啦!与孩子一起聊天,以平等之心,放低姿势,用轻松随意的言语和方式,既可以天马行空、自由畅想,也可以聊聊彼此的欢喜与烦恼;既可以分享各自的所见所闻与乐趣,也可以彼此欣赏对方的优点;既可以说说笑笑风趣幽默,也可以说说彼此心中的小秘密……特别一提的是:分享是很有效的亲子交流方式,爸爸可以给孩子分享一些童年的经历、工作上的挫折、成就,让孩子更加了解父亲,也可让孩子学会分享自己的挫折、成就。分享之后,你会发现孩子和爸爸的心理距离更近了,关系更和谐了。

17. 照片是历史的眼睛，与孩子一起拍照留念吧！曾经看过一个微视频，内容很感人：片中的父亲，从女儿很小的时候开始，就以父女俩每年在某个城市同一个地方留一个合影的方式，见证女儿与岁月一起成长，与亲情一起成长。一直到女儿工作以后，父女俩依然保持了这个温馨而充满爱的习惯。很舒心的画面，让你不知不觉地为之感动！

18. 电影里有丰富的人生。佳片有约，与孩子一起观看电影吧！好友橘子曾分享她先生与女儿一起观看影片《摔跤吧！爸爸》后的感想，读来令人感动：《摔跤吧！爸爸》这部电影真的很好，我看了很感动，也很受启发。这部影片首先是关注性别平等的，这一点有国家地区差异，中国要比印度等东南亚国家醒悟得早。同时，也是关于父爱亲情的，这一点全世界乃至动物界都一样，天下父母对孩子的爱都是相通的，所以，无论是父母，还是孩子都受到很大心灵震撼。只是上苍没把如何爱孩子的方法直接教给父母，这也许是上苍的一个重要留白，是想让天下父母去经历生活、去体验人生、去用自己爱的源泉滋润幼小的生命，上苍把爱的权利交给你就是让你塑造出一个个独一无二的、非常有力量的人间天使！这部电影还是关于教练的，父母是孩子的第一任教练，也是孩子人生的终生教练。教练，不仅仅是教你生活的方法和技术，更重要的是和你一起树立和清晰规划你的人生目标，调整你的心态，挖掘你的潜能，影响你如何做人；是让你做到头脑清晰、思维敏捷、用心感受、目标明确、坚持去做；是引领你去感受生命是如此的鲜活，充满着各种可能性。其最终目的是帮助你在自己身上找到力量，做最好的自己，成为最好的自己！我为我女儿感到自豪和幸福，你是独一无二的，你是最好的！谢谢女儿！

19. 重视心灵陪伴，与孩子一起成长。心灵陪伴是空间陪伴、肢体陪伴的升级，可以促进陪伴双方感情的融洽、融合与紧密联结，建立更为和谐亲密的亲子关系。在心灵陪伴中，重视内心真实感受的交流与沟通，始终保持对孩子的兴趣、喜爱、好奇之心，耐心聆听孩子，走进孩子的心灵世界，感受孩子的童真童趣，了解孩子的所思所爱，所喜所忧，觉察与懂得孩子的情绪变化，当父亲像"知心大哥哥"一样及时传递关爱、信任和提供心理支持时，孩子就会拥有足够的安全感。

陪伴的方式还有很多，可以根据实际情况有所选择。只要父亲眼中有孩子、心中有爱，懂得孩子的需要，注意与孩子沟通，陪伴就不再是一个难题。

互动微问答：

1. 忙碌的父亲如何陪伴孩子？

A. 陪伴孩子的时候一心一意，时间上有限，就在质量上多下功夫。

B. 陪伴形式灵活多样，比如不能在身边陪伴时，可以通过电话、短信、微信、视频等方式，让孩子坚信：不管父亲在天涯海角，或是满世界飞时，都在关心自己、陪伴自己。

C. 养成与孩子打招呼的好习惯。无论是离开还是从外地回来，无论时间长短，都要提前与孩子打个招呼，让他对你的来去有预期，增强安定感，也弥补"不在"的某些缺失。

D. 增加沟通互动，在父亲和孩子一起玩的过程中，也是最放松的时候，孩子容易敞开心扉，父亲正好和孩子进行心灵交流。

E. 在缺失父爱的家庭，爷爷、叔叔、舅舅等男性则需要尽量多跟孩子相处，弥补给孩子成长造成的影响。

2. 父亲陪伴孩子时要避开哪些误区？

A. 无原则的溺爱、迁就。不管是否合理、正当，孩子要什么就满足什么，助长了孩子的骄横与任性。

B. 人在心不在。与孩子在一起，自己却一味地玩手机或看电视，孩子的话似听非听，对孩子的情绪、行为反应迟钝。如果经常如此，孩子不但感受不到父亲的真心实意，也可能模仿了大人的坏习惯。

C. 陪伴孩子的方式过于单一、乏味，要么过于沉默无语，要么经常重复一些大而空泛的说教。久而久之，彼此都缺乏兴趣、耐心与恒心。

D. 唠唠叨叨地对孩子进行批评教育，或者总拿别人家的孩子进行盲目比较，引起孩子的反感、烦躁与逃避。

E. 把陪伴孩子与陪写作业、盯紧管紧孩子完全等同起来，孩子做作业时动不动就打断思路或让孩子重做，让孩子的心情很糟糕。

F. 过于武断，对于孩子合理、正当的要求，比如必要的休息、玩耍、买些课外书或玩具，也不予满足，让孩子很生气、产生抵触情绪。

G. 趁孩子的妈妈不在跟前，毫无顾忌地在孩子面前批评、指责孩子的妈妈，加剧家庭冲突与矛盾。离异家庭的父亲更要注意这一点。

H. 陪伴孩子时，喜怒无常，甚至粗暴打骂孩子，给孩子心灵造成伤害，加

剧了孩子的反抗与叛逆。

I. 只重视外在，忽视与孩子的有效沟通，忽视心灵陪伴，造成隐性失陪。

G. 认为父亲的角色是自然而然形成的，忽视学习和实践的体验和感悟。

 拓展阅读

父亲陪伴孩子的意义

（这部分内容是根据网上资料整理的，供参考）

科学研究发现，父亲的陪伴能为孩子的成长带来切实的好处。长期缺乏父爱，孩子可能会患上"缺乏父爱综合征"，从而造成认知、个性、情感、体格方面的障碍与缺陷。大多数流浪和出走儿童几乎都缺少父亲的关爱，多数辍学中学生几乎都来自缺乏父亲陪伴的家庭。

"早期父亲与婴儿之间的互动与情感联系是父子关系的一大基础，这将对孩子的认知能力及社会关系产生持续影响。"《社会神经科学（Social Neuroscience）》期刊发表的一份研究报告这样写道。

美国卫生和公众服务部于2006年发布的一项研究表明，"从出生开始，父亲陪伴时间更长的孩子情绪更加稳定，能更加自信地探索周围的环境；长大之后，他们与同龄人之间的相处也更加融洽。无论在家、学校还是邻里之间，这些孩子卷入纷争的几率都比较低。得到父亲深切关爱的孩子（如父亲在听到孩子哭泣时尽快回应，成长过程中与孩子一起玩耍等）与父母间更易形成安全型的依恋关系。"

美国纽卡斯尔大学的学者在2008年曾做过一项研究，对象是11000名50岁左右的英国人，结果发现，与父亲共度时光更长的人智商测试得分更高。同时，他们也更擅长与人打交道。"让人惊讶的是这之间的巨大差异。在父亲亲切陪伴下成长的孩子在30岁以后表现出了更强的适应性。"首席研究员丹尼尔·奈特尔博士说，"数据显示，在母亲陪伴的基础上多加父亲的陪伴，孩子的个人能力将得到显著提升，终身受益。"

美国宾州州立大学学者在2012年曾以200个家庭为对象做过一项研究，发现常与父亲在一起的孩子"总体自我价值感更高，因为父亲总是一心一意地照顾他们，远远超出社会既定的期望"。孩子与父亲共度的时光越长，无论是两人相处还是与他人相处，他们都将表现得更为自信。

"父亲会对女儿产生巨大的影响,比儿子更甚。在与父亲相处时,女孩的自尊心会得到提升,将拥有更加光明的未来。"莫尔豪斯学院社会学教授奥比·克莱顿博士说。父亲,是孩子生来遇到的第一个具有影响力的男性角色。父亲在孩子面前树立积极的形象,让孩子们知道该如何被男性对待,作为男性该如何对待女性。当然,这对女儿来说尤为重要。

学术期刊《管理学学会展望》(The Academy of Management Perspectives)于2015年发表的一项研究表明,父亲在工作之余多陪陪孩子,能从工作中获得更高的满足感。研究报告称,心系家庭的父亲的确不会那么专注于工作,但这并不会妨碍他们的职业发展。

近1000位职场父亲参与了这项网上调查。从调查结果来看,公司或许应该为这些父亲提供更好的福利,如育儿假、弹性上班制等,并为他们配备保育设施。"企业要认识到父亲对于孩子的重要性,并以实际行动支持他们,如设定弹性上班制度,不质问他们为何在保证工作完成度的情况下迟到早退等。"研究负责人之一、马萨诸塞大学管理系助理教授贝丝·K·赫伯特说。

当然,父亲并非就是孩子天然的教育者和引领者。称职的父亲角色,是在不断学习和育儿实践过程中逐步完成的。在育儿的过程中,不仅父亲对孩子的成长产生影响,而且孩子的出生、养育和成长也对父亲的"成长"产生影响。当父亲的都希望自己对孩子有影响力,然而许多人却惊讶地发现,其实父亲和孩子之间是互相影响的。他们通过养育孩子和对孩子的观察,使自己增加了不少对世界和对自身的了解。当父亲是自己在走向成熟的道路上迈出的最重要的一步。育儿体验刺激着父亲角色的加速确立,而且促进父亲个性的健康完善。在亲子沟通中,父亲的自我克制性、视野开阔性、生存感、责任感也会显著改变。"影响"是互动的,效应是广泛的。父亲角色的获得是一个需要终生学习、值得毕生为之努力的过程。

网络时代带来了教育的新观念,父亲的角色又有了新的内涵。父亲对孩子的爱不仅要有热烈的情感、具体的行动,更要具备爱的艺术。作为父亲,既要重视孩子的智能培养和科学技术训练,更要重视人文知识的熏陶和人文精神的弘扬,培养孩子的人文素质是父亲的主要职责。与传统的父亲角色比较,"新父亲"不仅是家庭经济的主要支柱,而且是各种家庭活动的重要支撑。父亲平常要多亲近孩子,关心孩子,与孩子建立起良好的亲子关系,创造宽松愉悦的家庭环境。这样孩子不仅能够从父亲那里感受到关爱,还能从父亲的气质、情感、智力等方面接受潜移默化的影响,使孩子不但有健康的身体,而且有健康的精神世界。

"聪明家长"在行动

鹈鹕爸爸手记：读不懂的小怪兽

陆悠

四岁的女儿有一本叫《小怪兽》的绘本，画的是某天爸爸妈妈收到一只神秘的包裹，里面放了个名叫"小怪兽"的小婴儿。随着小婴儿长大，他不停发生变化，从尖叫的秃鹰变成横冲直撞的小象，又变成野猪、喷火龙、蝙蝠、小野人；最后小怪兽终于长大，变成帅气礼貌的年轻人，也有了爱人，这时候发现爸爸妈妈变成了两只老鹈鹕。

好吧，我承认虽然心灵鸡汤谆谆教诲"爱孩子，更要懂孩子"，虽然爸爸妈妈学了好多心理学育儿知识，可是鹈鹕爸爸仍然读不懂我家的小怪兽。

小怪兽第一天送来时，鹈鹕爸爸捧着这个软软小小的东西着实有点手足无措。妈妈还躺在床上，护士姐姐送来一个小小量杯，里面有半杯奶，据说是小怪兽的口粮，鹈鹕爸爸需要沿着小怪兽的嘴角慢慢灌进去。鹈鹕爸爸后来问护士姐姐多要了两杯，护士姐姐惊讶道："你喂她那么多干什么？"鹈鹕爸爸没好意思说，有一半喂给了小怪兽的衣服。好在小怪兽还挺宽容，吃饱了就睡，穿着湿衣服也没提意见。

麻烦发生在晚上，小怪兽变身尖叫的秃鹰，哇哇大作，怎么也停不下来，抱也不是，放也不是，直到整个病房的怪物们一起大合唱。护士姐姐循声赶来，奇怪，她一抱就不唱了。护士姐姐教导说："小怪兽第一天离开妈妈的肚子，有点怕冷，包被裹紧点就好了。"可恶的育儿书，这么简单的道理都不写！

小怪兽在长大，变成小树懒，鹈鹕爸爸随时得挂在身上。小怪兽在家不睡觉，鹈鹕爸爸挂着去小公园逛一圈才睡，而且回家后得极其稳当地放入小床才行，稍有震动就变身尖叫的秃鹰。根据行为治疗原则，消退是个好办法。鹈鹕爸爸决定有一天趁外公外婆不在家时，执行消退疗法。结果秃鹰尖叫45分钟后，宣告治疗失败。拜托，华生先生，你的理论不怎么样哦！

小怪兽一直是个低体重儿，每次体检，医生都关照"你家孩子要加强喂养"。"加强喂养"说得简单，倒是要喂得进呀！为了让小怪兽多吃两顿，鹈鹕爸爸妈妈半夜里起来，用手指弹小怪兽脚底心，闹醒她以后再喂。小怪兽发脾气，鹈鹕们也疲惫不堪，算了，管她，总会长大的！后来，我们仔细想想，鹈鹕爸爸就是小个子，小怪兽当然也只能是拇指姑娘啦（事实上比拇指要大点），鹅鹕爸爸妈妈真是瞎操心。

弗洛伊德老先生说"消退疗法"和半夜里弹脚底心都是虐待儿童的行为，会造成"童年创伤"，好可怕！鹅鹕爸爸想想也惶恐得很，弗老先生呐，您这分分秒秒制造爸爸的创伤好嘛？

转眼小怪兽两岁啦！两岁的喷火龙！小怪兽拥有了强烈的自我意识和各种新奇的想法，可是她还不怎么会说话呀。要这样不要那样个，要往这里去不要从那边走，"不要、不行、不好"，摇头、摆手、踢腿、哭。鹅鹕爸爸妈妈有时候能猜到小怪兽的心思，有时候怎么也猜不到，真想变成小怪兽肚子里的蛔虫。实在猜不到时，只能抱着小怪兽"你就哭一会吧"。心理学说父母要有同理心，照顾好孩子的情绪最关键。

可是鹅鹕爸爸妈妈偶尔也会烦啊，鹅鹕妈妈安慰爸爸说："忍忍，忍忍，熬过两岁就好了，书上说现在是trouble two。"时间过得说快不快，说慢不慢，有天鹅鹕爸爸想起来："妈妈，小怪兽两岁生日都过了三个月了，怎么还在trouble？"妈妈回答道："哦，我查过了，书上说现在进入terrible three。"哪本书这么写的？给我看看，保证不烧掉它！！！

现在，小怪兽上幼儿园了。小怪兽的幼儿园有一个超级大的操场，还有美丽有爱心的老师们和一群小怪兽伙伴。小怪兽喜欢她的幼儿园，虽然也碰到种种挑战，并不妨碍她享受校园里美好的时光。

只是鹅鹕爸爸妈妈的微信里多了几个热闹的家长群。从此知道世界上有这么多幼儿思维训练班、学科培训班，小朋友有各种才艺的考级和比赛；有远见的爸爸妈妈们在入院的第一天已经为小怪兽们规划好上高中的路线图；同龄的小怪兽可以认识上千个文字，可以做两位数的加减法。耳闻目睹满大街的牛蛙，鹅鹕爸爸难免心中忐忑。

然而，心理学却说小怪兽们需要快乐的童年、健康的体魄，创造力和求知欲是未来学习的基础，健康的心理和良好的适应能力是心身发展的关键。哦，卖糕的！受尽心理学创伤的鹅鹕爸爸能不能再相信一次心理学？！

鹅鹕爸爸是个再普通不过的爸爸，只希望小怪兽健康、快乐、自信、自强，平实而不平庸。鹅鹕爸爸学了点心理学，育儿路上按图索骥，虽然一再落入坑中，可是依然盲目乐观，自信我的小怪兽经得起考验，毕竟小怪兽是爸爸人生路上第一以及唯一的实验小白鼠呀。亲爱的小怪兽，爸爸不会读心术，做不到完全懂你，然而爸爸愿意倾听你的心声，陪伴你慢慢长大。

《读不懂的小怪兽》，这是一篇关于绘本、育儿、父爱、心理的佳作，视角和表达方式新颖独特，文笔简洁、生动、优美且风趣幽默。鹈鹕爸爸（陆悠）是一个爱阅读、善思考、睿智而谦和的心理咨询师，是我们的同行伙伴，期待他有更多的佳作分享给大家，也深深祝福鹈鹕爸爸妈妈和宝贝女儿：相爱相伴，全家自信、快乐、幸福！同时感谢陆悠的分享！

（心雅微点评）

妈妈,请和孩子一起微笑!

有人说,青少年属于边走边笑、无忧无虑的年龄,所以,当我接触到这些满脸愁容的母亲与孩子时,我的心很难平静。注意力不集中的孩子,由于经常被老师和家长的批评,心情郁闷,纯真和灿烂的笑容消失了;看到家长脸上终日严肃,难得一笑,孩子稚嫩的心灵就更加沉重与无奈,自卑也在所难免……对于这样的孩子,在注意力训练过程中,情绪调节、帮助他们找回笑容与自信就十分重要。

——题记

"心雅老师,我家儿子小峰(化名)对自己要求总是太低,学习时注意力一点都不集中,真把我急死了!"这是一位气质很好的母亲当着我的面对儿子的评价。此时,她的脸是严肃紧绷的,不露一丝笑容,再看她儿子,年少的脸上写着淡淡的抑郁,标致的五官,却少了青春的笑容和舒坦。此情此景,如此清晰地展现在我的面前,而我的心,不由自主地,隐隐的痛,略略的沉。

小峰,男孩,十四岁,性格文静腼腆,就读于某所重点中学,初二年级。在咨询中,我了解到,小峰在幼儿园、小学阶段都很优秀,尤其是在小学阶段,曾参加全国、市、区、校各种比赛,获奖多多。但自从上了初中,由于优秀的学生聚集一堂,他的优势慢慢失去了光彩。令人担心的是,他上课或在家写作业时经常分神,或者在玩笔,或者在发呆,学习成绩日渐滑坡。老师急了,向家长打告状电话的次数逐渐增多;家长急了,向孩子施加的压力急速升级,母亲经常陪学、陪写作业,不断提高标准严要求;孩子急了,虽无激烈的言行反抗,却采用消极抵抗的方式应付着来自学校老师和家长(尤其是母亲)的压力。从此以后,母子俩的脸上很难再看到舒心的笑容。

如何找到一个打开孩子和家长心结的钥匙和突破口?我们以"找回自信与笑容"为总体目标,精心设计了训练的项目,并与注意力训练项目有机结合起来。

笑容回归：找回往日的笑容

为了让孩子和妈妈更深刻地体验到现在和过去的变化，我请他们把母子的照片多带一些来，尤其是以前面带笑容的照片和近期阶段没有笑容的照片。在注意力训练过程中，我根据他们的照片，让他们谈体会。妈妈说："以前儿子的照片因为笑容灿烂而更加可爱，妈妈自己以前的照片因为有笑容而显得更加年轻。现在看着，心里也高兴。而看到这些没有笑容的照片，自己的心情也觉得很压抑。"小峰说："唉，我现在的照片上笑得很少了。"一声轻轻的叹息，从孩子的口中发出，落在妈妈的心上，也敲打在我的心上。我带着思索的语气说："是啊，无论是大人还是孩子，当笑容渐渐离我们而去，该是怎样的一种遗憾与伤心？那么从现在开始，请妈妈和孩子一起找回遗失了的笑容。好吗？"他们都点了点头，我发现，妈妈和孩子的眼睛都有一种朦胧的水雾，我明白，那是他们被自己的照片和彼此的话语深深地触动了！

荣誉回忆：噢，我能行！

在注意力训练前的第一次咨询会谈中，我捕捉到一个很重要的信息：小峰在小学时是很优秀的，获得过不少获奖证书和奖状。为此，在训练过程中，我精心安排了这个环节：就是请妈妈和孩子一起把小峰以前获得的各种荣誉证书、奖状一一找出来，并按照时间顺序整理好，逐一拍成照片，并为照片写上简洁而贴切的解释语。也许时间会改变很多很多，那么让我们一起，穿过时光的隧道，重温曾经的成绩和荣誉，曾经放飞的梦想，伴随着成长的点点欢笑，找回昔日的自信与快乐——"噢，我能行！""我为小峰感到自豪！"

找找优点：噢，我真棒！

我把"优点自测表"分别给母子俩，请他们对照小峰的实际，把小峰的优点一一找出来。当他们完成了这项任务的时候，我发现，他们都露出了微笑：哦，原来小峰有这么多的优点呢！我微笑地说对母子俩说："小峰真棒！"紧接着，我让妈妈做一个简单的游戏：在一张白纸上画几个黑色小圆点。然后问她："如果把小峰的优缺点与黑白色作比喻，你会怎么比呢？"她很快就说："优点相当于大面积的白色，缺点则相当于几个小黑点。"我继续问："那么当你看这张白纸和黑点时,通常先看到什么呢?"她忍不住笑了:"心雅老师,我明白了。其实,小峰的优点还是很多的,就像刚才的优点自测表中所显示的那样。但是,我在评价儿子时,总是犯了一个错误,总是先看到黑点而忽视了更多的优点。我想很多父母都容易犯这样的错误。是吗?"我温和地说:"是的,你已经找到了自己的问题所在。我们的孩子有时候真不容易,哪怕有很多优点长处,可是大人总是看不到或者总是盯着那几个缺点不放。结果呢,孩子和家长都越来越沮丧,越来越没有信心。失去了信心,也就失去了快乐的笑容与前进的动力,这是多么可惜的事情!""所以,以后和孩子沟通时,要注意把握好两个技巧:一是先肯定优点然后指出不足,而不是相反;二是每次说孩子的缺点时最好不要超过两点,尤其是当着孩子在别人面前评价自己的孩子时。"小峰妈妈微笑地点头,我知道她真明白了其中的奥妙,因为在后来的训练中,她的笑容增多了,对孩子的评价方式也发生了变化,用她的话来说,自己对孩子的心态改变了,能够以微笑的神情和孩子沟通了。"孩子愉悦地学习了,我自己心情也轻松了!"

经过训练,小峰母子亲子关系中的情绪优化得到很大的改善,母子之间的冲突减少了,也找出了小峰注意力不集中背后的因素,应该说效果是非常明显的。在此基础上,以进一步优化具体学习过程中的情绪为核心,安排了以下项目:

心理暗示:先处理好心情,再处理好学习

针对小峰在学习过程中还会出现的情绪波动的实际,我以"先处理好心情,再处理好学习"为主题,从不同角度、按不同方式教给他一些积极的心理暗示的方法,并和他一起思考探讨,写出积极心理暗示的另外一些话语,并作为自己的座右铭。比如"我可以愉快地去学习""学习有苦也有乐""要让作业喜欢我,我首先要喜欢作业""把不感兴趣的事情变成感兴趣的事情本身就是了不起""变苦学为好学、乐学""每天进步一点点,就是卓越的开始""不要因为自己的某些不足而看不到自己的其他优点""我能够获得学习的成功""只要我愿意,只要我努力,我就一定能够更专心学习""我努力做到自觉主动地学习,让爸爸妈妈和老师放心""含笑面对学习和生活""生气不超过半分钟"等等。这些心理暗示,既是对心理的按摩,也是对行为的引领,还锻炼了孩子的记忆力(因为这些话语要求他都能够背诵出来而且记牢)。

让笑容绽放在永恒：为母子拍合影

　　随着训练的深入，母子之间的关系越来越融洽，小峰的学习自觉性和主动性有了很大的提高，开小差或发呆的时候少了，专心度提高了，不用妈妈陪读陪写作业了，学习成绩也有了明显的进步，老师的表扬也多了。母亲的神情舒坦多了，儿子的脸上也挂上了浅浅的笑意，是那样的动人。当注意力训练进入尾声阶段，我征得他们的同意，特意为母子拍了几张合影，让笑容绽放在永恒，并衷心地祝愿微笑之花伴随他们在每一天！

关于"让孩子做主"的你问我答

"我没钱、没权、没地位,死之前完全不知道该给女儿留下什么……想了想,我只能教会她做饭、做家务。让她认真地过好每一天!即使自己一个人也能好好地活下去……"

——《阿花的味噌汤》

 在聚焦!

小奇妈妈的脑子里装了很多的育儿理论,她看过很多教育方面的书籍,讲起道理来头头是道。她告诉其他家长一定要培养孩子的独立性,要将自主权还给孩子们。只有这样,他们才会变得自信、有责任感。其他家长深感赞同,特地组了一个微信群,方便有疑惑时求教。有一次,小奇妈妈和几位家长带着孩子在餐厅聚餐。点餐的时候出现一幕让其他人特别困惑的场景。其他小朋友都点了披萨,于是小奇也想点披萨。但小奇妈妈坚决不允许。小奇嘟着嘴说:"我也想吃披萨。"妈妈耐心地哄着:"我们不吃披萨,披萨不好吃,你看这里有炒饭,吃炒饭吧。"在妈妈的强烈阻止下,小奇只能吃炒饭。吃饭的时候,小奇耷拉着嘴,一粒一粒挑着米饭,眼角还闪着泪花。有妈妈看不下去,说:"让他吃点披萨吧,难得出来一趟,也让孩子高兴点。"小奇妈妈回道:"不用,不能惯着他,这点抗挫能力都没有怎么行!"另外一个妈妈忍不住说:"你不是一直劝我们让孩子自己做主吗?"小奇妈妈诧异地抬头说:"对呀。但孩子吃什么是个大问题,关系孩子的健康呢。家长当然要帮孩子做主!"几位家长你看看我,我看看你,说不出哪里不对,却又总觉得有哪里不对。

 有话说!

《阿花的味噌汤》讲述的是发生在日本一个普通家庭里的,悲伤却又感人的真实故事。

2002年,阿花的妈妈千惠怀孕了。这位身患乳腺癌的年轻妈妈不顾癌症复发的危险,坚持要生下阿花。妈妈千惠摸着肚子说:"能和阿花相遇,证明我在这个世上活过,这个比自己还重要的孩子,是我的人生至宝。"

果不其然,阿花九个月大的时候,千惠的乳腺癌复发了。随着癌细胞扩展到全身,她连抱阿花都开始感觉吃力!千惠充满歉疚地对阿花说:"妈妈要对你说声对不起,妈妈生病了,身体有点痛,抱不动阿花了。"看着幼小的女儿,妈妈千惠一直在想:"阿花一天天地长大,而我能在自己离世前,给她留下点什么呢?"

2007年,阿花四岁生日那天,千惠送了阿花一条围裙。千惠说:"虽然有点早,但从今年开始,想一点点地教她做菜了。"记得第一次看阿花用刀的样子,千惠的心都要跳了出来,可她还是忍住没出声,也没有伸手帮忙……"只要是阿花力所能及的,我都让她自己来。这样有一天我不在了也没关系。去幼儿园之前要准备的一些东西,我也不帮忙。我希望女儿一个人也能坚强茁壮地活下去。"

2008年,妈妈千惠在家人的陪伴下走完了这一生。而在过去的一年中,千惠留给阿花最珍贵的"遗产"就是教会她认真努力地过好每一天……

妈妈千惠走后,爸爸信吾每天用酒精麻痹自己,看着妻子的遗像哭泣。直到有一天,他看到女儿阿花走进厨房,搬来小凳子,拿起菜刀,把豆腐放在小手上慢慢地切起来,然后开火做饭。阿花爸爸这才意识到,阿花才是千惠留给他的最珍贵的"财产"!从那之后,阿花每天早上早起做饭、刷牙洗脸、出门遛狗、和爸爸一起吃早饭、弹钢琴,然后上学。下午放学回到家后,开始打扫卫生、晾衣服、整理房间。完全不用爸爸帮忙。爸爸加班的日子,阿花还会在睡觉之前给爸爸做好晚饭,并留下张小纸条提醒他要吃饭。

2014年,阿花一家的故事被改编成了电视剧《阿花的味噌汤》。12岁的阿花看完电影后红着眼睛笑着说:"我想妈妈了!"阿花一直坚守着和妈妈的约定,幸福坚强地生活着。看到这样的阿花,想必在天堂的妈妈一定会很开心!

阿花的故事感动了很多人,也让很多人陷入沉思。什么样的教育才是真正地在爱孩子、帮助孩子呢?我常想中国家长一定是世界上最疼爱孩子的家长。从孩子出生的那一天起就将其捧在手心抱着、哄着。只要是为了孩子,可以付出自己的一切。在养育孩子的过程中,有些家长习惯大包大揽地帮助孩子解决所有问题。习惯一边埋怨孩子依恋性强,一边强势地替他们做决定,而少有让他们自己做主的时候。对孩子似乎永远不放心,永远做不到放手。也有很多家长已经意识到培养孩子独立性对孩子健康成长的重要意义,尝试着将自主权还给孩子。但在这个过程中,家长会遇到很多让自己困惑的问题。比如:哪些事可以让孩子自己做主?哪些不可以?如果孩子的决定明显是错误的,还该不该让他自己做主?如果要干涉,尺度如何把握等等。下面我们将采用一问一答的方式和家长共同探讨这些问题。(Q 代表问题,即 Question 的首字母;A 代表回答,Answer 的首字母。)

"聪明家长"在行动

Q:为什么要从小培养孩子的独立性和责任感?

A:一个孩子独立自主意味着什么?意味着这个孩子可以自己照顾好自己,有着比较好的社会适应能力,有着较强的自控能力,有着健全的自我意识,愿意遵守规则,愿意承担责任。拥有这些特质的孩子通常都是健康的、积极的、自信的。

但通往独立的道路往往漫长又艰辛,离不开家长的培养、训炼和鼓励。丹麦著名家庭治疗师杰斯珀·尤尔说:"无论孩子长到多大,家长都肩负一项重要责任:营造一种能让每个个体健康成长发展的家庭氛围或良好互动。"孩子拥有的独立程度和抚养人有很大的关系。其实在孩子婴幼儿时期,当他们意识到自己是个独立的个体,有权自己做事时,他们就开始拒绝接受成人的帮助,渴望自己做一些事,并享受着因此所获得的成就感和快乐。

中国有很多包办型的家长。正是家长的这种包办行为导致了孩子依赖性强,遇事容易退缩,缺乏进取心和毅力。把自主权还给孩子,让他们自己做主。让他们在成功中体验成就感,在失败中学会为自己的行为负责,是孩子走向独立自主必不可少的一步。

Q:既然提倡让孩子自己做主,那么家长还该不该为孩子做主?孩子还需不需要家长的做主?

A:我的观点是需要。家长对孩子的成长担负着责任,也拥有着权利。在孩子的成长教育过程中,父母犹如"船的掌舵者",必须要有判断力和决断力。孩子往往只知道自己想要做什么,但不知道自己需要做什么,年龄越小的孩子越是如此。如2岁的孩子自我意识和独立意识都不断增强,但他们只知道表达自己的需求,自控能力却十分有限,也没有责任感。这时,就需要家长在某些必要的时刻帮他们做主,告诉他们什么可以做,什么不可以。

所以,真正需要家长关注的不是"该不该",而是家长要谨慎地、负责任地使用自己对孩子的权利。在使用家长权利时,首先要做到尊重孩子,认真对待孩子的需求、期望以及感受;站在孩子的角度关注他,了解他,以理解回应他的言行;承认孩子有表达的权利。做到这些后,家长再慎重地向孩子表达自己的意见(告诉孩子可以还是不可以,应该怎样等)。可能孩子照旧不被允许做某件事,但这种做法的好处是:能让孩子意识到自己的希望和需求是被父母重视的;自己是被尊重的;自己是有价值的;父母得到了孩子的信任;维护了孩子的自尊;促进了孩子责任感的发展。"让孩子自己做主"不等于"给孩子全部自由",请家长不要混淆这一点。

Q:如何把握家长做主和让孩子自主的界限?

A:生活中只要有需要做决定的事,家长和孩子之间不可避免地就会出现竞争(是听家长的还是听孩子的)。它的覆盖面很广,矛盾涉及到吃什么穿什么、吃多少穿多少、睡觉时间、起床时间、洗漱问题、家庭作业、游戏时间、零用钱给多少、怎么花用、孩子和谁玩等等。面对这些矛盾,家长要如何协调、把握分寸?

在孩子的生活中,只要是孩子能够做的、应该做的、做起来安全的事情,父母就应该让孩子有机会自己做决定,鼓励孩子去尝试。尤其是和下面这三个方面有关的,它们非常的个人化,应当允许孩子自己为自己负责。

◎他们的感官(如好吃或不好吃,冷或热,甜或苦等)。

举例:孩子说很热,家长却粗暴地说"这么冷的天气热什么热"之类的,强迫孩子多穿衣服。

◎他们的感受(如高兴、生气、沮丧、愤怒、喜爱等)。

举例:孩子因为丢了心爱的玩具而伤心哭泣,家长说:"这有什么好伤心的,不许再哭。"阻碍孩子情绪的发泄。

◎他们的需求(如困、渴、饿、亲密、疏远等)。

举例:孩子心情不好,想要一个人独处。家长却时不时去打扰,一会问心情好点没,一会送点吃的。

父母的做主内容更多应该放在大方向的把握,良好氛围的营造上。比如孩子的饮食,家长希望孩子能多吃饭。那么家长可以多花心思做主的是:荤素如何搭配,菜肴如何烹制,如何保证三餐营养均衡,饭菜尽量做得可口,用餐环境的布置等,用这些引发孩子主动吃的欲望。至于孩子今天具体想吃多少饭,是用勺子吃还是用筷子吃,是吃肉多点还是吃菜多点,这就应当由孩子自己做主。但家长往往因为担心孩子,只会拼命要求、哄骗,甚至靠打骂让孩子多吃点。这种把家长自己的问题(如担忧情绪的处理)和孩子的问题(如孩子的选择)混淆在一起,这对孩子的自立是无益的。

Q:孩子很懒,不愿做家务,为什么?

A:孩子不愿做事,和家长的讲话方式有很大关系。让我们看看哪些话最会打击孩子做事的积极性,家长你有没有说过:

◎你应该……

◎命令式的语气。

◎像你这么大的孩子,有很多都……

◎我像你这么大的时候,早就……

◎你看看别人,再看看你自己……

◎你要是这都做不好,我就……

◎看看,你又这样。真是不行呀!

◎怎么总是这样呢?

◎这都不会,你还会什么!

换位思考一下,如果你在生活中总听到别人这样评价你,你心中是何种感受?还会主动去做事,想方设法把事情干好吗?想要调动孩子做事的积极性,家长首先要学会"强化孩子的正面",将目光集中在孩子"会做的,做得好"的地方。只有这样,孩子才有把事做好的干劲。

Q:孩子每天上学都要家长叫起床,是继续叫呢还是让他们自己起?

A:理论上讲,5岁以上的孩子就能自己起床了。然而现实却是孩子越大越需要别人叫醒,这是为什么?

这和父母的表现有关。很多家长一边告诉孩子应该学会独立起床,但一到早上却又自动跑去叫孩子起床。孩子习惯根据父母的反应决定自己的行为——反正爸爸妈妈会叫我,那我就多睡几分钟。

那么父母怎么做比较合适呢?叫还是不叫?可以分情况对待。

如果你把每天叫孩子起床当成增加亲子亲密度的一件事,始终能够保持轻松、平静的心情去叫醒孩子,孩子也愿意听话起床,那么可以继续。

如果孩子总是叫不起,需要你不断催促才愿意起来。而你总会被他的行为激怒,会无法自控地批评、指责,甚至讽刺孩子。让不愉快的气氛从早晨开始就影响着每个家庭成员。那么就需要改变叫醒方式了。因为你和孩子的互动正朝着消极方向发展。你可以告诉孩子,以后需要他自己起床,父母不再承担叫醒他的责任。孩子起床和上学本就是他自己的责任,这时不妨尝试让孩子自己承担后果。最初他们可能会因为晚起迟到被批评,孩子甚至会埋怨父母,但这种情况很快就会消失。

Q:孩子做作业,家长每天陪读。这种情况还要继续吗?

A:从理论上讲,家庭作业应该是学生和老师之间的责任(完成作业是孩子自己的事情。通过作业了解孩子的知识掌握程度则是老师的事情)。但现在,很多学校和老师将确保孩子完成家庭作业的任务大部分交给了家长。多出来的责任让家长产生疲惫、厌倦感,负面情绪不断积累。若孩子学习习惯好,作业能够主动完成,家长会比较轻松。反之,家庭作业完成的时间和质量就会成为孩子和家长之间很大的一根矛盾导火线,严重影响亲子关系的和谐和信任。这时家长要怎么做?

解决问题的根本方法就是:把作业的主动权还给孩子,由孩子自己承担这个责任,并且体验后果。

家长可以分阶段放手,逐渐降低孩子的依赖性。家长可以尝试做下面几件事:

1. 营造积极、放松、温馨、相对安静的学习环境。家长不要看电视或手机,也不要防贼似地盯着孩子(怕孩子偷懒)。可以坐在孩子稍远处看自己的书。

2. 减少会分散孩子注意力的行为。不要一看到孩子出错就急于纠正。作业过程中也不要总是打断孩子,有要求(如是否吃东西、坐姿要端正等)在开始做作业之前提醒孩子。

3. 和孩子约定好,在一段时间内,如30分钟之内,大家尽量保持安静,有问题等下再问,把会做的题目先做好。这期间提问,家长可以不予理睬。

4. 让孩子自己检查作业,自己去发现作业中的错误,学会独立解决不会做的题目。他们可以查字典、查电脑、翻资料,问同学,问老师,最后才问家长。发现错误,家长没必要立刻帮他修改。家长不必过于担忧老师的批评,老师打过的"×"更能让孩子记忆深刻。

在改变的最初,双方都会感到困难重重。孩子难以承担自己的责任(没有家长监督,作业无法按时完成,被老师批评,成绩下降),家长难以放弃对孩子的控制(老师会责怪家长不负责任,孩子功课也可能落下,这种后果家长觉得无法承担)。但改变往往发生在坚持之后!

Q: 怎么做才能更好地培养孩子的独立性?

A: 要让雏鹰成为展翅高飞的雄鹰,就要尽力为他创造飞的条件和环境。想让孩子更加独立,除了强化家长这方面的观念,克制自己的过度付出和爱心,还可以有意识地引导孩子这样做:

1. 做他们自己能做的事。各个阶段的孩子都有适合他们年龄做的很多事。对于学生来说,有这样几件事一定要自己做。自己削铅笔;自己背书包;完成家庭作业后,自己检查、收拾明天要带的作业和书本;将第二天要穿的衣服和红领巾叠好放置在床边。

2. 教给孩子独立做事的知识和技能。要教会孩子怎么洗衣服,怎么叠被子,怎么整理房间,怎样才是有礼貌,怎样交朋友,碰到困难怎么处理……家长要将重点放在"教方法"上,只有孩子"会做"了,他才更"愿意去做"。

3. 选择1~2件家务由孩子专门负责,如拿报纸,倒垃圾等。培养孩子的家庭责任感。

4. 每周选半天时间,让孩子当家作主。在孩子当家的半天里,在保证安全的前提下,他要负责家人的伙食、打扫、买东西、安排活动等(参考平时家长做的事)。

5. 让孩子独立思考,自己决策。刚买的玩具不会玩怎么办?和朋友吵架了怎么和好?书桌怎么整理东西更好找……只要是孩子自己的事情就让孩子自己去思考、去解决。家长可以帮忙分析、提供协助,但千万不要帮孩子做决定,随便干涉,甚至包办。也不要认为"孩子小,什么都不懂",就把孩子排除在家庭事务之外。碰到家里有什么事情要决定,遇到什么难题,也可以邀请孩子共同商讨。

老子曰"无为而治",强调"无为才能无不为"。这不是说什么也不做,而是指不要过多干预,要顺其自然,要充分发挥对方的创造力。教育孩子也当尽量"无为"! 就让自己做一个"爱偷懒"的妈妈或爸爸吧!

孩子注意力不集中怎么办？

心雅老师：

您好！我是从《家庭教育时报》上知道您的。我家小孩今年读小学四年级，成绩不好，现在出现了很多问题。上课讲话、做作业动作很慢，注意力一点都不集中，我们家长想了很多的办法都没有效果，不知道该怎么办？希望您帮助我。

着急而迷茫的妈妈

心雅老师：

您好！我的儿子今年10岁，他的注意力一直不是很集中。比如我带他去参加书法班的课时，写字期间，如果课堂上有些什么响动或某位同学说了句什么，他马上就会去响应，而不像别的孩子专注地写字，心无旁骛。在家写作业时，也是拖拖拉拉，很少的作业要花大量的时间才能完成。为此，我常常失去耐心，对他进行说教甚至打骂，但都无效。为此，请教心雅老师，怎么才能让孩子的注意力集中起来，不容易受到周边的事物干扰，专心致志地学习？

谢谢！祝工作顺利！

期待得到帮助的学生家长

自2005年至今，我常常收到类似的求教求助信、电话，而前来悟诚教育心理咨询中心咨询和训练的孩子中，95%以上存在不同程度的注意力不集中及相关问题。在咨询过程中，在静静聆听和共情里，我深切感受到很多家长对孩子注意力状态的关注，也深切感受到家长们着急、焦虑、无奈和期待改变的迫切心情。

注意力集中，也就是专心，是指在一段时间里一心一意做好一件事情。注意力是智力的基本因素，也是观察力、记忆力、思维力、想象力的基础。聪明的孩子之所以聪明，除了天赋，更重要的是后天的学习和锻炼——聪明的孩子坐得住，他们在学习活动中，有着高度而持久的专注力与自控力。是否拥有专注品质与能力，不仅影响到孩子当下的学习、生活，也会影响到孩子的未来。

当孩子出现注意力不集中情况时，应该怎么办？如何提高和加强孩子的

注意力？家长可以做哪些有意义的努力？

1.首先要了解孩子注意力不集中的主要原因：对孩子的注意力问题及相关状况，首先要对原因"把好脉"：是病理性的注意力障碍（比如多动症）还是非病理性的注意力欠缺？是缺乏学习兴趣和动力还是没有养成专注的品质和习惯？是听觉注意力薄弱还是视觉注意力薄弱？是注意力的速度还是注意力的持续性有问题？是缺乏自控能力、意志力还是缺乏时间观念？主要是孩子自身的不足还是家长的盲目性加剧了注意力的分散？等等。可以是某方面原因，也可能是多方面原因。家长可以初步做出分析，必要时请专业机构、专业人士给予综合评估。

2.提高孩子的学习兴趣。这是提高孩子专注力的关键所在。孩子对学习越不感兴趣、厌学，越容易开小差。而学习兴趣越浓，专注力越高。一位对绘画有着浓厚兴趣的学生在作文中这样描写："我从小喜欢画画。浓浓的兴趣，让我觉得一天不画画就感觉到少了什么似的，我会千方百计地挤出时间画画。寒暑假是我挥毫泼墨的好时光，课间休息是我画连环画的好机会，黑板报更是锻炼我书画的好地方。这不，我的书画作品像小鸟展翅飞到了教室的墙上，于是树木成林，鸟儿成群……我突发奇想：新概念画画不是很好吗？我用棉花做白云，用火柴棒搭房子，用橡皮泥做小鸟、苹果树。一幅立体感强、色彩鲜艳、新颖有趣的创作画成功啦！"几乎所有的孩子都喜欢动画片，如果没有大人干涉，他们完全可以废寝忘食忘。几乎100%的家长都发现，孩子在感兴趣的事情上注意力都很集中，包括那些学习时注意力分散的孩子。

3.多给予积极的心理暗示，同时要树立自信心。比如："我可以我能够做到更好，我可以我能够记得更牢，我可以我能够听得更专心。""把一件简单的时间坚持做好就是不简单。"

4.经常做一些注意力训练趣味游戏。比如乒乓球静止训练、闭目单脚直立、快速数数、快速查找数字、趣味绕口令、穿珠子、注意力联想、后背写字猜字、拷贝不走样、信号拦截、心理绘画、心理DIY、创意手工等等，详细参看心雅、元子的著作《聪明的孩子坐得住——注意力训练趣味游戏》。

5.加强时间管理。针对做作业、做事拖拉的情况，在加强计划性的同时，实行定任务、定时间的方式。当然，所定时间要相对合理，且给出一些弹性、灵活的时间。

6.在学习、做事过程中，家长要尽量创造安静的环境，减少干扰因素。书桌尽可能地清爽、简洁；电脑、电视机尽量远离书桌；孩子写作业或正在看书时，大人不宜随意走来走去、唠叨不停、责备不停，切忌在孩子面前经常争吵不休。

7. 保证睡眠,多运动、多锻炼、多晒太阳,增强体质,把因睡眠不足或身体病弱而导致的注意力不集中降低到最低程度。

具体方法还有很多,可以根据孩子的实际情况,选择使用。注意力的培养和训练是一个过程,只要方法恰当、有信心、有耐心、有恒心,就一定会有进步。

互动分享:

你若专注,便是精彩

滔滔妈妈

滔滔上幼儿园了,老师反映坐不住,一刻不停,这让我备感焦虑。偶然的机会,认识了心雅老师,开始了专注力训练。

由于孩子很小,与其说是对孩子的训练,不如说是对父母的进阶提升。老师们从多方面,各个角度和我分享了育儿心得,让我意识到,家庭对孩子的影响是那么大,也让我坚定,要做一个智慧型的、情绪平和的妈妈。于是,把心雅老师、悟诚其他老师教授的一些方法技巧真实运用到了平日与孩子的沟通、学习、玩耍中。同样一件事,我会鼓励孩子多坚持一分钟,外出游玩或逛超市时,与孩子一起回忆一些细节,如颜色,数量等……当然,平日的这些训练,要让孩子觉得有趣,不枯燥,所以,同样的目的,我会采用不同的方法,穿插一些趣味夸张的表达等。心雅老师喜欢用灵气来形容滔滔,专注力持久,观察力强,性情好……这些,让我开心,但更让我开心的是,经过这一阶段的训练,孩子变得非常懂事,也非常配合,有时甚至做得比我预想得更好:会主动帮我记路线,离开时提醒妈妈是否忘记落下东西……种种这些,都让我感动,也让我更充满动力。哦,不,孩子其实一直都很好,只是之前的焦虑让我忽略了,幸得老师们点拨分享,让我与孩子一起学习成长。

每次与老师3个小时的咨询沟通,孩子在边上搭搭积木,做做手工,或绘画或做穿珠子等趣味游戏,看似没什么具体可量化的教学内容,但这种玩中学、润物细无声般的无痕化教育才是可贵的,符合儿童身心发展特点且注重激发孩子的兴趣,还特别重视对家长的微观辅导,而笔记本上的一字一句都是老师们多年实践经验的分享。授人以鱼不如授人以渔。我不眷恋外面各种各样的培训班,却唯独相信给人以心灵能量的悟诚咨询。因为我相信,专注力是一种高情商,是一种不可估量的财富!

与孩子一起勤记忆巧记忆

——孩子总是记不住怎么办？

心雅老师您好！

　　我的儿子今年11岁，正在读五年级。从小学一年级开始，成绩一直不好，属于班级倒数几名。他讨厌、也害怕背单词、背课文，今天背明天忘记。语文或英语默写，不是这里错就是那里错，他对自己的记忆力和学习能力越来越没有自信，说自己不是学习的料。我们家长也很着急！可我们又不能代替他背诵、默写啊。该怎么办啊？记忆力强弱是天生的吗？怎么帮他提高记忆能力呢？

无奈的家长

心雅老师：

　　您好！我的儿子今年上小学一年级，可能是学前准备没做好，所以上学比较吃力。最重要的是老师们都反映他上课人在神不在、懒。最糟糕的应该是语文。我知道他基础差，花在语文上的时间也最多，可他总是今天记住了明天就忘了。每堂课上完回家生字都记不住，到了家里我又要重新教，重新让他抄。他每天都要十点以后才能睡觉，成绩更不用说了。这样不仅他累，我都觉得累。这样周而复始对他的生长发育都会有影响。

一位焦急的母亲

心雅回复：

　　我很理解家长们的无奈、焦虑的心情。随着孩子的成长，生活内容与学习内容增多了，生活范围与学习范围扩大了，记忆世界越来越广泛、复杂，需要的时间也越来越多。如果把已知、熟记的知识和内容比作一个圆，那么，圆周触及的外界就是未知、陌生的部分。已知的圆越大，触及未知的圆外世界也越大。

　　有些家长或教师抱怨孩子记性差、脑子不好。其实，很多时候不是孩子的记忆力不好，而是他们对身边的事物根本就没有上心，或者根本不知道应该如何去记,如何运用科学的记忆方法,尤其是没有养成自觉记忆的好习惯,所以会经常出现"遗忘"或"健忘"的现象,到了默写、考试时,不是这里写错,就是那里记错,本该拿到的分数也因为记忆不全而丢掉了,非常可惜!包括那些智力不错的孩子。

记忆力既是一种重要的能力,也是智力的组成部分,影响孩子一生。拥有优秀的记忆力,可以使学习变得轻松很多。反之,记忆力明显欠缺,会使学习变得困难和烦躁,也挫伤学习的兴趣和积极性。我们不否认,在人的天赋因素中,记忆能力存在差异,但是,这并不意味记忆力能力是固定不变的,后天的锻炼和培养同样很重要。如何培养自觉记忆、勤于记忆、善于记忆的良好习惯呢?针对孩子目前的情况,可以尝试以下方法:

1. **首先要提高信心**。记忆力是可以培养和训练的,因为每个人的记忆系统都存在一定的编码,只要我们遵循记忆规律,掌握科学的方法,坚持训练,就一定能够提高。孩子害怕背诵、默写,这是需要打破的瓶颈和障碍,家长要多鼓励孩子,孩子自己也要自我鼓励!学会积极的心理暗示,比如"我可以、我能够记得更牢!",记忆的信心足了,记忆活动的能量也充盈了。

2. **提高记忆的兴趣**。相对而言,越有兴趣的内容,记忆的效率也越高。所以,关键要提高学习和记忆的兴趣,当品尝到学习和记忆的乐趣时,记忆就会在轻松愉快的心绪中完成!不妨先从记忆那些比较感兴趣的事物、内容开始,然后逐渐把兴趣迁移到不感兴趣的对象上。比如,让孩子首先去背诵或默写那些自己喜欢的字、词语、短句,再比如,把容易记错、写错的字、词语,单独挑出来,通过拆分部首并赋予独特意义或者画字的方法,记忆兴趣也会倍增。可以引导孩子多阅读一些记忆趣谈、记忆故事,多做一些记忆游戏。通过不同途径感受记忆的乐趣,自然而然,会从中获得启迪和引领。

3. **学习记忆方法,做到巧记忆**。比如在没有忘记以前及时复习、在理解的基础上记忆、分组记忆、联想记忆、专注用心、故事记忆、查找规律、图画记忆、游戏记忆、谐音记忆、动作记忆、对比记忆、特征记忆等等。更多的具体方法可以参阅心雅、元子有关记忆力的著作《聪明的孩子记得住——记忆力趣味训练手册》。小学五年级女生晓蕾在快乐成长记录册中写道:"以前,我最不喜欢记东西了,每次妈妈叫我背书、记单词,我就满脸的不高兴,嫌妈妈烦。就算是背了,记了,也没有耐心,一会儿就想到别的事情去了。唉,如果不要背书、背单词该多好啊。因为平时不喜欢记东西,所以,考试前就发急,弄得心情也紧张。后来,心雅老师教给我一些记忆方法,比如每天定一个小小的记忆目

标,包括每天背诵5个英语单词、每天背诵5句语文课文中的精彩句子,随时随地用心去记住一些什么,渐渐地,就可以把记忆当作吃饭、睡觉那么自然。这个方法真好,经过一段时间以后,我发现自己慢慢喜欢上记忆了,学校老师也表扬我默写有进步了,我的心情也越来越好。现在,我不用妈妈催了、叮了,每天都给记忆的胃"吃"几个单词、几个句子。如果哪一天我没有主动"吃"记忆,反而不习惯了呢。哈哈!"我们为晓蕾感到欣慰,她已经初步养成了自觉记忆的好习惯。

4.把学习记忆和生活记忆结合起来。生活中处处有记忆的机会、记忆的情景、记忆的内容,自觉做到多记忆、常记忆、勤记忆、巧记忆,那么,孩子的记忆力一定能越来越强!

小君,一个有些腼腆的女孩,喜欢画画,上幼儿园大班。妈妈是一位知识女性,在教育孩子方面也有方法。一方面,她让女儿上了一个少儿美术班,同时经常有意识地对女儿进行语言训练和记忆力训练,比如,她每天花10分钟左右的时间,让女儿说说当天最开心的事情。这里是母女的一段对话:

妈妈:"小君,你能不能告诉妈妈,今天在幼儿园里最开心的事情是什么呢?"

小君:"是老师教我们画月亮和星星。"

妈妈:"以前妈妈也教过你画月亮和星星呀,为什么今天你特别开心呢?"

小君:"我今天画得又好又快,老师表扬了我,还把我的画展示给全班小朋友看呢。"

妈妈:"老师是怎么表扬你的呢?还记得吗?"

小君:"老师说,小君的画,想象力很丰富,颜色也很美。"

妈妈:"你都用了什么颜色呢?"

小君:"我用了白色、淡黄色、粉蓝色、粉红色。"

妈妈:"你能说说你画的月亮和星星吗?"

小君:"月亮姐姐要当新娘了,她刚化了妆,粉红色的脸上挂着微笑,身上穿着一套粉蓝色的婚纱。月亮姐姐的朋友——星星们手捧礼物,都来给月亮姐姐祝福呢!"

妈妈:"噢,真的很美。我们家小君真会想象。"

小君:"妈妈,是不是想象力很丰富就能够当画家呀?"

妈妈:"小君问得好!画家想象力丰富。我们小君就像一个小画家呢。"

5.养成每天主动记忆的好习惯。

让孩子每天问一问自己：

今天我自觉（主动）地记忆了吗？

今天我专心（一心一意）记忆了吗？

今天我愉快（开开心心）记忆了吗？

今天我自觉运用了哪些记忆方法？

今天我记忆训练有进步了吗？

6. 围绕记忆目标，做好每周一次的记忆评定。

周次	记得快 （短时记忆） 用☆表示	记得准 （记忆准确性） 用☆表示	记得牢 （长时记忆） 用☆表示	好经验 （好方法、好习惯等） （用文字描述）
1				
2				
3				
4				
5				
6				
7				
备注	\multicolumn{4}{l}{1) 根据记忆的效果给予1至5颗星的评定。 2) 好经验，包括自己在记忆方面运用到的好方法、养成的好习惯等等。}			

记忆趣谈

记忆力的培养也是一个逐步积累的过程。从小开始培养孩子记忆的习惯，促进记忆力的良性发展。同时，应针对不同年龄段的孩子，给予不同的引导和训练。让孩子在记忆体验中明白：经常把记忆的网张开，才能捕到知识的猎物。

如果名校落空，怎么办？

名校落空，心不能落空。

中国的家长普遍都有"名校"情结。家长聚在一起，孩子的教育永远都是热门话题。小升初之际，很多家长都"望子成龙，望女成凤"，希望自己的孩子能进入一个名校初中。可也不是人人都能如愿以偿地进入名校，如果名校落空，我们该怎么办？

学生小铧： 我从上幼儿园起，就不停地被父母灌输名校的思想。我每天花两小时练琴，一小时游泳，三小时解数学题，每天都在学校与培训机构之间奔波；虽然现在才小学五年级，可是我经常睡眠不足，从来没有过一个自由自在、无忧无虑的暑假；因为上名牌中学这个崇高而又艰巨的任务，让我生活中的每时每刻都充满了目标，承载着压力。前几天，我去参加了一所名校的面试，可是面试下来，自我感觉不是很好，我每天都很担心，紧张到睡不着，我该怎么办？

小铧家长： 每次跟朋友聚会，我们讨论的话题永远围绕着"某某朋友家的孩子进入了哪所重点中学"，如果孩子的父母在场，那么必定成为当场的焦点，众多家长围着他们求教育儿经。在这样的环境下，我也不得不逼着自己的孩子考进名校，否则，朋友聚会上会很没有面子。可是，这次孩子面试下来的情况并不理想，我每天都是惶恐不安，不知道接下来该如何处理？

从小铧和家长的叙说、心声中，我们分明感受到他们的心理压力、无奈与困扰。这也是不少孩子、家长现状与心灵的写照。忍不住要说，中国的孩子真累！中国的家长，也真累！不仅体累，而且心累！这种累，主要来自长期以来应对、承载盲目的高目标、高要求所带来的繁重任务与压力。我们不是要否认目标，也不是要逃避必要的压力，合适的目标，是跳一跳能够摘到果子；合适的目标，是奇妙的动力，而过高的目标，尤其是只允许达成不允许挫败的目标，就会形成巨大的心理压力。

心理压力是个体在生活适应过程中的一种身心紧张状态，源于环境要求与自身应对能力不平衡;这种紧张状态倾向就通过心理和生理反应表现出来。完全没有心理压力的情况是不存在的。而压力过大,会导致一系列困扰,并影响到身心健康:担心、紧张不安、情绪烦躁、睡眠障碍、注意力与记忆力下降等等。

小铧,从幼儿园到现在,真不容易啊!小小年纪的你,一直默默地承受着如山大的压力,每天被家长安排的各种学习挤得满满的、满满的,满得几乎没有自己的时间,自己的自由,更没有体会到本该自由自在的童年快乐。小铧,你好让人心疼!多年的压力依然压在你柔嫩的肩上、心上。时下面临小升初,名校面试后,因为感觉不佳,新的担心、害怕又一次袭击你:你担心害怕落空;担心害怕对不起自己多年来的拼搏和家长的厚望。怎么办?我提几个参考建议:

1. 面对可能出现的落空结果,虽然比较难,也要学着去面对。在任何时候,我们能够做的是,做最好的自己,把最好的水平发挥出来,尽力之后就坦然面对挑选。

如果不能成为太阳,就做一颗星星,一颗最闪亮的星星;
如果不能成为大海,就做一条小溪,一条最清澈的小溪;
如果不能成为大树,就做一棵小树,一棵最葱绿的小树。

2. 不要为已被打翻的牛奶哭泣。如果名校真的落空了,就当是一次挫折与抗挫折的锤炼吧。没有谁的人生,不会遇上挫折、失败,永远一帆风顺。我们更欣赏那些能够经得住挫折甚至失败考验的人。名校落空了,我们对自己与未来的信心、希望和坚持不能落空。路还很长,勇敢一些、坚强一些、把眼光放远一些。好吗?

3. 学习一些自我减压放松的方法,缓解紧张状态:比如运用积极心理暗示"我可以,我能够面对挫折"等;深呼吸(五分钟左右);握紧拳头慢慢放松(五分钟左右);对着镜子微笑;泡热水澡;听轻松舒缓的音乐;适当运动;把紧张写出来或画出来;找自己平时感兴趣的事情做;读一些励志书籍等等……

4. 不要始终隐忍、压抑自己,尝试把自己的紧张不安感觉告诉家长,在用心沟通中让大人了解、体谅自己的真实感受,父母的理解是缓解压力的最佳力量。

5. 多与爱说笑的朋友在一起,等等。

孩子不轻松!家长也不轻松!从小铧家长的叙述中,我们也理解家长的期待和惶恐不安。在学校教学质量存在差异、优质教育资源不平衡的大环境下,家长对孩子寄予厚望,希望孩子升入好学校,这种想法也无可厚非。只是,当这种期待与孩子的实际情况出现落差时,家长如何面对、调节自己的心境,同时抚慰孩子担惊

受怕的心灵？是的，必须给自己减减压、松松绑了！唯有家长真正减压、松绑了，才能让孩子的压力真正减下来。为此，我给家长提以下建议：

1. 换位思维，设身处地为孩子着想。"如果我是孩子，名校落空了，我希望家长怎么做？"如此，家长才更能理解、体谅孩子的感受与心情。

2. 雪中送炭，而不是雪上加霜。孩子已经尽心尽力了，就不要苛责埋怨了，孩子的压力已经很大，给孩子一个深深的拥抱吧，面带笑容地对孩子说：孩子，我们知道你已经很努力了，这次考名校没有如愿，爸爸妈妈不怪你。未来的路还很长，相信你能够经受得住这个挫折、继续努力的。我们一起加油哦！

3. 悦纳孩子，放下面子，不盲目攀比。每个孩子都是独一无二的，也都有自己独一无二的优秀，包括已经显示的或潜在的。不拿自己孩子与其他孩子做无谓的比较。当朋友们在一起谈论谁家孩子考取了重点学校时，可以一笑了之。

4. 客观全面地看待每所学校，名校也是相对的。我们不否认名校的效应，它们拥有明显优质资源，但名校也并非一好百好，普通学校也并非一无是处。实际上，每所学校都有自己的特色、亮点与优势。关键还要看它是否适合自己的孩子。合适的才是首选的。如果孩子尽了自己最大的努力，还是离名校要求的水平有一段距离，说明该名校未必肯定适合自己的孩子。家长更要有一颗平常心。

5. 适当调整对孩子的目标要求，在时间管理上也做些调整。孩子长时间像陀螺般在飞快地旋转，几乎没有多少自由支配的时间，也实在太累了！面对升学，不应以损害身心健康、快乐成长为代价。小铧目前的状态，由于长期承受过重过强的压力，经常睡眠不足，还担惊受怕的，已经亮起红色信号，为孩子松松绑、减减压吧！

6. 适当做些静心练习，缓解惶恐不安的心情：比如运用积极心理暗示"我可以度过这段不安的日子""只要孩子好好的就是最好！""让孩子经受一些挫折也有好处"；深呼吸（五分钟左右）；握紧拳头慢慢放松（五分钟左右）；泡热水澡、听听轻松舒缓的音乐；适当运动；逛街；美食；把不安写出来或画出来；还可以带上孩子，全家一起出去旅游一次，在自然的怀抱中放飞心情。

总之，家长要用自己的宁静和爱心，来影响孩子的宁静与安心。

最后想对所有的孩子与家长说：少年时期该是边走边笑的季节。让孩子的快乐时光里，有缤纷的花朵，有美丽的童谣，有可爱的发呆……也有，我们深深的欢喜、笑容和回忆，而不仅仅只是考名校和做不完的习题。

性别教育,揭开神秘的面纱

性别教育微讨论、微点评

据相关调查表明:60%以上的家长对孩子的性别教育是忽视或缺乏正确方法的。性别教育,在时下的教育中,无论是家庭、学校、社会,都还比较欠缺。如何对孩子进行性别教育呢?

我们先看一个例子:曾经有一位年轻父亲带女儿到商场的女厕小便,父亲被后来入厕的女性斥为"神经病"。有人认为,年轻父亲作为成人违反社会秩序是有错,也有人认为他顺应女儿的性别选择适合她的厕所,性别教育的初衷是好的,方式却不妥。对此,你怎么看?我在微信群发起了一个微讨论,请看大家的回答:

Alisa:他可以请周围的女性帮忙带他女儿进去啊,不然他女儿会不会认为男生也能进女厕所啊。

春山一笑:嗯。

Alisa:相信会有很多人愿意帮他忙的。我认为解决问题的方法有很多,不能为了自己孩子的教育而不顾他人的感受,毕竟女厕所有男性进入很多人还是很介意的。

春山一笑:哈哈,我觉得性别教育还是要从小开始,且要选择合适的方式。现在有时候我大妈她们还会提起,说我一周岁的时候,我爸带我去男澡堂子,我回家后学会说荤话,我爸被我奶奶骂了一通。

心雅:是的。如果他把女儿带到女厕门口,让女儿自己进去,然后自己在女厕所门口外稍远一些的地方等待,就更妥帖了。由此想到:性别教育会涉及到很多方面,的确也被有些家长所忽视。

满基:对孩子缺少必要的性别教育,也许会造成成年以后的性别身份障碍。

心雅:赞同。所以,这个问题还挺重要的。欢迎大家分享一些自己的观点和经验。

满基：女儿幼儿园及小学时，我们给她订阅的各种适龄报纸上，其实有很多相关的教育，也可以帮助家长谈论这个话题，效果很好，也很生动。我买过一本欧洲的儿童人体读物，立体的，非常有趣生动，包括孩子如何出生，不过非常贵。

心雅：好经验！除了口授方式，借用你说的方式，挺好。还可以借用相关故事、绘本、影片等等。比如讲两个兔子小便的故事，以此来告诉孩子男女的区别。通过兔妈妈教兔宝宝拒绝小熊摸它来告诉孩子该如何保护自己。除了看绘本，我还会带孩子一起看动画片、纪录片。其中有一部片子，其中有一个片段让我印象深刻：成千上万的精子游向卵子，最终胜出者才有机会和卵子结合。在孩子对生命孕育的过程非常好奇的时候，我一边给他们讲解，一边鼓励孩子：你们能来到这世界，本身就已经是冠军了。

你若安好：我比较注重提高女儿对女性的自信。比如男生虽然有小鸡鸡，像水管，小便很方便，但是他们没有子宫，不能生小孩，女生的子宫是很神奇的……小的时候子宫没长好，大了来月经了就是告诉你它可以生宝宝了，平时就像没气的气球，每个月会分泌出血液来打扫房间，会有点涨涨的，如果有的女生从小吃很多冷饮，这时候就会肚子疼；男生就没这功能。怀孕的时候子宫里会有热水我们叫羊水，让小孩在里面游泳……如果世界上没有女人，就没有人类了……反正就见缝插针说几句，她觉得做女生很棒。

心雅：性别教育，涉及到多方面的内容，家长应该从哪些方面加强呢？本文抛砖引玉，与大家一起探讨。

性别教育，家长宜早准备、不回避

性别教育不仅关系到孩子的健全人格，还关系到孩子日后正常的社会交往、恋爱、婚姻、家庭生活，还会影响其心理发展。心理学研究指出，人在3岁左右就有性别意识了，3岁以后孩子逐渐意识到"男女有别"并开始以自己的性别身份自居。随着逐渐长大，孩子对男性和女性的着装、行为举止、性格特征也逐渐会形成比较全面的认识，与此同时也就逐渐形成了心理性别。为避免或减少孩子性格发展出现偏差，3岁前就需开始引导孩子的性别意识，比如告诉孩子：我从哪里来？男孩和女孩有哪些不同等等。要给孩子一杯水，家长要有一个池塘的水，所以需要好好学习、备课，做到心中有数。

性别教育宜根据孩子的年龄、身心发展特点而各有侧重点

在孩子成长的过程中,性别教育要抓住几个关键时期,有针对性地进行。

4~12个月:宝宝能够根据打扮、发型、声音、气味简单地区分男性与女性。这个阶段,家长可以从以下方面有意识地加强:

首先,给宝宝的打扮要与性别相符。偶尔的反串打扮,会让人觉得有趣好玩,但不能经常反串,否则容易造成性别错位症。在日常生活中,尽量不要混淆他们的装扮与对应的性别用品。一些国外医院,男宝宝和女宝宝从刚出生就会用蓝色和粉色的襁褓加以区分,让他们从小就意识到哪些是属于自己的颜色,值得借鉴。

其次,尽量做到不同性别的陪伴。儿童的性别教育在双性别的环境中进行更有利,除了让女性成员比如妈妈、奶奶、姥姥、保姆阿姨陪伴、抚育孩子,还应尽量让爸爸、爷爷、外公等男性成员参与到照顾宝宝的队伍中。尽量创造条件,从小让宝宝接触不同性别的亲人,力求让爸爸妈妈都多接触宝宝,让宝宝对男女不同对象的声音、气味、发型有所感觉与比较,学会区分人的性别。

1~2岁:这个时期的宝宝,不仅已经开始学讲话,同时还表现出对某些玩具的偏爱,男孩更偏爱力量型、酷型玩具,比如车子、机器人、变形金刚;女孩偏爱柔软型、美丽型玩具,比如洋娃娃等。这个阶段,家长可以从以下方面有意识地加强教育:

首先,可以直接、明确地告诉宝宝的性别,让他们说出"我是男孩(男生)"或"我是女孩(女生)",并引导宝宝观察身边的人,说说爸爸妈妈的不同等等。

其次,父母更应注意自己的言行举止与打扮。这个时期的宝宝,尤其喜欢模仿,宝爸宝妈要从自身的行为和装扮,扮演好自己的性别角色,给宝宝树立榜样。

再次,把性别教育融入到生活细节中,把如厕训练与区分性别结合起来,根据男宝和女宝的不同生理特点教会他们相应的一些清洁方法,比如手纸怎么使用等,适当做些示范。

2~6岁儿童期:性别角色发展的关键时期之一。这时期的孩子,都能正确地说出自己是男孩还是女孩,对性别差异充满好奇与兴趣,喜欢问为什么,但他们更喜欢与同性接近和玩耍,也会注意到异性与自己的不同之处。这个阶段,家长要注意哪些事项呢?

首先,不要回避孩子的发问,更不要轻易指责。因为好奇,孩子可能会问出一些令大人尴尬的问题,做出一些尴尬的事情,比如男孩偷看女孩小便,比如偷看爸爸妈妈洗澡等等,请不要过度指责,这正说明你的性别教育需要尽快跟上。可以通过故事、绘本、科教片等辅助方式,用深入浅出的言语,帮助宝宝认识自己的身体,坦然地告诉他们男生女生之间的区别,回答比如"我从哪里来的"问题对这个问题,有一位家长的回答很妙:"宝贝,你看见这朵花了吗?这个中间是妈妈,旁边的是爸爸,爸爸把花粉授给了妈妈,就结了果子。人也是一样的,你就是这个果子,你看,这个花妈妈肚子圆圆的,那就是它的孩子,你先是在妈妈肚子里,很小很小,妈妈吃了好东西,变成营养给了你,你就长大了,就从妈妈肚子里出来了,也就是现在的你了。"其实,巧妙的解答方法还有很多,无需敷衍、回避,更没必要骗孩子,因为你不需要讲得太细。

其次,结合安全教育,教会宝宝学会保护自己的身体。比如告诉女儿,无论她现在几岁,都不能让别人脱她的裤子,除了妈妈、奶奶,无论谁都不行。更不能让别人随便摸自己的身体,除了被轻轻拍肩膀、家人间拥抱是好的接触,遇到别人对自己施以的其他的身体接触,要立即离开并及时告诉父母。

再次,从小培养孩子的性别自尊。在宝贝洗澡前后衣衫不整时,一定要像对待成年人那样对待他,像宝妈带着男宝去女浴室洗澡也应该尽量避免。

青春期:在这性别角色发展的另一关键时期,科学的性教育尤为重要。

首先,要充分了解孩子的身心发展特点。"青春期"的孩子,生理急剧成长,而心理的成长却相对滞后。这时期,孩子自我感觉开始成长,他们强烈渴望独立与自由,努力摆脱原来的幼稚和束缚,摆脱对大人的依赖;心理上也变得更自尊、更敏感,更容易情绪起伏。在行为表现上,喜欢给自己作主,以证明自己的存在和能力。在与性相关的问题上,对异性的好感与爱慕,也会很自然地发生,也会很容易产生性冲动。

其次,性教育是青春期性别教育的重点、难点。青春期的孩子将面临着更多与性有关的情境,并常常自己做出决定,比如怎样的约会或社会交往是安全的?什么情境潜伏着性侵犯的危险?这个时期,学校的性教育固然要跟上,而家庭的性教育更不能放松,这个阶段的教育重点是异性交往中的性安全、性心理教育、自尊自爱与责任感。对社会中一些问题的看法(如婚姻、怀孕、出生),对出现在电视或报刊上报导的有关事件,如过早性行为、少女妈妈、性病流行的看法和公开讨论等等,都可以坦诚布公地和孩子交流。还可以选择一些相关书籍、影片推荐给孩子阅读、观赏。父母要教孩子做决定的技能,告诉孩子有关信息、价值观、自信,怎样去做会有最好的结果,并尽可能早的让他们有自

己练习做决定的技能的机会。在学习做决定的过程中,增加他们的责任感。支持孩子做出决定并尊重他们的选择也是非常重要的。

再次,恰当引导孩子的恋爱。当发现孩子开始恋爱时,既不要完全放任不管,也不要横加干涉、指责、打压,而要及时引导、尊重孩子的自尊、正当隐私与合理决定。

在尊重性别差异的同时也强调男女平等与责任

性别教育不仅仅局限于性别角色中的让男孩更像男孩,女孩更像女孩,同时还包含更广泛而深刻的内涵,比如让男孩从小养成尊重异性的习惯,明白异性并不是可以随意侵犯或施加暴力的对象。男孩子如何对待异性,不仅体现着性别教育的水平,也是社会文明水平的体现。正如一则公益广告所说:"不要对女性使用暴力,即使你手捧鲜花。"对于男孩来说,不妨多一点绅士风度和男子汉气质:对女性多一些呵护与谦让、刚毅、坚定、勇于担当责任;对于女孩来说,不妨多一点淑女风范:自尊自爱、温柔亲切、沉静优雅,善解人意等等。在家庭中,如果父母既展现出各自的性别优势,分工协作,又相互支持、共同承担家庭责任,就是对孩子极好的教育与影响。学校,则是男孩女孩接触时间最多的场所,宜营造男女同学交往中自然、轻松、和谐的氛围与环境。

在尊重男女性别差异、性别优势的同时,也要强调男女平等与责任。这种平等是在尊重自然性别特征前提下的平等发展,是人格的平等,自由心灵与智慧的平等,不是性别无差异的平等。不论是男孩还是女孩,都应在发挥自己性别优势、独立人格、独特魅力的基础上,善于向异性学习,克服自己性格上、心理上的弱项,促进身心的全面发展和人格完善。在这一点上,除了家庭、学校的教育熏陶、潜移默化作用,社会、媒体、舆论更应发挥应有的正导向作用。

性别教育温馨小贴士:

1. 性别教育的有效实施,需要家庭、学校、社会多方面的共同努力。

2. 为孩子提供尽可能完整和谐的双性别环境和双性别影响力。父母双方展现自己的性别优势,充分展现两性的互补作用。切忌在孩子面前进行性别角色优劣的较量,更不要寄希望于自己能完全替代对方给孩子以性别影响和教育。

3. 用学名帮助孩子认识身体器官,大人孩子都坦然。

4. 性别教育的形式可以灵活多样。幼儿可以用卡通图案和童话寓言,比如妈妈的卵子像荷包蛋,爸爸的精子像小蝌蚪之类。青春期性教育,要解释月经、遗精、性发育、性行为等知识,可以用子宫剖面图、生殖器胚胎成长过程、性行为3D图等直观形式,帮助理解。

5. 孩子总会在无意间看到成人世界的东西,家长无需紧张,也不必欲盖弥彰地进行补救。当孩子无意看到大人的裸体,大人可以从欣赏美景、人体艺术、绘画素描等角度,引导孩子正确对待"性"问题。如果引发了孩子对美的正确认识,家长还可以带孩子参观人体雕塑和油画展,一举多得。

6. 性别教育既要从实际出发,也要善于借鉴国外的一些好经验好做法。国外的性别教育,既有相同,也各有千秋。瑞典、芬兰、新加坡、德国、英国、美国、日本等国家,都有切实可行的性别教育方案与方法,值得我们学习借鉴。

附:国外的性别教育经验(精选)

认识性别是最初的性教育。国外的性别教育,既有相同,也各有千秋。

瑞典: 是世界上最早开设性教育课程的国家之一。从1942年开始对7岁以上的少年儿童进行性教育,教师采用启发式、参与式和游戏式的教学方法,在小学传授妊娠与生育知识,中学讲授生理与身体机能知识。1966年,瑞典又尝试通过电视实施性教育,打破了家长难以启齿谈"性"的局面。

芬兰: 政府、教育部门、学校、老师、家长们越来越认识到对青少年进行正面性教育的重要性,一面加强性道德教育,一面从性保健出发进行性知识教育。性教育大大方方地走进了中小学课堂,各种各样的性教育出版物图文并茂,连娃娃都有性教育小儿书。

新加坡: 性别教育从内衣分男女开始。新加坡的性别教育更侧重生活,尤其是内衣,从婴幼儿开始,无论是内衣还是外装,都是分男女装的,很多裹着尿布的男婴儿,已经穿着非常正规的男装三角裤,目的是让他们从小就知道自己是男孩。而对咿呀学语的孩子,妈妈们会不厌其烦地说着"你是男孩不是女孩"或"你是女孩不是男孩"。新加坡教育部制定了系统的性教育方案,设计了一套多媒体性教育教材《成长岁月系列》。

德国: 男生拥抱,女生亲吻。德国父母认为男宝需要认可,女宝需要呵护。在德国,经常可见到男孩如果帮了别人的忙,父母会给他们一个大大的熊抱,然后拍拍后背;而女孩通常会获得一个甜蜜的吻。因为,在大多数人眼里,拥抱代表肯定,而亲吻则代表保护和爱。

美国: 美国所有幼儿托管机构里,厕所是分男女的。幼儿到园的第一课便是认识厕所。孩子上厕所时老师就会提醒他们别走错了。在一个扎着小辫子女孩坐厕姿势的图案和一个男孩坐厕姿势的图案的标志下,幼儿们分门进出。厕所里的设施完全按正规男女厕所设计,只不过是尺寸小而已。因为好奇,如男孩跑到女厕所探个究竟,老师一般不批评,只是问他们是否看清有什么不一样。

英美等国家:目前,在英美等国家较为流行的"同伴教育",是利用朋辈间的影响力,通过发展青少年的自我教育和自助群体,抵御来自社会的消极影响。这一方式改变了青春期性教育中传统教育者(老师、家长)与受教育者之间的沟通障碍。由于教育的双方都是青少年,具有更多的共同语言便于交流。"同伴教育"以生物学、社会学和心理学知识为基础,用讲课、讨论、游戏、讲故事、知识竞赛等多种形式,并配合多种传播载体和实物模型,既生动又有效。目前,这一方法已引入我国和亚洲、南美的其他一些国家。

漫长暑假里,你用什么妙招让孩子眼睛发亮?

1. **让孩子睡到自然醒,而又不是整天在昏睡**。有质量的充足睡眠,眼睛当然有神!那么,在自由的时光里,依然需要一个科学合理的作息规则来约定。还可以为孩子准备一个可爱的小闹钟,设置好优美舒适的音乐铃声,让孩子听到音乐时,自己起床、穿衣。遵守规则,相信孩子能行!为孩子准备一份可口舒心的早餐,相信家长能行!

2. **让孩子有足够的运动和玩耍时间**。生命在于运动,乐趣在于玩耍。每天保证1~2个小时的运动、玩耍时间,室外与室内的活动结合起来,跑步、走路、骑车、打球、游戏……让孩子选择比较喜欢、能够坚持的项目,让孩子的能量在释放与补充中流动,让孩子的童真童趣童乐得到充分的满足。健康有活力、心怀喜悦,眼睛也在微笑!

3. **让孩子自己挑选几本喜爱的课外书**。暑期,也是阅读课外书的好时光。如何准备书籍菜单?家长与老师的推荐、引导,当然需要,而让孩子自己挑选2~3本自己真心喜爱的,同样需要。兴趣是最好的老师,因为喜欢,所以享受。阅读心爱之书,精神世界得到丰富滋养,眼睛亦为之闪亮!

4. **鼓励孩子动脑又动手,尝试创意手工DIY**。教育家陶行知先生说过:"人生两大宝,双手与大脑。"创意手工DIY,寓教于乐,何乐而不为?手工制作,动手又动脑:让孩子展开想象的翅膀,自己动手制作出色彩亮丽、形象生动的手工作品,在体验中提升审美情趣和艺术修养,同时也可获得多技能的培养、潜能的开发。用于创意手工DIY的素材可多啦:树叶、干花、纽扣、小布片、小珠子、绘画纸、餐巾纸、小贴纸、彩色丝线、鸡蛋、瓜果蔬菜……在富有趣味的创意活动中,眼睛因专注、探索、自信而动人!

5. **让孩子感受美,俨然一个小小艺术家**。这很适合爱摄影、爱绘画的小朋友。通过手机或相机或画笔,在家中,在公园,在游山玩水的地方,让孩子捕捉一个个美丽、美好、生动的瞬间,通过摄影或绘画,定格成永恒,并为每张照片、绘画作品配以恰当的文字。当然,如果父母擅长摄影或绘画,指导孩子就更有优势啦!图文并茂的画面,美的魅力和情趣,让眼睛与心灵沉醉!

6. 丰富多彩的游戏,让孩子的每一天都充满乐趣。儿童时期是人一生中很奇妙的时期,喜爱游乐与游戏,是孩子活泼可爱的天性所在。游戏,古时称"戏、游嬉",亦见"嬉"或"游"之名。《礼记·学记》中写道:藏焉修焉,息焉游焉。意思是:学习时就努力进修,休息时就尽情游乐。将游戏视为学习之余放松、休息的基本方式。而《幼训》则明确指出了游戏对儿童发展的作用:优而游之,使自得之,自然慧性日开,生机日活。对儿童进行教育,宜顺应儿童自然发展、身心发展规律,游戏则是最主要的手段。比较适合孩子的游戏包括:运动型游戏如跳绳、踢毽子、荡秋千、拍皮球等;智力游戏如猜字谜、下棋、走迷宫、脑筋急转弯、趣味绕口令等等。更多的游戏详见心雅、元子的著作《聪明的孩子坐得住——注意力训练趣味游戏》《聪明的孩子记得住——记忆力趣味训练手册》。

7. 家庭特色小报,让孩子学当小编辑。这是很有意义的一件事:可以激发孩子的学习兴趣并学以致用,和谐家庭成员的关系,营造温馨的家庭文化氛围,发挥家庭成员的智慧、创意与才能。创办家庭小报时,需重点考虑的要素有:刊头主题设计,简洁、新颖、创意并突出家庭特色;每个小板块的内容安排、筛选,力求健康、积极、科学、有趣;文字书写规范整洁清晰;美工修饰,使小报赏心悦目,看了就满心欢喜;孩子与家长共同商议,分工合作,扬长避短,形成合力。这项活动,不仅仅在暑期时进行,平时也要尽量坚持,一期一期办下去。

8. 其他方式还有很多。比如让孩子养绿植、学美食摆盘、制作节日贺卡、明信片等等,只要是孩子乐意的、安全的、有趣的、促进身心发展、激发孩子潜能的,都可以尝试。

请欣赏来自韦丹梅女士的互动分享。

我家女儿爱画画

韦丹梅

我家两个女儿都爱画画。姐姐是在不到 5 岁半的时候正式学国画,到现在有一年零八个月了,前一阵刚刚参加国画的五级考试。姐姐画画的启蒙老师是外婆,外婆会一些简单的画画技巧,姐姐大概是从会拿笔开始就一直跟着外婆涂鸦了。姐姐很喜欢画画,两三岁的时候就可以在外婆的陪同下画上一个多小时,有时候甚至一个下午都在画画。妹妹的启蒙老师除了外婆还有姐姐,妹妹是经常看着姐姐画画,然后自己在旁边模仿,姐姐也会时不时教一教她。因为看着姐姐去学国画,妹妹也吵着要去,所以妹妹学国画的时间很早,三岁半就跟着老师画画了,到现在妹妹也学了差不多一年了。

其实对于画画,我自己完全是个外行,只是在各种形式的画中,我更喜欢国画,因为国画是我们传统文化的一种,在文化背景上更容易被接受和欣赏。在带着孩子们尝试了一次试听课之后,她们就都喜欢上了国画。因为喜欢,每次国画课对于姐妹俩来说是一个非常愉悦的过程。尤其是在经过自己的努力之后,画出了一幅完整的作品,孩子会有一种满足感、成就感,这种快乐的感觉是难以言喻的。

画画的好处有很多,比如培养孩子细微的观察力、专注力等等,这是不言而喻的。就我家姐妹俩学国画的过程,突出的有这几点:

一、耐心细致

国画用的是毛笔,纸用的是宣纸。小朋友用毛笔的时候,如果不注意下笔的姿势,画出来的线条就不会是想要的效果,甚至会破坏一幅画,而且没有修改的机会;或者运笔过于用力,宣纸比较薄,那么很容易就会破。所以小朋友在画画的时候,必须心平气和,不能急躁,下笔之前需要思量,耐心细致才能画好。

二、学习能力、动手能力、观察能力

国画所用的笔有多种分类,按长短可分为长锋、中锋、短锋,按笔锋大小可分为小、中、大型号;所用的宣纸可以分为生宣、熟宣和半熟宣;还需要调色。不同的笔,有不同的用法;不同的纸,对画画的技法也有不同的要求;在调色的时候,要得到想要的色彩,颜色搭配的比例、加水的分量也是不同的。所有的这些,小朋友在画画中,都会学习到。这样,小朋友的学习能力、动手能力都能得到训练,并且自己会归纳总结经验。每一幅画都是不同的,小朋友在画之前要仔细观察每一幅画的特点、结构、着色,还有画对技巧的要求。在画画当中得到训练的的观察力也会让小朋友在日常生活中对身边的事物的观察更加的仔细,体会也会更深。

三、对美的感受

小朋友学习绘画还可以培养对美学艺术的感受和欣赏能力。而且国画不

只是只有画本身,还包括画作上的书法、诗句还有印章,文化内容丰富、体裁宽广。小朋友除了学习到绘画本身,还能涉及其他的传统中华文化。现在带她们去看画展,姐妹俩都能乐在其中,找到自己感兴趣的地方,还会说说自己的想法。有一次去看唐卡画展,两个小朋友进去之后就被深深吸引了,安安静静地看着画,眼睛亮亮的,那种由内心散发出来的愉悦连我都被感染了。对美的感受是一种能力,这种能力蕴藉于生命之中,滋养着生命的底色,在恰当之时,孕育出绚丽的色彩,丰富着我们的生活。

四、一种表达方式,娱乐自己

画画其实和写作一样,都是表达方式的一种,可以借此描绘自己的想法、心情。烦闷之时,释烦解忧;欢喜之时,抒情达意,自娱自乐。姐妹俩在空闲之时,就喜欢各种涂鸦,用图画的形式来表达自己的想法。有时候会画一个系列,来表达一个完整的故事,然后加上各种旁白,趣味盎然。孩子的想象力和创造力是画的灵魂,而娴熟的技法也能让孩子的想法更流畅地表达出来。

前一阵,我家姐姐参加了国画的五级考试。之所以参加考试,是为了给孩子设定一个近期的目标,有一个参考点。每个级别的考试都有对应考核点,每次备考之时,孩子对这些考核点都会反复练习,相关的技法就得到夯实。考试也是一种锻炼,进了考场之后,孩子遇到的所有问题都要自己想办法解决。像姐姐在考级的时候,画了一半的时候发现画错了,然后要重新画,如果孩子心理过于紧张估计就会慌神。还有就是能收获考级证书也是对孩子的一种肯定,备考是辛苦的,但在付出辛苦之后的收获对孩子会有更深刻的意义。

最近一直有喜欢姐妹俩的叔叔阿姨跟她们约画,两个小家伙满心欢喜,学习画画的劲头更足了。

与培养其他兴趣特长一样,画画也应以孩子的兴趣爱好为起点,有兴趣可以让孩子好好画画,画的好可以让孩子的兴趣更浓。但是跟所有的学习一样,画画也不是光凭兴趣就可以,为了画好鸟,姐姐在一个多月的时间里都在不断地练习,也是颇下苦功的。作为家长,除了鼓励孩子努力坚持,肯定他们的付出之外,还需要用适当的表现机会来呵护孩子的兴趣,让孩子感受到画画带来的愉悦感并乐在其中,让孩子在画画的路上走的更远。

备注:
姐姐吕秉霖,小名念念;
妹妹吕昀霖,小名安安。

聪明家长的"情绪食品"

近年来,"情绪食品"这个词被越来越多的人接受和重视。所谓情绪食品是指通过食品让人保持良好的状态。那么吃什么和教育孩子有关联吗?两者之间的确没直接联系。但是吃对了东西,却能为我们保持良好的情绪状态添一份助力。家长在管教孩子时可能都有过这样的体验:在劝说无效,命令无用,孩子依旧我行我素,不知悔改时,会刹那间怒上心头,甚至感觉肋痛胸闷,食不下咽。面对这种状况,有的家长会丧失理智对着孩子大吼大叫;有的家长却能较好地控制住自己的情绪。这种情绪自控能力与很多因素有关。这里我们主要看看如何善用饮食,吃出稳定情绪,为营造家庭好氛围添砖加瓦。

首先,请为自己的家庭饮食情况做个评估。(直接在选项上打勾)

1	你们家的饮食习惯比较倾向于	多荤少素	多素少荤	荤素均匀	全荤	全素
科学的荤素搭配可以更好地为人体提供荤菜中的蛋白质、氨基酸以及脂肪,素菜中的维生素、纤维素和微量元素,使得人体摄入的营养成分更加全面和均衡。荤素比例在1:2和1:3之间为佳。							
2	谷类食物(小麦、稻谷、大豆、小米、高粱等)	每天吃	经常吃	偶尔吃	极少吃	不吃
相比巧克力这类单糖食物,稻米、小麦、燕麦类的多糖食物更能有效改善忧郁情绪,且时效长久稳定。							
3	粗粮(谷物类、杂豆类、块茎类)	每天吃	经常吃	偶尔吃	极少吃	不吃
粗粮当中富含B族维生素,而B族维生素可以让我们更好地控制情绪。							
4	瘦肉类(畜肉、禽肉)	每天吃	经常吃	偶尔吃	极少吃	不吃
瘦肉当中钙、铁、磷含量较多,是女性不可缺少的矿物质。容易焦虑不安的人群应多吃含钙磷的食物。							
5	鱼类、贝壳类	每天吃	经常吃	偶尔吃	极少吃	不吃
鱼类,尤其是海水鱼富含不饱和脂肪酸,可以帮助平复焦虑情绪。							
6	蛋、豆制品、奶类	每天吃	经常吃	偶尔吃	极少吃	不吃
这类食物富含蛋白质。而与情绪安定有直接联系的蛋白质氨基酸(如色氨酸)可以减缓焦虑、抑郁的情绪。							
7	蔬菜	每天吃	经常吃	偶尔吃	极少吃	不吃
蔬菜中所含的维生素,如A、C、B,人体矿物质,如钙、铁、磷,对稳定情绪,降低焦虑,抵制抑郁都很有帮助。							
8	水果	每天吃	经常吃	偶尔吃	极少吃	不吃
许多水果含有丰富的维生素C,维生素C能帮助人们更好地适应压力,尤其香蕉。香蕉能帮助人脑产生5-羟色胺的物质(5-羟色胺是控制情绪的主要物质,缺少了容易情绪低落,适当食用可以增加平静和愉快的感觉。另外,香蕉中还含有维生素B_6、烟酸和镁,具有抗抑郁和安眠的功效。							

9	关于喝水	每天定时定量喝　想到就喝 渴了才喝　极少喝　基本不喝
人体超过80%是水分，饮水不足的人容易陷入焦躁情绪当中，易激动爱发火。正常人每天所需水分大约为1.5升左右。		
10	关于早餐	每天精心准备　随便应付 可吃可不吃　没吃早餐的习惯
吃好早餐可以给人提供充足的能量和营养素，尤其是碳水化合物的摄取。碳水化合物类食物会增加大脑中色氨酸的数量，而色氨酸这种氨基酸是人体用来制造血清素的。血清素又被称为"快乐激素"，是一种具有镇静、减少焦虑作用的神经递质。血清素太低可能会导致失眠、忧郁、敏感及侵略性行为。		
11	关于零食	每天吃　经常吃　偶尔吃　极少吃　不吃
很多零食高糖高盐，防腐剂超标，含有大量反式脂肪酸，严重损害了肝脏的健康，以及智力的发展。为了我们的身心健康，要学会聪明地吃零食。少吃并有选择地吃。		
12	关于腌制食物	每天吃　经常吃　偶尔吃　极少吃　不吃
腌制食物高盐，且易致癌，对肝肾损害极大。中医认为，肝主情志，抑郁是肝气郁结不散的关系。健康肝脏是健康情绪的基础。		
13	关于口味	清淡　偏重　很重
重口味食物（如重油、重辣、多盐、多糖、烟熏烧烤类）容易使人攻击性增强，易激动爱发火。		
14	你对饮食习惯的态度	关注并经常学习相关知识 生病了才注意　从不关注
情绪影响身心健康，食物又影响情绪。科学的饮食安排，可以帮我们稳定情绪，在一日三餐中吃掉烦躁，减少负面情绪。		

不要小看食物对情绪的影响力。食疗专家的研究表明，食物甚至可以影响和改变人的某种性格。医学家和营养学家曾专门针对游牧民和出家人的饮食习惯及其性格形成的关系进行追踪分析。游牧民骁勇好斗，出家人心平气和，这两种截然不同的性格形成和他们长期的饮食习惯有极大的关系。游牧民喜欢食肉、乳制品，喜欢喝酒，所以血液当中茶酚胺含量较高。茶酚胺浓度较高的人通常脾气急躁，容易激动，性格也更为刚毅倔强。而出家人常年茹素，血液当中5-羟色胺的物质含量较高。5-羟色胺是控制情绪的主要物质，能使人神经松弛，情绪安宁愉悦，遇事更易心平气和。

基于这个观点，家长不妨尝试利用饮食来改善自己和孩子性格当中的某些缺憾。如家长喜欢整天喋喋不休的，可能是由于大脑长期缺乏B族维生素造成的。饮食上应多吃些糙米、麦麸、豆类、花生、干果、白菜、芹菜等食物。孩子如果总是做事马虎、虎头蛇尾，则可能是维生素A和维生素C缺乏引起的。可以多吃胡萝卜、牡蛎、鸡肝、包菜、扁豆、苦瓜、番茄、柠檬、柑橘等食物，少吃肉类食品。相对于爸爸，妈妈更容易焦虑不安。所以在饮食上应当偏重摄取能让人安定的食物，多补充些钙质、B族维生素、维生素C，多吃些动物性蛋白质，菜肴宜清淡，不宜过咸。同时要注意三餐定时，吃饭速度不要过快，少喝咖啡等含有咖啡因的饮料。

在中国的家庭教育中,通常妈妈占据主要地位。相对的,妈妈也更容易因各种教育问题遭遇不良的情绪问题。所以,在这里要特别向妈妈们推荐一款疏肝解郁的简易食疗方——玫瑰花茶。玫瑰花理气解郁,舒肝止痛,药性温和,有镇定、安抚、抗抑郁的作用。同时活血化瘀,改善月经不调、痛经等现象。玫瑰花茶不但会给妈妈好心情,也会给妈妈好脸色。

玫瑰花茶:取玫瑰花瓣6~10克,放入杯内,冲沸水,盖上盖子焖一会即可。也可以根据个人喜好加冰糖或蜂蜜。

参考文献

[1] 布拉克尼耶.你好,焦虑分子.欧瑜译.北京:生活·读书·新知三联书店,2016.

[2] 王培珽.喂故事书长大的孩子.南宁:广西科学技术出版社,2011.

[3] 刘墉.做个快乐读书人.南宁:接力出版社,2013.

[4] 刘墉.说话的魅力.南宁:接力出版社,2013.

[5] 巴恩斯,约克.这样表扬,孩子进步快!这样批评,孩子改正快.韩雨苇译.南京:江苏教育出版社,2011.

[6] 法伯,玛兹丽施.如何说孩子才会听,怎么听孩子才肯说.安燕玲译.北京:中央编译出版社,2011.

[7] GERARD EGAN.高明的心理助人者—心理咨询的操作过程与技能.郑维廉译.上海:上海教育出版社,1999.

[8] 心雅,元子.聪明的孩子坐得住——注意力训练趣味游戏.上海:上海百家出版社,2008.

[9] 心雅,元子.聪明的孩子记得住——记忆力趣味训练手册.上海:上海锦绣文章出版社,2011.

[10] 约翰逊.孩子,你为什么不听话.周晶译.海口:南海出版公司,2007.

[11] 卡帕卡.这样跟孩子定规矩,孩子最不会抵触.叶小芳译.南京:江苏教育出版社,2012.

[12] 多尔多.儿童的利益——学会如何尊重孩子.王文新译.上海:上海社会科学院出版社,2009.

[13] 多尔多.青少年的利益——学会理解青春期的孩子.李利红译.上海:上海社会科学院出版社,2010.

[14] 沙夫曼,伊根,韦德.克服完美主义.徐正威译.上海:上海社会科学院出版社,2018.

[15] 郑希付.心理咨询原理.广州:广东高等教育出版社,2003.

[16] 布鲁尔,卡汀.宝贝,你在想什么——2~12岁孩子内心世界独家透析.白云云,冯伟,

冯丽娟译.北京:科学普及出版社,2012.

[17] 格尔马丁.暂停:有些事只有停下来,才能想得更清楚.黄惟郁译.北京:北京联合出版公司,2013.

[18] 哈德克.自控力是训练出来的.陈玮编译.北京:中国华侨出版社,2013.

[19] 尤尔.给孩子适龄的正面管教.高绍琪译.北京:机械工业出版社,2016.

[20] 凯奇.多元智能与家庭教育.以诺,蒭宇译.上海:上海锦绣文章出版社,2014.

[21] 西奥－法金.资优儿童.梅涛译.北京:生活·读书·新知三联书店,2017.

[22] 林文采,伍娜.心理营养.上海:上海社会科学院出版社,2016.

[23] 阿尔莫.光有爱还不够——帮助孩子构建自我.王文新,李美平译.上海:上海社会科学院出版社,2009.

后 记

与成长一样,写作也是一个不乏苦乐、渐入佳境的过程。

历时多年,在一次次构思与文字磨砺中,在大家的切切期待中,《聪明的家长 Hold 住——家庭教育心理应用手册》终于和大家见面了!

本书是心雅、元子"聪明的孩子与家长"教育心理系列丛书的第三部,是作者在多年实践与研究基础上携手合作的成果:全书框架、提纲、插图筛选及相关策划等由两人共同酝酿完成。

心雅执笔的篇目:《成长,是渐入佳境的过程》《懂得孩子,才能好到心里去》《亲爱的孩子,感恩有你!》《降低焦虑,让心沉静而从容》《恒心和耐心,您修炼好了吗?》《巧立亲子约定》《别怕对孩子说"不"》《如何培养孩子的积极思维和情绪?》《开启孩子乐学的心门》《优化习惯益终身》《盘点时间银行:时间去哪儿了?》《在家庭舞台上,家长要扮演好多种角色》《巧做优点瓶与缺点瓶》《中国式家长如何走出困境?》《父亲陪伴孩子的 N 种方式》《妈妈,请和孩子一起微笑》《孩子注意力不集中怎么办?》《与孩子一起勤记忆巧记忆》《如果名校落空,怎么办?》《性别教育,揭开神秘的面纱》《漫长暑假里,您用什么招让孩子眼睛发亮?》及《后记》。

元子执笔的篇目:《你若安好,便是晴天》《等待,一种花开的智慧》《让爱在沟通的道路上畅行》《倾听,与心对话的开始》《共情,有效沟通的翅膀》《与孩子成功对话的秘密》《表扬,是"捧杀"还是"教育绝招"?》《有效批评,孩子成长的"加速器"》《这样定规矩,孩子抵触少》《故事,孩子梦的天堂》《家校沟通,不怕,不怕》《为情绪安装一个暂停键》《掌控焦虑,让情绪自由呼吸》《化解愤怒,放弃对孩子的"吼叫"》《关于"让孩子做主"的你问我答》《聪明家长的"情绪食品"》。

著名心理学家贺岭峰教授写序。

全书由心雅统稿。

封面主题图、版式使用了王双忆同学的绘画作品《向日葵》或该作品元素。正文插画,采用了心理绘画师郑二小姐(郑春美)的多幅作品。为本书彩页提供作品的还有:郑二小姐、采蓝、林奉(林德)等绘画师;翟源哲、马翊翎、徐子熙、吕秉霖(念念)、吕昀霖(安安)、莫邱语涵、郭豫立、蒋诗琪等小朋友。在此一起深深感恩与致谢!

  在书的写作、出版过程中,得到了上海贝叶图书公司、华东师范大学出版社、上海悟诚教育心理咨询中心的充分信任、欣赏与支持;得到了我们的恩师、著名心理学家贺岭峰教授的专业指导与亲切激励;得到了编辑老师、美工老师的细心指导与帮助;还得到了很多同仁、亲人、朋友、家长、孩子的关心与配合,得到了很多新老读者的关心和热切期待,在此一起表示最诚挚、最深切的感谢!

  回眸写作本书及系列丛书过程中的点点滴滴,感动于心,感恩所有!

心雅 元子

2018 年 10 月

于上海